Aspekte | junior
Mittelstufe Deutsch

Lehrerhandbuch C1

von
Birgitta Fröhlich

Ernst Klett Sprachen
Stuttgart

Von: Birgitta Fröhlich
Kurs- und Übungsbuch: Ute Koithan, Helen Schmitz, Tanja Sieber, Ralf Sonntag

Redaktion: Cornelia Rademacher
Projektleitung: Felice Lembeck
Layout: Andrea Pfeifer
Satz und Repro: Satzkasten, Stuttgart
Umschlaggestaltung: Studio Schübel, München (Foto Schmetterlingsraupe: Worraket – shutterstock.com, Foto Planierraupe: mihalec – shutterstock.com)

Verlag und Autoren danken allen Kolleginnen und Kollegen, die *Aspekte | junior* erprobt und mit wertvollen Anregungen zur Entwicklung des Lehrwerks beigetragen haben.

Aspekte | junior C1 – Materialien

Kursbuch mit Audios zum Download	605258
Übungsbuch mit Audios zum Download	605259
Medienpaket (4 Audio-CDs und Video-DVD)	605261
Lehrerhandbuch	605260
Aspekte junior digital mit interaktiven Tafelbildern	605264

Das Beste für Ihren Unterricht!

Das **derdieDaF-Portal** bietet Ihnen **kostenlos und aus einer Hand** alles, was Sie für Ihre Arbeit brauchen: **über 4.000 Materialien zum Download**, Unterrichtsideen, didaktische Tipps, Fortbildungen, eine Jobbörse und vieles mehr. Ihr Portal für DaF und DaZ: www.derdiedaf.com

Abkürzungen im Lehrerhandbuch

KB	Kursbuch
ÜB	Übungsbuch
A	Aufgabe im Kursbuch
Ü	Übung im Übungsbuch
S	Schülerinnen und Schüler
PL	Plenum
EA	Einzelarbeit
GA	Gruppenarbeit
KG	Kleingruppe
PA	Partnerarbeit
HA	Hausaufgabe
KV	Kopiervorlage

Symbole im Lehrerhandbuch

- 🔑 Hier finden Sie die Lösung zur Aufgabe.
- ✋ Zu dieser Aufgabe oder Übung gibt es ein interaktives Tafelbild auf der DVD-ROM.
- **P** Die Aufgabe bereitet auf das Goethe-Zertifikat C1 oder das Deutschen Sprachdiplom II vor.
- **B** Angebot zur Binnendifferenzierung
- **V** Variante alternativ zum beschriebenen Vorgehen
- **E** Erweiterung zum beschriebenen Vorgehen
- **i** landeskundliche und weitere Informationen
- 👍 Projekt
- 🔄 Aufgaben, die sich für fächerübergreifenden Unterricht eignen

Kapiteltests zu jedem Kapitel finden Sie unter www.klett-sprachen.de/aspekte-junior im Bereich „Tests". Die **Lösungen zum Übungsbuch** finden Sie im Bereich „Lösungen". Der Zugangscode lautet jeweils: asP!jr3

1. Auflage 1 ³ ² ¹ | 2021 20 19

© Ernst Klett Sprachen GmbH, Rotebühlstraße 77, 70178 Stuttgart, 2019
Alle Rechte vorbehalten.
www.klett-sprachen.de

Das Werk und seine Teile sind urheberrechtlich geschützt. Jede Nutzung in anderen als den gesetzlich zugelassenen Fällen bedarf der vorherigen schriftlichen Einwilligung des Verlags.
Druck und Bindung: Elanders GmbH, Waiblingen

ISBN 978-3-12-605260-3

Inhalt

Willkommen bei *Aspekte | junior* — 4

Kapitel 1	Moment mal	18
Kapitel 2	Hast du Worte?	31
Kapitel 3	Schule und dann?	44
Kapitel 4	Wirtschaftsgipfel	56
Kapitel 5	Ziele	69
Kapitel 6	Gesund und munter	81
Kapitel 7	Recht so!	91
Kapitel 8	Du bist, was du bist	103
Kapitel 9	Die schöne Welt der Künste	116
Kapitel 10	Erinnerungen	129

Anhang:
Kopiervorlagen 140
Die Prüfungen auf einen Blick 164
Lösungen zum Übungsbuch 178
Bildnachweis 192

Einleitung

Willkommen bei *Aspekte | junior*

An dieser Stelle möchten wir Sie mit *Aspekte | junior* bekannt machen. Wir informieren Sie über die Konzeption des Lehrwerks und seiner Komponenten. Sie erhalten einen Überblick über den modularen Aufbau, die Gestaltung des Lehr- und Lernprozesses innerhalb der Kapitel und die Bearbeitung der sprachlichen und thematischen Inhalte.

1 Zur Konzeption

Aspekte | junior ist ein Lehrwerk, das sich mit seinem handlungsorientierten Ansatz am Gemeinsamen Europäischen Referenzrahmen orientiert. Basierend auf dem erfolgreichen Konzept von *Aspekte | neu* richtet sich *Aspekte | junior C1* an jugendliche Lerner ab 16 Jahren,

- die Sprachkenntnisse auf dem Niveau C1 erwerben und ausbauen wollen,
- die eine gute Vorbereitung auf die C1-Prüfungen suchen.

Dabei haben die Autoren besonderen Wert darauf gelegt, für Jugendliche ansprechende Themen und Herangehensweisen zu bieten, um das Interesse und die Motivation der Schülerinnen und Schüler immer wieder neu zu wecken, z. B. über:

- aktuelle Themen, die einen Bezug zur Lebenswirklichkeit der Schülerinnen und Schüler haben.
- abwechslungsreiche Aufgaben- und Übungsformen, die sich zur Binnendifferenzierung eignen und die die unterschiedlichsten Lerntypen ansprechen.
- Strategien und Techniken, die beim Lösen von Aufgaben helfen.
- Aufgaben und Projekte, die zu einem echten Informationsaustausch und Verwenden der Sprache führen.
- vielfältige Sozialformen, sodass kooperativ in Partner- oder Gruppenarbeit Aufgaben bearbeitet und gelöst werden und Themen gemeinsam besprochen und diskutiert werden können.
- Herangehensweisen, die das selbstständige und bewusste Lernen bei den Schülerinnen und Schülern fördern und sie zugleich in ihrem Lernprozess stützend begleiten, z. B. indem sie Regeln selbstständig erarbeiten, autonom Übungen für ihre Mitschüler entwickeln oder Themen interessen- und zielortientiert in Projekten bearbeiten.
- interessante und aktuelle landeskundliche Informationen.

1.1 Die Komponenten

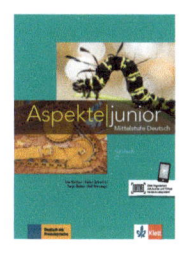

Das Kursbuch …
bietet zehn Kapitel – bestehend aus Auftakt, vier Modulen mit unterschiedlichem Fokus, Porträt, Grammatik-Rückschau, Film-Seiten und eine Redemittel- und Grammatikübersicht.

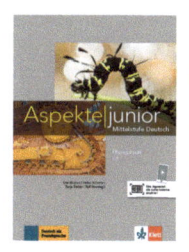

Das Übungsbuch …
bietet zu den zehn Kapiteln des Kursbuchs ergänzende und vertiefende Übungen inklusive Lerntipps, Aussprachübungen, Angebote zur Selbsteinschätzung, je zwei Wortschatzseiten sowie Verblisten im Anhang.

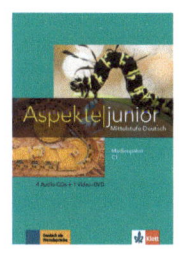

Das Medienpaket …
enthält die Audio-CDs zum Kurs- und Übungsbuch sowie die Video-DVD zum Kursbuch. Die CDs bieten umfangreiches Hörmaterial zur Förderung des Hörverstehens. Die Audios stehen zudem als mp3-Download auf www.klett-sprachen.de/aspekte-junior/medienC1 zur Verfügung. Die DVD bietet zu den zehn Kapitelthemen Filmsequenzen als fakultatives Lernangebot mit Fokus auf dem Hör-Seh-Verstehen und einer lebendigen, da sichtbaren Landeskundevermittlung.

Aspekte|junior
Mittelstufe Deutsch

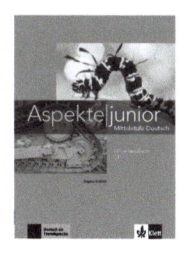

Das Lehrerhandbuch …
bietet methodisch-didaktische Hinweise zur Arbeit mit dem Material, Lösungen zum Kurs- und Übungsbuch sowie Kopiervorlagen und Informationen zu den Prüfungen.

Die Homepage …
www.klett-sprachen.de/aspekte-junior
bietet die Audios zu Kurs- und Übungsbuch als mp3-Download, interaktive Onlineübungen, Kapiteltests und Testmaterial, Arbeitsblätter und Kopiervorlagen, Transkripte und vieles mehr.

Das Lehrwerk digital mit interaktiven Tafelbildern …
ist eine digitale Version von Kurs- und Übungsbuch. Kurs- und Übungsbuch werden mit den Hör- und Filmdateien und zusätzlichen interaktiven Tafelbildern verknüpft.

Aspekte | junior bietet Material für ca. 120 bis 200 Unterrichtsstunden, je nach Voraussetzungen der Schülerinnen und Schüler sowie der zur Verfügung stehenden Wochenstundenzahl.

Einleitung

1.2 Die Niveaustufen

Aspekte | junior ist ein Lehrwerk in drei Bänden. Band 1 (Niveau B1 plus) aktiviert und ergänzt das Wissen der Schülerinnen und Schüler und fördert ihr Können hin zu einem erweiterten B1 Niveau. Die Bände 2 und 3 vermitteln das Niveau B2 und C1. Alle Bände bereiten auf die wichtigsten Prüfungen und deren Aufgabenformate vor. Eine Übersicht über alle Prüfungsformate in *Aspekte | junior C1* sowie ausführliche Erläuterungen zu den einzelnen Prüfungen finden Sie im Anhang dieses Lehrerhandbuchs.

Kennzeichnend für das Niveau C1 sind ein differenzierter Sprachgebrauch und Argumentationskompetenz, auch im beruflichen Leben oder in Ausbildung und Studium, sowie das Verstehen anspruchsvoller und komplexerer Texte. Für den Band C1 ergeben sich daher die folgenden Anforderungen:

Aspekte | junior — Mittelstufe Deutsch

- Modulstruktur: Module flexibel einsetzbar
- Interessante Themenaspekte aus bekannten Kontexten anbieten
- Wiederholen und Üben
- Grammatik erweitern und systematisieren
- Hör-Seh-Verstehen trainieren
- Wortschatz festigen und trainieren
- Ausbau und Vertiefung von Wortschatz, Redemitteln und Strukturen
- Strategien kennenlernen, anwenden, individuell auswählen
- Wortschatz und Grammatik in zahlreichen kommunikativen Kontexten trainieren
- Umgang mit komplexen Hör- und Lesetexten trainieren
- gängige Prüfungsformate trainieren

1.3 Die Themen

Die Auswahl der zehn übergeordneten Themen in *Aspekte | junior* orientiert sich an Themen aus den Bereichen Gesellschaft, Kultur, Wirtschaft und Wissenschaft. Wichtig war den Autoren, dass diese übergreifenden Themen aus unterschiedlichen und neuen Perspektiven betrachtet und damit viele Blickrichtungen und Varianten zur Bearbeitung und Diskussion angeboten werden.

Ein Beispiel:

Kapitel 9 Die schöne Welt der Künste	
Auftakt: Fotos, die verschiedene Bereiche der Kunst darstellen und zur Reflexion über Kunst anregen	**Modul 4:** Leseratten (Text über das Lesen und Informationen über Lesegewohnheiten von Jugendlichen)
Modul 1: Kreativ (Methoden der Kreativität)	**Porträt:** Rund um Kunst in D-A-CH
Modul 2: Film ab! (Filmbeschreibungen und Sehgewohnheiten der Deutschen)	**DVD:** Der Schimmelreiter (die Novelle kennenlernen)
Modul 3: Ein Leben für die Kunst (das Leben als Künstler/in)	

1.4 Das Lernen lernen

Aspekte | junior vermittelt vielfältige Lerntechniken, z. B. für das Lernen von Wortschatz oder das Abrufen von grammatischen Strukturen, ebenso Strategien für das Erschließen von Lesetexten usw. Im Kursbuch werden Techniken und Strategien – grafisch deutlich hervorgehoben – vorgestellt und im Lehrerhandbuch Anregungen für deren Umsetzung im Unterricht gegeben. Im Übungsbuch gibt es weitere hilfreiche Tipps.

Neben der expliziten Präsentation von Strategien und Tipps findet immer auch ein implizites Strategietraining im Kurs- und Übungsbuch statt. Strategien sind beispielsweise in der Aufgabenstellung integriert, wenn die Lernenden aufgefordert werden, Wortschatz zu systematisieren oder Leitfragen zu einem Text zu formulieren.

1.5 Die Grammatik

Aspekte | junior behandelt in den Modulen 1 und 3 Grammatikthemen.

Die grammatischen Regeln werden dabei von den Schülerinnen und Schülern erschlossen, d. h., die Regelerschließung findet induktiv statt. Dabei wird Grammatik immer situativ aus dem Kontext erarbeitet und dient dem Bewältigen bestimmter Sprachhandlungen. Im Übungsbuch finden Sie vertiefende Übungen zu den entsprechenden Grammatikthemen.

Im Kursbuch gibt es am Ende jedes Kapitels eine Grammatik-Rückschau, die die behandelten Grammatikphänomene übersichtlich darstellt. Zudem findet sich im Anhang des Kursbuchs eine Grammatikübersicht über alle behandelten Themen mit Rückverweisen ins Kursbuch. Dies ermöglicht den Schülerinnen und Schülern ein Nachschlagen zu Hause zur Wiederholung und Vertiefung, zur Vorbereitung, oder auch zum Nacharbeiten, wenn sie Unterricht versäumt haben.

Da viele Schülerinnen und Schüler nicht in das Kursbuch schreiben dürfen, finden Sie zur Regelerarbeitung die Kopiervorlagen der Grammatik-Kästen aus den Modulen 1 und 3 im Internet unter www.klett-sprachen.de/aspekte-junior/grammatikC1.

Einleitung

1.6 Der Wortschatz und die Redemittel

Im Kurs- und im Übungsbuch regen Aufgaben und Übungen die Schülerinnen und Schüler fortlaufend dazu an, sich selbstständig mithilfe von verschiedensten Strategien Wörter und Wendungen zu erschließen, einzuprägen und zu (re)produzieren. Jedes Kapitel im Übungsbuch beginnt mit einer Doppelseite, auf der die Schülerinnen und Schüler für das Kapitelthema wichtige Wörter und Wendungen wiederholen und vorbereitend auf das Kapitel üben können. Am Ende jedes Übungsbuchkapitels sind auf der Doppelseite „Wortschatz" die wichtigsten Wörter und Wendungen pro Modul zusammengefasst und können umschrieben oder übersetzt und um eigene „Wörter, die für mich wichtig sind" ergänzt werden.

Die sowohl im Kurs- als auch im Übungsbuch in den Kapiteln erarbeiteten Redemittel sind alle nochmals übersichtlich im Anhang des Kursbuchs zusammengefasst. Hier ist auch jeweils angegeben, in welchen Kapiteln und welchen Modulen die entsprechenden Redemittel gesammelt und angewendet wurden.

1.7 Landeskunde / Interkulturelles Lernen

Aspekte | junior verfolgt ein implizites und integratives Landeskundekonzept. Das Wissen über die Zielsprachenländer, ihre Kultur, die Verhaltensweisen, Routinen und Rituale ihrer Bewohner ist in das Sprachlernmaterial integriert. Die Schülerinnen und Schüler erhalten die meisten landeskundlichen Informationen durch die aktive Beschäftigung mit und das gemeinsame Gespräch über Fotos, Grafiken, Hör- oder Lesetexte sowie über die Filme auf der DVD. Daneben gibt es auch Teile, in denen Faktenwissen präsentiert wird, wie z. B. zu Personen oder Firmen/Organisationen in den Porträts. Darüber hinaus nimmt die Diskussion über die Inhalte immer Bezug auf die Lebenswelt der Schülerinnen und Schüler selbst. Interkulturelles Lernen wird angeregt, indem die Schülerinnen und Schüler Informationen aus den deutschsprachigen Ländern in Beziehung zu sich selbst, zu ihrer Kultur und zu ihren persönlichen Erfahrungen setzen.

1.8 Projekte

Besonders wichtig im Unterricht mit Jugendlichen sind Projekte, um den Schülerinnen und Schülern immer wieder die Möglichkeit zu bieten, gemeinsam und entsprechend ihrer Interessen und Kompetenzen Themen zu erarbeiten und zu präsentieren. In der Projektarbeit kann jede/r zeigen, was er/sie (auch jenseits des klassischen Schulalltags) kann, z. B. Gestaltung von Präsentationen oder das Präsentieren von Inhalten, Recherchieren, Fotografieren usw. In der gemeinsamen Arbeit wird oft der Klassenzusammenhalt gestärkt und die Motivation aller gefördert.

Projekte sind in der Randspalte des Lehrerhandbuchs mit diesem Symbol gekennzeichnet.

1.9 CLIL

Im schulischen Unterricht bieten sich immer wieder motivierende und interessante Möglichkeiten für den fächerübergreifenden Unterricht. Im Lehrerhandbuch sind Aufgaben, die sich für eine Öffnung des Deutschunterrichts hin zu anderen Fächern eignen, mit einem Hinweis auf die entsprechenden Fächer versehen und in der Randspalte durch dieses Symbol gekennzeichnet.

2 Das Kursbuch

Jedes der zehn Kapitel des Kursbuchs umfasst 16 Seiten, die in vier Module und weitere Lernangebote (Porträt, Grammatik-Rückschau, Filmseiten) aufgeteilt sind.

Auftakt		Modul 1		Modul 2		Modul 3	
S. 8	S. 9	S. 10	S. 11	S. 12	S. 13	S. 14	S. 15
Modul 4				Porträt	Grammatik-Rückschau	Filmseiten	
S. 16	S. 17	S. 18	S. 19	S. 20	S. 21	S. 22	S. 23

Die Kapitel in *Aspekte | junior* können linear eingesetzt werden, ihre modulare Struktur ermöglicht aber auch einen flexiblen Einsatz im Unterricht. Da die Module in sich geschlossen sind und unterschiedliche Schwerpunkte haben, kann das Material je nach Interesse und Bedarf der Schülerinnen und Schüler und/oder curricularen Vorgaben kombiniert oder hinsichtlich der ausgewählten Ziele reduziert werden. So kann eher nach thematischen Gesichtspunkten ausgewählt werden oder es können Schwerpunkte auf Grammatikthemen oder einzelne Fertigkeiten gelegt werden.

2.1 Die Auftaktseiten

Die erste Doppelseite bietet einen motivierenden Einstieg in das Kapitelthema. Die Schülerinnen und Schüler beginnen mit kommunikativen und kreativen Aufgaben und werden dabei von visuellen Impulsen gelenkt. So bieten die Auftaktseiten z. B. Cartoons, einen Berufsfindungstest, ein Wirtschaftsspiel, Fotocollagen zu Kunst(objekten) oder Erinnerungsstücken usw. Zur Orientierung im Kapitel finden Sie auf jeder Auftaktseite die Lernziele und die Grammatikthemen mit Verweis auf die Module.

Einleitung

2.2 Die Module

Modul 1 und **Modul 3** umfassen je eine Doppelseite, die eine **Fertigkeit** mit entsprechenden Aufgaben und Texten fokussiert und diese mit einer weiteren Fertigkeit verknüpft, so, wie es im authentischen Sprachgebrauch normalerweise auch vorkommt. In diesen Modulen wird jeweils ein **Grammatikthema** behandelt, das sich aus den Texten oder Sprachhandlungen ergibt.

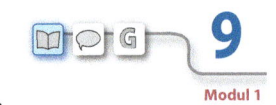

Modul 2 umfasst ebenfalls eine Doppelseite und stellt die intensive Beschäftigung mit einer **Fertigkeit** in den Mittelpunkt der Spracharbeit. Dabei werden auch hier die Fertigkeiten nicht künstlich voneinander getrennt. Die Schwerpunktsetzung, hier z. B. auf das Schreiben, entsteht durch die Intensität der Aufgaben, die sich auf die Vorbereitung und den Prozess des Schreibens beziehen. Die Schüler/innen hören zuerst verschiedene Filmbeschreibungen und sprechen darüber, welche(n) der Filme sie selbst gerne sehen würden. Im Anschluss gibt eine Grafik Informationen über den Fernsehkonsum und die Mediennutzung in Deutschland. Zu dieser Grafik und einigen weiteren vorgegebenen Punkten schreiben die Schüler/innen einen Text. Sie nutzen dabei die zuvor erarbeiteten Redemittel und die Hinweise, worauf sie beim Verfassen des Textes achten sollen.

Modul 4 umfasst zwei Doppelseiten und integriert alle **vier Fertigkeiten**. So ist hier der Einstieg zum Thema „Lesen" ein literarischer Text. Im weiteren Verlauf wird das Themenspektrum mit einer Radioumfrage erweitert, über die anschließend in der Klasse gesprochen wird. Anhand von Informationen in einem Sachtext und einer Grafik verfassen die Schüler/innen eine Erörterung. Abschließend präsentieren die Schüler/innen selbst ein Buch. So werden die Fertigkeiten integrativ angewendet, wie in einer realen Kommunikationssituation.

In jedem Kapitel gibt es **Strategien** zum Lernen, zur Aufgabenbewältigung oder zu einzelnen sprachlichen Fertigkeiten …

STRATEGIE
Texte abwechslungsreich gestalten
Denkt daran, eure Texte sprachlich auszufeilen:
– Verknüpft die Sätze mit Konnektoren.
– Variiert die Satzanfänge.
– Verwendet gelegentlich auch Nominalisierungen.

… und Informationen zur **„Sprache im Alltag"**. Hier finden Sie Hinweise und Interessantes zur Alltagssprache – Phänomene, wie sie häufig im allgemeinen Sprachgebrauch vor-, in Lehrwerken aber manchmal zu kurz kommen. Im Lehrerhandbuch werden Anregungen gegeben, wie mit den Strategien und dem Kasten „Sprache im Alltag" umgegangen werden kann.

SPRACHE IM ALLTAG
Redewendungen mit Kunst
Das ist eine Kunst für sich.
Das ist nach allen Regeln der Kunst gemacht.
Das ist eine brotlose Kunst.
Das ist keine Kunst.

2.3 Das Porträt

Das Porträt ist ein optionales landeskundliches Angebot zur weiteren Beschäftigung mit zeitgenössischen und historischen Persönlichkeiten, Firmen/Organisationen oder Veranstaltungen aus dem deutschsprachigen Raum. Die Porträtierten haben z. B. durch ihre Berufe, ihre Handlungen, ihre Werke, ihre Produkte, ihre Ideen oder ihre Äußerungen einen Bezug zum Kapitelthema. Außerdem wird angeregt, weitere Personen, Firmen/Organisationen oder Veranstaltungen (auch aus dem Heimatland der Lernenden) zu entdecken und Informationen zu recherchieren, wozu die Vorlage „Porträt", die sie unter www.klett-sprachen.de/aspekte-junior/portraetC1 herunterladen können, Hilfe bietet.

2.4 Die Grammatik-Rückschau

Die Grammatik-Rückschau fasst auf einer Seite noch einmal die Regeln zu den beiden Grammatikthemen aus Modul 1 und Modul 3 übersichtlich und mit Beispielsätzen zusammen.

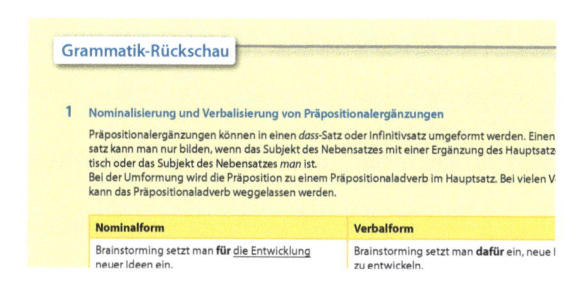

2.5 Die Filmseiten

Die Filmseiten bilden den Abschluss eines Kapitels. Hier werden Aufgaben, Standbilder aus dem Film und kurze Texte angeboten, die den Schülerinnen und Schülern das systematische und schrittweise Verstehen der authentischen Filmsequenzen ermöglichen. Darüber hinaus gibt es Aufgaben, die zu weiterführenden Diskussionen oder einer kreativen Weiterarbeit führen.

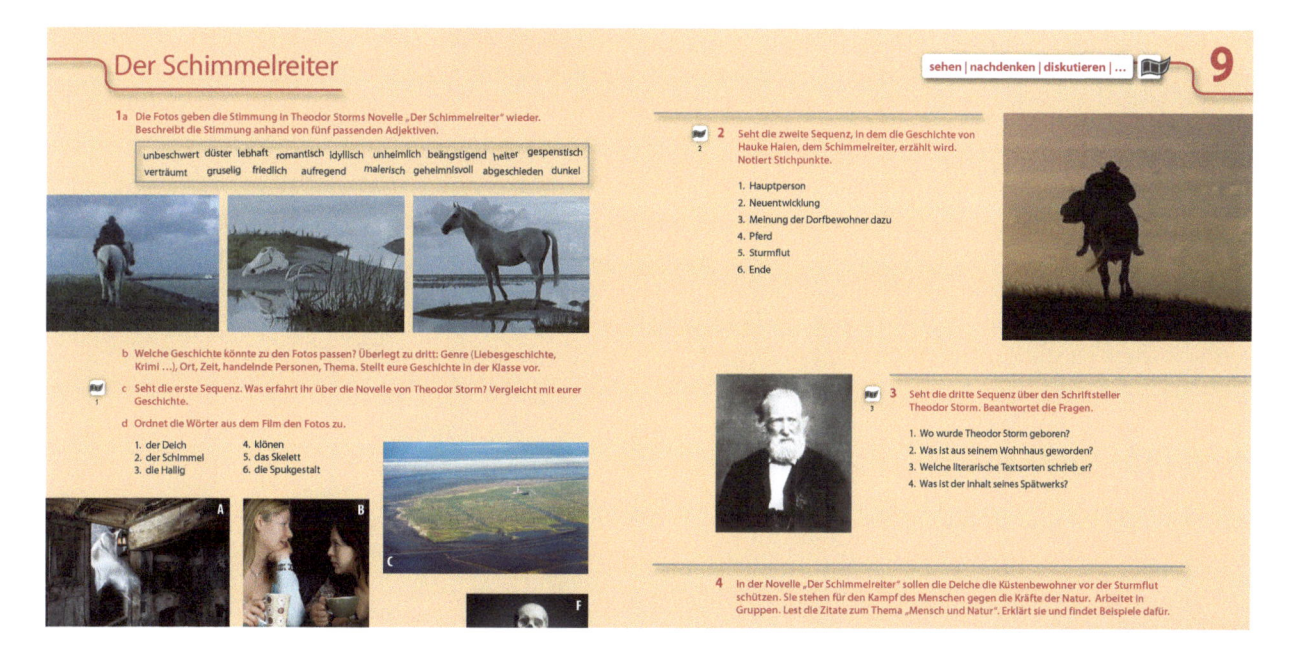

2.6 Der Anhang

Der Anhang enthält zwei Angebote zum Nachschlagen: Eine nach Sprechabsichten geordnete Übersicht der **Redemittel** und eine systematische Übersicht über die **grammatischen Inhalte**. In den Übersichten finden Sie und die Schülerinnern und Schüler Verweise, in welchem Kapitel die jeweilige Struktur oder Wendung bearbeitet wurde.

Außerdem findet sich eine Übersicht der im Kurs- und Übungsbuch enthaltenen Aufgaben zur Vorbereitung auf die C1-Prüfungen.

3 Das Übungsbuch

Das Übungsbuch ergänzt, festigt und vertieft Inhalte des Kursbuchs mit weiteren Hör- und Lesetexten und bietet vielfältiges Übungsmaterial als selbstständiges Sprachtraining für die Schülerinnen und Schüler an. Für zahlreiche Übungen sind Lösungen im Anhang des Lehrerhandbuchs abgedruckt. Einzelne Übungen sind, da sie interaktiv oder sehr offen angelegt sind, auch speziell für den Einsatz im Unterricht konzipiert. Im Kursbuch finden Sie in jedem Modul Verweise ▶ Ü 1–2, an welcher Stelle sich einzelne Übungen des Übungsbuchs besonders gut einsetzen lassen.

Einleitung

3.1 Die Wortschatzdoppelseiten

Die erste Doppelseite des Übungsbuchs wiederholt und festigt relevanten Wortschatz für den jeweiligen Themenbereich des Kapitels. Die Übungen können vor dem Start in das Kursbuchkapitel bearbeitet werden oder nachdem die Auftaktseiten in der Klasse bearbeitet worden sind.

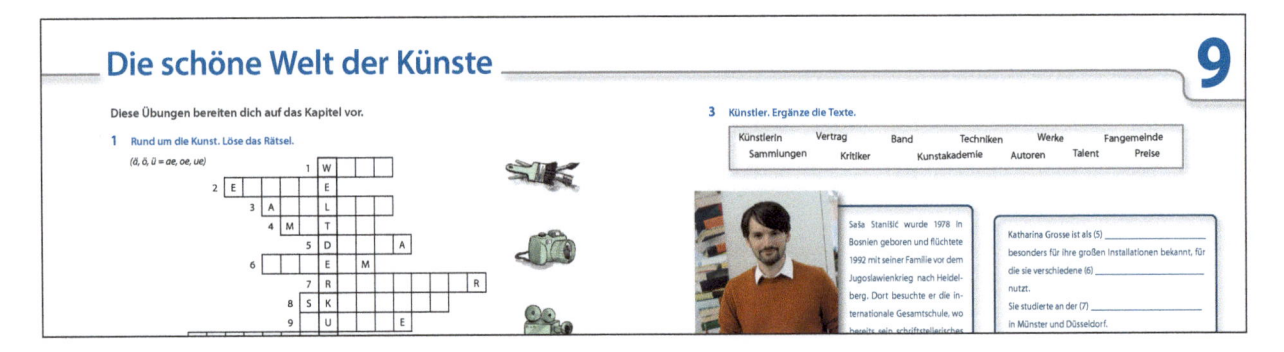

3.2 Die Übungen zu den Modulen

Zu den Modulen 1 bis 4 stehen im Übungsbuch eine bis drei Übungsseiten zur Verfügung. Die Übungen beziehen sich auf alle sprachlichen Bereiche und ergänzen die Themen des Kursbuchs. Die Übungstypen reichen von geschlossenen, reproduktiven bis hin zu offenen, produktiven Sprachaktivitäten. Vor allem im Bereich Grammatik findet eine Vertiefung und Festigung der im Kursbuch erarbeiteten Strukturen statt. Je nach individuellem Leistungsstand können Sie oder die Schülerinnen und Schüler aus zahlreichen Übungen des Übungsbuchs auswählen.

3.3 Die Lerntipps

Aspekte | junior integriert Tipps zur Unterstützung und Gestaltung des eigenen Lernprozesses. Im Lehrerhandbuch werden Anregungen gegeben, wie mit ihnen umgegangen werden kann.

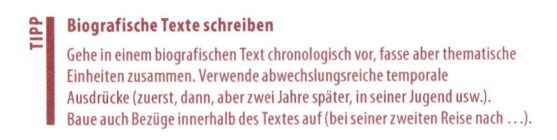

3.4 Die Aussprache

Zum Abschluss von Modul 4 gibt es in jedem Kapitel Übungen zu wichtigen Aussprachethemen. Diese Übungen greifen Themen zur Aussprache auf, die an das Gelernte aus der Grundstufe anknüpfen und darüber hinausgehen. Die Übungen sind zur Sensibilisierung auf der Laut-, Wort- oder Satzebene gedacht, einige Übungen sind für Partnerarbeit angelegt – sollten also in der Klasse bearbeitet werden –, andere für Einzelarbeit und damit auch für die Arbeit zu Hause geeignet.

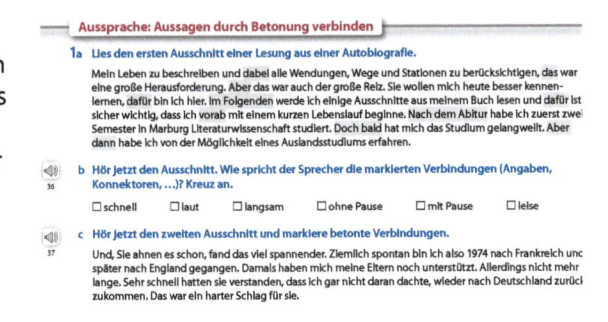

3.5 Die Selbsteinschätzung

Am Ende eines Kapitels erhalten die Schülerinnen und Schüler die Möglichkeit, ihren eigenen Lernstand einzuschätzen. In einer Übersicht wird – nach Fertigkeiten geordnet – das sprachliche Können beschrieben, das in den Kapiteln erreicht werden sollte. Diese Aussagen spiegeln die Kannbeschreibungen des Gemeinsamen Europäischen Referenzrahmens wider. Sie berücksichtigen das Niveau C1.

Die Beschreibungen beziehen sich auf die rezeptiven, produktiven und interaktiven Sprachhandlungen des jeweiligen Kapitels und korrespondieren mit den Lernzielen auf den Auftaktseiten im Kursbuch. Die Aufgabe oder Übung, in der die Kannbeschreibung erarbeitet wird, wird direkt im Anschluss genannt: ▶M2, A2 bedeutet, dass sich die Beschreibung auf das Kursbuch Modul 2, Aufgabe 2 bezieht; ▶ÜB M2, Ü3 bedeutet, dass sich die Beschreibung auf das entsprechende Übungsbuchkapitel, Modul 2, Übung 3 bezieht.

Die Schülerinnen und Schüler lesen die Aussagen und bewerten individuell ihr Können:
+: Ja, das kann ich. Ich bin zufrieden mit meiner Leistung.
0: Im Prinzip kann ich das, aber ich mache noch Fehler.
–: Nein, das kann ich noch nicht so gut. Ich mache noch zu viele Fehler.

Die Schülerinnen und Schüler füllen die Selbsteinschätzungsseite alleine aus. Bei der Eintragung „0" oder „–" sollten sie die entsprechenden Aufgaben und Übungen im Kurs- und Übungsbuch noch einmal wiederholen. Sie sollten Ihren Schülerinnen und Schüler für Fragen zur Verfügung stehen, Tipps geben, wo weitere Erklärungen zu finden sind, und ggf. Hinweise zu weiterem Übungsmaterial geben, wie z. B. unter www.klett-sprachen.de/aspekte-junior/online-uebungen3. Hier finden die Schülerinnen und Schüler weitere Übungen zu Wortschatz und Grammatik.

Entscheidend ist, dass die Schülerinnen und Schüler Eigeninitiative zeigen, dass sie zu einer möglichst realistischen Einschätzung befähigt werden und bei Lernschwierigkeiten Lösungsansätze entwickeln. Ein großer Vorteil der Selbsteinschätzung liegt in der Motivation. Auf einem Sprachniveau wie C1 fällt es den Schülerinnen und Schülern oft schwer, den eigenen Fortschritt zu erkennen. Durch das konsequente Bearbeiten der Selbsteinschätzungsseiten wird der Lernfortschritt bewusst gemacht, was motivierende Erfolgserlebnisse mit sich bringt.

Selbsteinschätzung 9

So schätze ich mich nach Kapitel 9 ein: Ich kann …	+	O	–
… ein Interview über kreative Krisen verstehen. ▶ÜB M1, Ü7	☐	☐	☐
… Präsentationen von Kinofilmen verstehen. ▶M2, A2a	☐	☐	☐
… Notizen zu einer Umfrage zum Thema „Lesen" zusammenfassen und kommentieren. ▶M4, A4	☐	☐	☐
… in kurzen Sachtexten über Kreativität wichtige Einzelinformationen finden. ▶M1, A2	☐	☐	☐
… Texte über den Künstleralltag verstehen. ▶M3, A2a	☐	☐	☐
… Informationen aus einer Kurzbiografie auf einem Zeitstrahl darstellen. ▶ÜB M4, Ü1a	☐	☐	☐
… einen autobiografischen Text im Detail verstehen. ▶M4, A2a	☐	☐	☐

Die Selbsteinschätzung folgt dem Portfolio-Gedanken und bietet neben der Einschätzung der eigenen Leistung auch Raum für die Dokumentation der individuellen Lernaktivitäten, die über das Lehrwerk und den Unterricht hinausgehen, z. B. ob und wann jemand einen Film auf Deutsch gesehen, eine E-Mail geschrieben, einen Artikel gelesen oder deutschsprachige Musik gehört hat.

Das habe ich zusätzlich zum Buch auf Deutsch gemacht (Projekte, Internet, Filme, Texte, …):	
Datum:	Aktivität:
_____	_____
_____	_____

Einleitung

Neben dem gesteuerten Lernprozess im Unterricht ist die Anregung zu individuellen Aktivitäten außerhalb des Unterrichts und auf eigene Initiative hin äußerst wichtig für den Lernfortschritt und die Motivation zum Deutschlernen. Alle Aktivitäten sind dabei relevant und sollten in diesem kleinen Lerntagebuch notiert werden. Im Rückblick erhalten die Schülerinnen und Schüler eine Sammlung, die ihnen und anderen zeigt, was sie selbst geleistet haben, was hilfreich und effektiv war und auch weiter für sie interessant sein wird.

Zahlreichen Aufgaben und Übungen in *Aspekte | junior* eigenen sich ebenfalls, um in einem Portfolio gesammelt und in der Übersicht dokumentiert zu werden. Im vorliegenden Lehrerhandbuch finden Sie bei der Beschreibung der entsprechenden Aufgaben und Übungen jeweils den Hinweis → **Portfolio**.

3.6 Wortschatz

Zum Abschluss jedes Kapitels finden die Schülerinnen und Schüler eine Doppelseite Wortschatz, geordnet nach Modulen. Hierbei handelt es sich um Ausdrücke, Begriffe, Phrasen und feste Wendungen aus den einzelnen Modulen, die für den Kapitelkontext und auch für weitere Kontexte frequent und relevant sind. Die Schülerinnen und Schüler können diesen Wortschatz in ihre Sprache übersetzen und somit ein kleines Glossar zu den Kapiteln anlegen. Für Begriffe, die die Schülerinnen und Schüler persönlich interessant oder wichtig finden, ist unter „Wörter, die für mich wichtig sind" Platz für eigene Einträge.

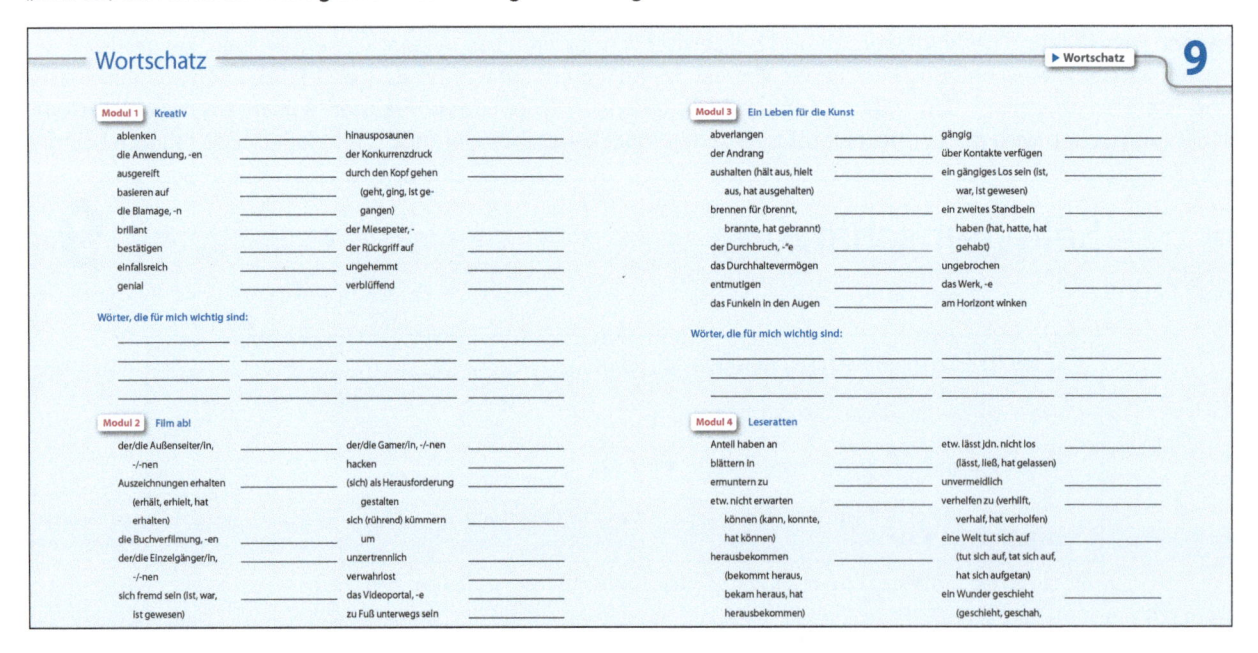

Ideen, wie Sie mit den Wortschatzseiten arbeiten können:
- S setzen sich in KG zusammen, jede KG bekommt ein Modulthema. Sie schreiben die Begriffe auf Kärtchen und definieren sie auf der Rückseite. Dann werden die Kärtchen getauscht. S lesen die Definitionen und nennen den passenden Begriff. Dies können Sie immer wieder erweitern und am Ende der einzelnen Kapitel wiederholen.
- In KG üben die S den Wortschatz eines bestimmten Moduls. Dazu kopieren Sie den passenden Wortschatz (z. B. die Wörter zu Kapitel 1, Modul 1) und machen daraus kleine Zettel. Jede/r S zieht einen Zettel und überlegt nun mit einem/einer anderen S einen Dialog, in dem jede/r sein Wort dreimal verwenden muss. Die anderen raten, welche Wörter auf den Zetteln standen.
- Um Wortschatz zu reaktivieren eignet sich die Methode, dass S ein Wort des Moduls auswählen und zu jedem einzelnen Buchstaben des Wortes viele andere Wörter schreiben, die auch zum Thema passen. Teilen Sie S in KG auf und gestalten sie die Übung als Wettbewerb: Wer hat nach fünf Minuten mehr Wörter gefunden? Beispiel: *die Kunst*: K: der Künstler / die Künstlerin, kreativ, komponieren; U: die Unendlichkeit, übertreiben, unterhalten, N: neugierig; S: das Stück, die Sammlung; T: das Talent, das Theater, talentiert etc.
- S nehmen die Wörter eines Moduls und machen in KG ein Gedicht oder eine absurde Geschichte daraus und verwenden die Wörter, die ihnen wichtig sind.

3.7 Der Anhang

Der Anhang enthält folgende Übersichten:
- unregelmäßige Verben
- Verben, Nomen und Adjektive mit Präpositionen
- Nomen-Verb-Verbindungen

4 Das Medienpaket (4 Audio-CDs und Video-DVD)

Aspekte | junior bietet auf drei CDs Hörmaterialien zum Kursbuch sowie auf einer CD Hörmaterialien zum Übungsbuch. Hier werden verschiedene Textsorten wie z. B. Dialoge, Diskussionen, Umfragen, Interviews, Radiofeatures oder auch ein Lied präsentiert und mit entsprechenden Aufgaben im Kurs- bzw. Übungsbuch bearbeitet.

Die Verweise auf die Tracks finden sich beim Lautsprecher-Symbol, z. B. 🔊 1.15 bedeutet: CD 1; Track 15. Die Audios stehen zudem als mp3-Download auf www.klett-sprachen.de/aspekte-junior/medienC1 zur Verfügung. Auf der Internetseite finden Sie auch die Transkripte.

Authentische Filme bieten im Fremdsprachenunterricht eine Reihe von Vorteilen, die *Aspekte | junior* Ihnen und Ihren Schülerinnen und Schülern mit der Video-DVD und den entsprechenden Aufgaben im Kursbuch zur Verfügung stellt:

Filmmaterial im Fremdsprachenunterricht	
authentische Sprache und Sprecher	wirklichkeitsnahe Verbindung von Bild und Ton
Facetten gesprochener Sprache (Dialekte, Umgangssprache, elliptische Sätze ...)	Unterstützung interkulturellen Lernens (Kultur als sichtbares Phänomen)
parasprachliche Signale (Mimik, Gestik ...)	Anwendung von Hör-Seh-Verstehen

Die Filmsequenzen auf der Video-DVD und die Aufgaben im Kursbuch vertiefen und erweitern die thematische Arbeit und eröffnen den Schülerinnen und Schülern weitere Lernwege durch die filmspezifischen Aufgabentypen. Die Aufgaben beziehen sich zunächst auf das Verstehen der Filminhalte. Dazu werden Aufgaben vor dem Sehen (Vorentlastung, Hypothesenbildung), Aufgaben beim Sehen und Aufgaben nach dem Sehen (Auswertung, Überprüfung des Verstehens) bereitgestellt. Sie können das globale, selektive, aber auch detaillierte Verstehen zum Ziel haben, wobei das filmimmanente Hör-Seh-Verstehen einen besonderen Stellenwert einnimmt.

Über die Inhalte der Filmsequenzen hinaus gibt es weiterführende Aufgaben, die z. B. Diskussionen oder Rollenspiele anbieten, zur Stellungnahme auffordern oder kreatives Schreiben anregen.

Auf den Filmseiten werden unterschiedliche Sendeformate wie Reportagen, Dokumentationen, u.a. angeboten. Die Sequenzen sind zwischen 2,5 und 7,5 Minuten lang und oft in weitere Teilsequenzen unterteilt. Die einzelnen Filme und ihre Teilsequenzen können direkt auf der DVD angesteuert werden, da jeweils unter dem Pikto für den Film die Nummer der Sequenz angegeben ist.

Natürlich können die Schülerinnen und Schüler die Filme auch zu Hause ansehen und einzelne Aufgaben nach ihren Interessen bearbeiten.

Einleitung

5 Das Lehrerhandbuch

Zu Beginn eines jeden Kapitels gibt eine Übersicht Auskunft über die wesentlichen Inhalte des Kapitels. Daran schließen sich die Lernziele an, bevor der eigentliche Kommentar zur Auftaktseite, den vier Modulen und den Filmseiten beginnt.

Aufgaben/Übungen: Das Lehrerhandbuch bietet didaktische Hinweise und Anregungen zu allen Aufgaben (A) im Kursbuch und den jeweils passenden Übungen (Ü) im Übungsbuch.

Lösungen: Sie finden die Lösungen zu den Aufgaben im Kursbuch direkt bei der jeweiligen Aufgabe nach dem didaktischen Kommentar. Die Lösungen zum Übungsbuch finden Sie als Gesamtübersicht im Anhang.

Binnendifferenzierung: Das Lehrerhandbuch macht Vorschläge zur Binnendifferenzierung, die sich vor allem auf den Leistungsstand innerhalb einer Klasse beziehen. So bieten die Vorschläge meist alternative Vorgehensweisen für stärkere und schwächere Gruppen innerhalb einer Klasse.

Erweiterungen/Varianten: In der Regel wird der von den Autoren vorgesehene Ablauf der Aufgaben und Übungen vorgestellt. An manchen Stellen werden Vorschläge gemacht, die die Aktivitäten um einen zusätzlichen Schritt erweitern oder Variation in den Ablauf bringen.

Projekte: Aufgaben, die im Kursbuch bereits als Projekte angelegt sind oder zu einem Projekt erweitert werden können, sind im LHB entsprechend beschrieben und gekennzeichnet.

CLIL: Aufgaben, die sich für den fächerübergreifenden Unterricht eignen, sind im Lehrerhandbuch ebenfalls gekennzeichnet.

Kopiervorlagen: Zu jedem Kapitel gibt es zwei Kopiervorlagen im Anhang dieses Lehrerhandbuchs, die innerhalb der Hinweise zu den einzelnen Kapiteln beschrieben sind und die direkt im Unterricht eingesetzt werden können.

Strategie/Tipp: Auf die Strategien und Lerntipps aus Kurs- und Übungsbuch wird im Lehrerhandbuch bei den entsprechenden Hinweisen zu den jeweiligen Aufgaben Bezug genommen.

Prüfung: Die Piktos machen deutlich, welche Aufgaben und Übungen einem der Prüfungsformate (DSD II oder GI: Goethe-Zertifikat C1) entsprechen. Eine Übersicht über alle Prüfungsformate in *Aspekte | junior C1* sowie ausführliche Erläuterungen zu den einzelnen Prüfungen finden Sie im Anhang dieses Lehrerhandbuchs.

Info: Die Info-Kästen enthalten detailliertere Informationen zu einem landeskundlichen Thema oder einer Person bzw. Fakten zu einem thematischen Sachverhalt.

Interaktive Tafelbilder: Das Pikto macht deutlich, zu welchen Aufgaben im Kursbuch interaktive Tafelbilder im Lehrwerk digital vorhanden sind. Hinweise, wie das jeweilige Tafelbild im Unterricht eingesetzt werden kann, können über das Tafelbild direkt aufgerufen werden. Beschreibungen zu allen Tafelbildern finden Sie auch online als Gesamt-PDF unter www.klett-sprachen.de/aspekte-junior/lehrerhandreichungC1. Meist werden die Schülerinnen und Schüler zur Kommunikation angeregt und vertiefen und wiederholen so spielerisch das gerade Gelernte.

Anhang: Im Anhang finden Sie die Kopiervorlagen, Informationen zu den Prüfungen und die Lösungen zum Übungsbuch.

6 Das Lehrwerk digital mit interaktiven Tafelbildern

Mit dem Lehrwerk digital können Sie im Unterricht das Kurs- und Übungsbuch per Whiteboard oder Beamer zeigen und alle Hördateien und Videosequenzen direkt abspielen sowie die Tafelbilder direkt ansteuern. Außerdem können Sie mit einem Klick ganz einfach zwischen Aufgaben im Kursbuch und den passenden Übungen im Übungsbuch wechseln. Eine Menüleiste mit vielen Whiteboardfunktionen steht Ihnen zur Verfügung: Vergrößern Sie Bilder oder Übungen für Ihre Schülerinnen und Schüler, verdecken Sie Bereiche einer Seite oder markieren Sie wichtige Textpassagen.

Zu Hause können Sie mit dem Lehrwerk digital Ihren Unterricht bequem am Computer vorbereiten. Außerdem finden Sie hier die passenden Kopiervorlagen, Lösungen zum Übungsbuch sowie die Transkripte zum Kurs- und Übungsbuch und zur DVD direkt zum Ausdrucken.

7 Die Homepage

Aspekte | junior bietet unter www.klett-sprachen.de/aspekte-junior eine Fülle an Material, darunter interaktive Onlineübungen, Kapiteltests, Einstufungstests, Arbeitsblätter und Kopiervorlagen, Transkripte und vieles mehr. Die Inhalte der Materialien sind an das Kurs- und Übungsbuch angebunden. Die Homepage wird laufend erweitert und aktualisiert, sodass sich ein Besuch immer wieder lohnt.

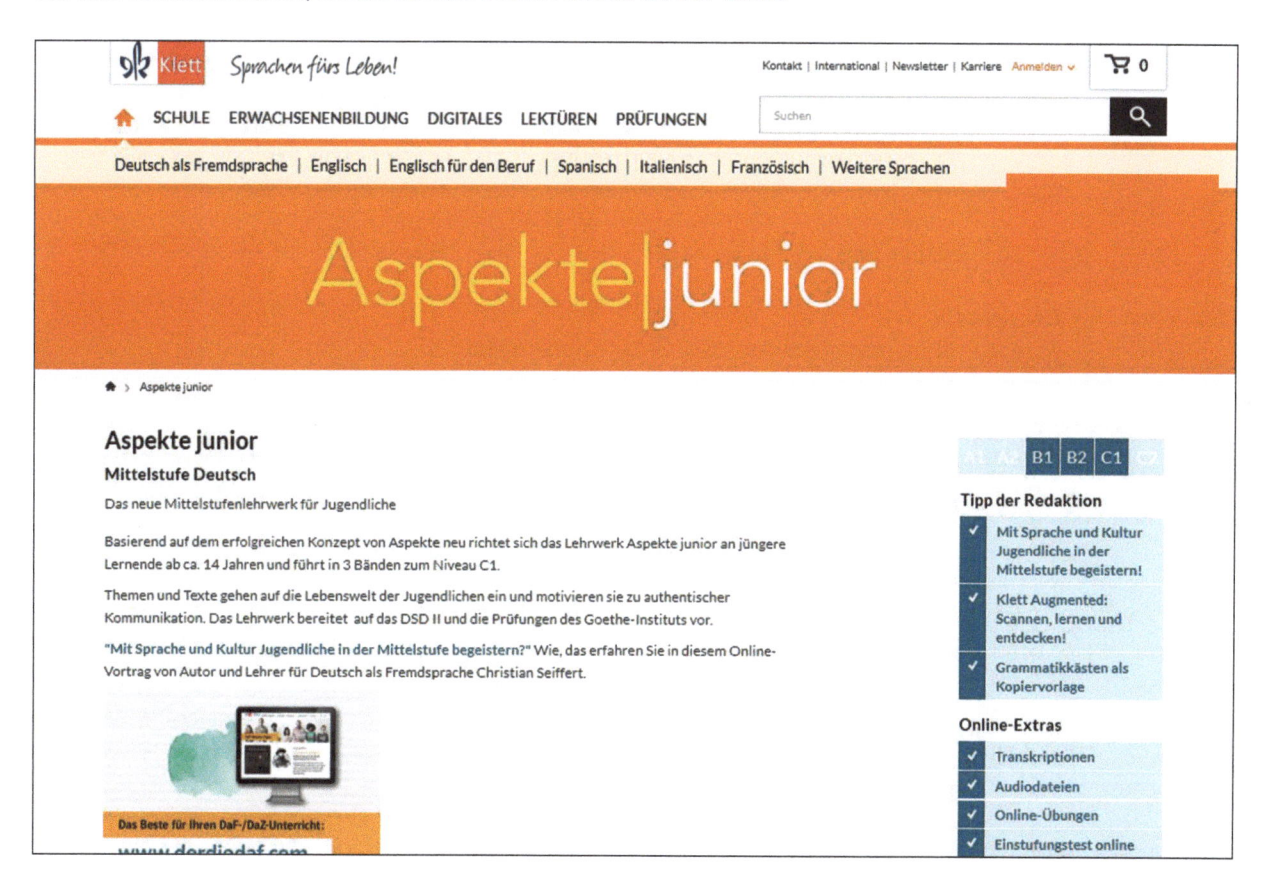

Moment mal

Themen   Willkommen im ersten Kapitel von *Aspekte | junior C1*.

Kapitel 1 beschäftigt sich mit Aspekten des täglichen Lebens und Lebensgewohnheiten in Deutschland.

Auftakt   Kurze Bilder aus dem alltäglichen Leben, die einen ungewöhnlichen Aspekt beinhalten, bilden den Auftakt.
Modul 1   In diesem Modul beschäftigen sich die S mit dem objektiven und subjektiven Zeitgefühl und mit Wortschatz zum Thema „Zeit".
Modul 2   Dieses Modul gibt Einblick in die Welt der Vereine, Gründe für das Engagement in einem Verein und die S „gründen" selbst einen Verein, für den sie Mitglieder werben.
Modul 3   Hier geht es um den Zusammenhang von Handynutzung, Suchtgefahr und Zeitverlust. Welche Auswirkungen hat das Spielen auf dem Handy?
Modul 4   Den Abschluss bildet dieses Modul, das sich mit verschiedenen Wohnformen und Gründen für den Auszug bei den Eltern beschäftigt. Die S lernen Texte zusammenzufassen, sie beschäftigen sich mit Tipps für ein funktionierendes WG-Leben und sie sollen Lösungen für Probleme finden.
Film   Die Reportage berichtet über das Gemeinschaftsprojekt „Sieben Linden", einem Dorf der Nachhaltigkeit.

Lernziele

> **Ihr lernt**
> **Modul 1** | Wichtige Aussagen zu einem Text über das Thema „Zeitgefühl" zusammenfassen
> **Modul 2** | Aussagen über das Engagement in Vereinen verstehen und andere von der Mitgliedschaft in einem Verein überzeugen
> **Modul 3** | Notizen zu einem Artikel über Handynutzung machen und sich über eigene Erfahrungen austauschen
> **Modul 4** | Wichtige Informationen aus einem Text schriftlich zusammenfassen
> Über Probleme in der Wohngemeinschaft diskutieren und gemeinsam Lösungen finden
>
> **Grammatik**
> **Modul 1** | Konnektoren (*andernfalls, folglich, außer wenn …*)
> **Modul 3** | Verben mit Präfix (trennbar und untrennbar)

Vorschlag für eine Einstiegsaktivität, **KV 1** auf S. 140. Nach den Ferien, bietet es sich an, in der ersten Stunde eine Einstiegsaktivität zu planen, bei der die S wieder in die deutsche Sprache eintauchen können. In PA fragen sich die S gegenseitig. Geben Sie ca. zehn Minuten Zeit und weisen Sie die S darauf hin, dass sie Fragen auswählen und auch ergänzen können. Im Anschluss präsentieren die S im PL Dinge, die sie über ihren Partner / ihre Partnerin neu gelernt haben.

Auftakt   Moment mal

A1a   Die S sprechen in KG über die Bilder, sie beschreiben sie und erklären, was hier seltsam ist.

A1b   In PA vorgehen wie beschrieben.

> Die S schreiben einen Dialog oder einen Tagebucheintrag aus einer ungewöhnlichen Perspektive (z. B. aus der Perspektive des Hundes in Bild D oder von dem Mann, der in der Schlange auf dem Kopf steht, in Bild B). Dann vorgehen wie unter A1c beschrieben.   **V**

A1c   Die S spielen/lesen ihren Text vor. In großen Klassen bilden sie zwei Untergruppen und spielen/lesen in der Gruppe. In kleineren Klassen spielen/lesen die S im PL.

Ü1	In KG klären S den Wortschatz, dann in PA bearbeiten oder als HA.
Ü2a	In EA bearbeiten, ggf. in PA auswerten.
Ü2b	Als HA geeignet, Korrektur durch die Lehrkraft.
Ü3	Als HA geeignet.
Ü4	In KG den Wortschatz klären, offene Fragen im PL. In EA oder PA schreiben S Sätze, dann tauschen sie mit einer anderen Person oder einem anderen Paar, diese korrigieren.

> Um den wiederholten und erarbeiteten Wortschatz zu sichern, bietet es sich an, in der kommenden Stunde noch einmal darauf einzugehen. Die S schreiben nach der HA-Korrektur drei bis fünf Ausdrücke aus Ü1–4, die neu für sie waren oder ihnen schwerfielen, auf Zettel und notieren einige Stichwörter für die Definition darunter. Die Zettel werden gemischt und verteilt. In KG zieht eine Person einen Zettel, definiert den Ausdruck, ohne ihn zu nennen, und die anderen raten, um welchen Ausdruck es sich handelt. Beispiel:
>
> **die Eintönigkeit**
>
> die Routine
> langweilig

Modul 1 Zeitgefühl

A1a	In PA lesen die S die Wörter, wählen mindestens ein Wort aus und haben kurz Zeit, dies zu definieren und auch ggf. den Artikel und Plural herauszusuchen. In KG werden die Wörter mithilfe eines Beispielsatzes erklärt. Um zu verhindern, dass alle S dasselbe Wort auswählen, notieren Sie die Wörter auf Kärtchen und jedes Paar nimmt sich mindestens ein Wort, das es dann erklärt.

> **SPRACHE IM ALLTAG**
> Kasten im PL lesen und die Bedeutung klären: Es sind quasi Synonyme für „Die Zeit vergeht schnell".
> In KG spielen S eine Szene, in die einer der Sätze mit eingebaut ist. Danach klären, ob der Ausdruck hier eine positive oder negative Bedeutung hat.

> Automatisierung mit Bewegung: Die Sätze aus dem Kasten stehen an der Tafel.
> Die S gehen im Raum herum und immer, wenn sie auf eine/n andere/n S treffen, sagen sie einen Satz aus dem Kasten mit verschiedener Intonation (laut – leise – wütend – freundlich – schüchtern etc.)

Ü1	Im PL sammeln die S Redewendungen und Sprichwörter zum Thema „Zeit", die sie kennen. Dann lösen sie in PA Ü1 und klären ggf. Fragen in KG. Vergleich mit den Herkunftsländern: Gibt es die gleichen oder ähnliche Redewendungen in ihrem Land?

Moment mal

A1b S lesen den Text und machen sich Notizen.
Vergleich im PL, mögliches Tafelbild:

A Zeit und Gedächtnis (Z. 24–30, 33–45)	B Zeit und Planung (Z. 46–Ende)	C Zeit und Emotionen (Z. 14–22, 29–32)
neue Erlebnisse werden intensiver wahrgenommen, die Zeit dehnt sich und die Erlebnisse bleiben länger im Gedächtnis (Beispiel: erste Fahrstunde) → in der Kindheit und Jugend vergeht die Zeit langsamer Im Erwachsenenalter: wenig Neues, viel Routine → Empfinden: Zeit rast	Zukunftsorientierung, Planung und Überlegung, was passieren könnte Vergangenheit erscheint weiter entfernt als Zukunft – diese Wahrnehmung als Motivation, um Ziele in der Zukunft zu erreichen Freude auf ein Ereignis in der Zukunft → Zeit vergeht schneller	je mehr emotionale Erinnerungen, desto längere Empfindung der Zeitdauer Situationen mit negativen Emotionen: deutlicheres Zeitempfinden – Zeitdauer kommt uns deshalb lange vor

A1c Gehen Sie bei dieser Aufgabe wie folgt vor:
1. In PA berichten S gegenseitig, was sie notiert haben.
2. Dann einigen sie sich auf eine gemeinsame Kernaussage zu jedem Abschnitt und notieren diese.
3. In KG vergleichen sie die Aussagen mit einem anderen Paar und wählen die passendere.
4. Präsentation im PL.

> Textarbeit in KG mit Wirbelgruppen: Lesen Sie die Einleitung im PL. Teilen Sie den restlichen Text in drei Teile und kopieren Sie ihn am besten in drei verschiedenen Farben: Gruppe 1: Zeile 1–23, Gruppe 2: Zeile 24–45, Gruppe 3 Zeile 46–Ende.
> Die S arbeiten zuerst in den jeweiligen Gruppen, lesen ihren Textteil, klären ihn und ergänzen, was sie in ihrem Teil zu den drei Themen finden. Sagen Sie den S, dass sie nicht immer zu allen drei Punkten etwas finden. Dann suchen sie sich zwei andere S, die jeweils einen anderen Textteil gelesen haben und informieren sich gegenseitig über ihre Texte.
> Am Ende gehen sie wieder in die Ausgangsgruppen zurück und können dort Ü2a als Quiz lösen. Danach Vergleich im PL. **V**

Ü2a–b Überprüfung des Textverständnisses: S lösen die Übung. Weisen Sie die S auf die Option „Kommt nicht im Text vor" hin und sagen Sie ihnen, dass sie nicht interpretieren dürfen, sondern sich exakt an den Text halten müssen.
Vergleich in PA und Korrektur der falschen Sätze. Vergleich mit dem Lösungsschlüssel.

> Bei einem ungleichen Tempo in der Klasse reicht bei den langsameren Paaren der Vergleich. Lassen Sie dort die Korrektur der falschen Sätze weg oder geben Sie sie als freiwillige HA. **B**

A1d In den KG tauschen sich S über ihre Erfahrungen aus.

A2a In EA lösen, die S schreiben die kompletten Sätze ins Heft. Dann in PA vergleichen.

1 E – 2 C – 3 B – 4 D – 5 A

A2b In PA lösen. Fragen im PL besprechen.

Folge: folglich, somit, demnach – negative Folge: sonst, andernfalls

Ü3–4 Als HA bearbeiten.

A2c	Die S lesen die Beispiele und ergänzen den Regelkasten. Vergleich im PL. Klären Sie ggf. Fragen.
🔑	**Außer wenn** leitet einen Nebensatz ein. **Es sei denn** verbindet zwei Hauptsätze.
Ü5	In PA bearbeiten.
A2d	In EA ergänzen S die Satzanfänge. Vergleich und Korrektur v. a. der Verbposition in PA.
👆	Hinweise, wie das Tafelbild im Unterricht eingesetzt werden kann, können über das Tafelbild im Lehrwerk digital direkt aufgerufen werden. Beschreibungen zu allen Tafelbildern finden Sie auch online als Gesamt-PDF unter www.klett-sprachen.de/aspekte-junior/lehrerhandreichungC1.
Ü6	Als HA geeignet.

> Notieren Sie die Konnektoren aus Ü3 und 5 an der Tafel.
> Kopieren Sie die Bilder aus Ü6 groß und verteilen Sie sie auf die Tische. S rotieren und notieren zu den Bildern einen Satz (mit Konnektor). Sätze, die schon geschrieben stehen, dürfen nicht wiederholt werden.
> Gemeinsame Korrektur im PL. **[V]**

A3	Vorgehen wie beschrieben. Fokus sind die neuen Konnektoren aus A2d. Bitten Sie die S, nur mit diesen Konnektoren Satzanfänge zu schreiben.

> Die S schreiben in PA Satzanfänge auf Karten und notieren zu diesen Anfängen drei Konnektoren, die passen. Dann gehen alle Paare im Raum herum und ergänzen die Sätze der anderen mit den drei Konnektoren. Helfen Sie, dass alle Sätze korrekt sind. **[E]**

> Um den Prozess in A3 abzukürzen, kopieren Sie für jede Gruppe die **KV 2** auf S. 141 auf Kärtchen und Satzstreifen. Ein/e S zieht einen Satzanfang und einen Konnektor und bildet einen Satz. Dann zieht der/die nächste S einen Satzanfang etc. **[V]**

Modul 2 — Vereine heute

A1a	Als Einstieg in das Thema sammeln die S im PL alle Formen von Vereinen und Clubs, die sie kennen, an der Tafel. Beispiele: Turnverein, Fußballverein, Kegelclub, Musikverein (Blaskapelle, Chor, Orchester), Umweltschutzorganisation, Literaturverein, Pfadfinder, … Anschließend lesen S den Text und fassen ihn in KG kurz zusammen.
A1b	In PA bearbeiten.
🔑	1 g – 2 c – 3 f – 4 a – 5 d – 6 e – 7 b

> Video-Tipp: euromaxx: Die Wahrheit über Deutschland – Vereine (Deutsche Welle)
> Weisen Sie darauf hin, dass die Videos der Reihe euromaxx durch eine ironische Art geprägt sind. Hör-Sehstrategie für das Video: S notieren sich W-Fragen, achten auf Bild und Text/Zahlen und notieren sich Stichpunkte. Dann sehen sie das Video und ergänzen Antworten. Sie können auch nach Mitteln der Ironie im Film fragen.
> Gespräch im PL über das Video und das Klischee, dass die Deutschen gerne Vereine gründen und in Vereinen mitmachen. **[E]**

Moment mal

> **Vereinsmeierei**
> „Vereinsmeierei" ist ein umgangssprachlicher, negativ konnotierter Ausdruck und bezeichnet negative Begleiterscheinungen, die das ausgeprägte Vereinsleben mit sich bringen kann. Er bezieht sich auf unterschiedliche Aspekte des Vereinslebens, z. B. bürokratische Strukturen in Vereinen: Bereits in kleinen Vereinen gibt es eine Vielzahl an verschiedenen Posten, z. B. Vorsitzende/r, stellvertretende/r Vorsitzende/r, Pressewart, Kassenwart, Protokollführer/in, Ehrenvorsitzende/r und diverse weitere Positionen.
> Als Vereinsmeier werden abwertend Menschen bezeichnet, denen die Mitgliedschaft und Mitarbeit in einem oder mehreren Vereinen sehr wichtig ist.

A1c Gespräch im PL. Weitere Fragen: Ist es üblich, sich ehrenamtlich zu engagieren? Ist es üblicher, individuelle Hobbys zu haben oder in einer Gruppe die Freizeit zu gestalten? Bist du in einem Verein/Club? Was sind beliebte Vereine?

A2a Die Aufgaben A2a und A2b entsprechen dem Prüfungsformat Hören Teil 2 der Prüfung DSD II. Weitere Informationen zum DSD II finden Sie ab S. 170.
S lesen die Aufgabe und die Aussagen zu A2a. Dann hören sie den Text einmal und notieren sich für jede Person, welche der drei Aussagen passt. Eine Aussage passt zu zwei Personen.

A Person 3, 4 – B Person 2 – C Person 1

> **STRATEGIE** Im PL lesen und deutlich machen, dass es notwendig ist, nichts zu vermuten und sich nur auf das Gesagte zu konzentrieren.

A2b S lesen die Aussagen zu A2b und hören den Text noch einmal. Sie entscheiden, welche Aussage A–F zu welcher Person passt und notieren den passenden Buchstaben. Zwei Aussagen bleiben übrig (diese sind in der Lösung mit 0 bezeichnet).

A 2 – B 0 – C 3 – D 1 – E 4 – F 0

A2c Im PL noch einmal die im Hörtext genannten Vereine an der Tafel sammeln. In KG Austausch mit Begründung.

> Stärkere Gruppen: In KG formulieren die S eine Zusammenfassung der Vereine, die vorgestellt wurden. Sie sprechen über die Aktivitäten und erzählen dann, welcher Verein sie interessieren würde.

A3 Wirbelgruppenaktivität: Bereiten Sie Farbkärtchen vor (je nach Klassengröße drei bis vier verschiedene Farben). Jede/r S zieht eine Farbkarte und alle S derselben Farbe bilden eine KG (mindestens 3 Personen pro Gruppe). Dort überlegen sich die S einen Verein: Namen, Aktivitäten, Konditionen, Vorteile für Vereinsmitglieder, Ziele.
Wenn die Ideen für alle Vereine gesammelt sind, begibt sich von jeder Farbe eine Person in eine neue Gruppe. Die einzelnen S stellen nun ihren Verein vor und versuchen, die anderen S der Gruppe von einer Mitgliedschaft zu überzeugen. Dazu benutzen die S die vorgegebenen Redemittel.
Alle S müssen sich für einen bis zwei Vereine entscheiden. Im Anschluss gehen die S wieder in ihre Ausgangsgruppen und erläutern dort kurz, für welchen Verein sie sich entschieden haben und warum.

Ü1

P
GI

Diese Übung entspricht dem Prüfungsformat Lesen Teil 3 der Prüfung Goethe Zertifikat C1. Weitere Informationen zum Goethe-Zertifikat C1 finden Sie ab S. 164.
S haben in der Prüfung 15 Minuten Zeit, um den Text zu ergänzen. Als Übungsform bearbeiten S den Text in PA. Geben Sie 15 Minuten vor und sehen Sie, wie weit die S gekommen sind. Verlängern Sie dann ggf. die Zeit.
Gespräch im PL: Was war schwierig? Wie sind die S vorgegangen?

Modul 3 Zuletzt online …

A1 Vorgehen wie beschrieben.

> Sprechmühle. Die S gehen durch den Raum während Musik läuft. Stoppen Sie die Musik und nennen Sie eine Zahl von 2 bis 4. So viele S finden sich zusammen und sprechen über jede Frage einzeln. **V**

A2a Zuordnung wie beschrieben. Vergleich im PL.

🗝 1 D – 2 A – 3 F – 4 C – 5 B – 6 E

A2b Im PL Titel und Untertitel lesen: Sammeln Sie Vermutungen im PL: Was könnte in dem Text stehen? S lesen den Text und notieren die Themen und die Zeilen in ihr Heft.

🗝 2. (Z. 36–46) – 3. (Z. 19–31) – 5. (Z. 46–47, 65–78)

A2c–d S notieren Beispiele zu den genannten Punkten und tauschen sich dann darüber in PA aus. Interessante Punkte werden ins PL gebracht.

🗝
1. Zeile 65–74: im Durchschnitt 60 Mal am Tag Handy entsperren, alle 10 Minuten aufs Handy gucken → reduzierte Aufmerksamkeit
2. Zeile 37–48: Durch häufiges Spielen auf dem Handy fehlen die Erholungsphasen, weil das Gehirn beim Spielen nicht entspannt, sondern gestresst wird.
3. Zeile 49–64: App Menthal: Aufzeichnung, wie oft und wofür das Handy genutzt wird – viele Probanden, durchschnittliche Nutzung: drei Stunden pro Tag
4. Zeile 65–80: Man muss erforschen, wozu die reduzierte Aufmerksamkeit durch ständige Unterbrechungen durch das Handy führt.
5. Zeile 81–90: In Zukunft Reduktion nötig, evtl. durch eine Stoppuhr-App, die uns erinnert, wie viel Zeit beim Spielen auf dem Handy schon vergangen ist.

> In Fünfergruppen sucht je ein/e S Beispiele zu einem Punkt. Dann Austausch in der KG. **B**

Hier bieten sich Anknüpfungspunkte zum fächerübergreifenden Unterricht an, z. B. Ethik, Pädagogik.

Ü1a–b S hören das Gespräch und markieren. Vergleich in PA.
Eventuelle Zweifelsfälle markieren und dann noch einmal hören und nur auf diese achten. Kontrolle im PL.
Für Ü1b den Hörtext noch einmal hören und die Zusammenfassung ergänzen. Vergleich erst in der KG, dann im PL.

Moment mal

A3a In KG notieren sich die S Beispiele für trennbare/untrennbare Verben und versuchen sich die Regel ins Gedächtnis zu rufen, die sie schon kennen.
Sammlung im PL.
Beispiele: untrennbar: be-, ent-, er-, ge-, miss-, ver-, zer- / trennbar: ab-, an-, auf-, aus-, bei-, dar-, ein-, her-, hin-, los-, mit-, nach-, rück-, vor-, zu-, zurecht-, zusammen-
Regel: Betonung auf dem Präfix: trennbar / Betonung auf dem Wortstamm: untrennbar.

<u>Hinweis</u>: Gehen Sie hier nicht auf die Regel ein, wenn sie nicht von den S selbst kommt – sie systematisieren und üben sie in A3c.

A3b In PA vorgehen wie beschrieben. S notieren die Tabelle ins Heft und schreiben die Verben in die passende Spalte. Bei unklaren Verben: Benutzung des Wörterbuches und gegenseitige Klärung in PA. Lösungskontrolle im PL.

trennbar	untrennbar
durchhalten	durchschauen
übergehen	überhören
widerspiegeln	widersprechen
umdenken	umgehen
unterordnen	unterschätzen

A3c In EA bearbeiten und Regel ergänzen.

Die Vorsilben **durch-**, **über-**, **um-**, **unter-** und **wider–** können trennbar oder untrennbar sein.
Komplette Regel im PL lesen lassen und auf die Betonung hinweisen.

A3d In PA suchen die S zu den Präfixen aus A3b weitere Verben und schreiben sich dazu auf, ob sie trennbar oder untrennbar sind. Vergleich im PL. Dann bilden sie in PA Sätze zu den Präfixen. Die S suchen sich ein anderes Paar, lesen sich gegenseitig die Sätze vor und korrigieren ggf. Alle Fragen werden anschließend im PL geklärt.

Ü2–3 Als HA bearbeiten.

Ü4 In PA gemeinsam die Präteritum-Formen notieren. Vergleich im PL. Dann in PA bearbeiten. Sätze mit einem anderen Paar tauschen und korrigieren lassen.

Modul 4 Unser Zuhause

A1a In PA notieren S die Tabelle ins Heft und überlegen sich, welche Wörter und Ausdrücke in welche Spalte passen.

eigene Wohnung	bei den Eltern wohnen
die Selbstständigkeit, Pflichten übernehmen, den Haushalt organisieren, unabhängig sein, die finanzielle Last tragen, auf sich allein gestellt sein, sich weiterentwickeln, selbst bestimmen, bequem sein, allein sein	abhängig sein, Bescheid sagen, Pflichten übernehmen, Gesellschaft haben, sofort Hilfe bekommen, sich an Regeln halten, bequem sein, Zeit sparen

> Teilen Sie die Klasse in vier Gruppen auf – jede Gruppe ist verantwortlich für vier Wörter oder Ausdrücke, klären sie untereinander oder suchen sie im Wörterbuch und sortieren sie in die Spalten. Anschließend setzen sich aus jeder Gruppe ein/e S zusammen und klären gemeinsam den Wortschatz und wozu die Wörter und Ausdrücke passen. **B**

A1b Die S lesen die Themen im PL, ggf. Klärung des Wortschatzes, dann lesen Sie den Text und sehen sich die Grafik an und notieren Informationen zu den einzelnen Themen.

Wohnformen (Vor- und Nachteile)	Alter und Auszug	Gründe zum Ausziehen
WG, zu zweit als Paar, allein, bei den Eltern Vorteile allein: frei sein, Tag selbst gestalten, keine festen Zeiten oder lästige Pflichten Nachteile allein: Umzug und fixe Kosten finanzieren, auf sich allein gestellt sein, mit seinem Geld auskommen, Alltag alleine planen Vorteile WG: wohnen mit Gleichaltrigen, gegenseitige Hilfe, immer etwas los, Kosten teilen Nachteile WG: Regeln der Gemeinschaft einhalten, bei Konflikten: gemeinsame Lösung finden Vorteile Eltern: billig, gerne mit den Eltern wohnen, bequem, mehr Freizeit für einen selbst	siehe Grafik Frauen früher als Männer, im Durchschnitt Frauen mit 22,9 Jahren und Männer mit 24,4 Jahren	Beginn Ausbildung/Studium in einer anderen Stadt (Weg ist zu weit) Selbstständigkeit als Reiz mit Gleichaltrigen wohnen Abnabelung oft, wenn ein Partner gefunden wird

A1c In PA vergleichen die S ihre Notizen und vergleichen die Informationen mit ihrem Heimatland.

Ü1 Als HA geeignet.

A2a Lesen Sie die Aufgabe mit den einzelnen Schritten im PL, um das Verständnis zu klären. Anschließend bearbeiten die S die einzelnen Schritte in PA.

A2b In PA fassen die S den Text und die Grafik schriftlich mithilfe der erarbeiteten Schritte zusammen. Am Ende geben sie ihrem Text eine Überschrift. → **Portfolio**

> Korrekturlawine: Verteilen Sie unterschiedliche Korrekturfokuspunkte an Paare, z. B. Verbpositionen und Kongruenz, korrekte Anwendung der Redemittel (Syntax und Semantik), andere Punkte, bei denen Ihre S Schwierigkeiten haben. Jedes Paar achtet auf seinen Korrekturfokus. Dann geben die S ihren Text an ein anderes Paar weiter, das den Text liest und korrigiert, nach ca. drei bis fünf Minuten wird der Text wieder weitergegeben, solange bis er wieder bei dem Ausgangspaar ankommt. In großen Klassen arbeiten die S in zwei Gruppen. Anschließend korrigieren Sie die Texte. **E**

A2c In KG sprechen die S über das Thema. Interessante/Ungewöhnliche Ansichten werden am Ende kurz im PL berichtet.

A3a In EA recherchieren die S zu einem der angegebenen Themen und drucken, wenn möglich, Materialien aus oder machen sich Notizen.

Moment mal

A3b S suchen in der Klasse eine/n andere/n S, der/die sich mit dem Thema beschäftigt hat und fassen die Informationen wie in A2 zusammen.

Aus A3a und A3b lassen sich auch gut Projekte gestalten. Die S teilen sich in Gruppen und entscheiden sich für ein Thema. Geben Sie den S eine Woche Zeit, in der sie zu Hause zu ihrem Thema recherchieren. Dann komme die S mit ihren Ergebnissen zurück in den Unterricht und setzen sich in den KG zusammen. Dort fassen sie die Informationen zusammen (wie in A2), erstellen ein Plakat oder je nach Ausstattung eine kurze digitale Präsentation und präsentieren diese in der Klasse. Dabei gilt: Alle sollten sprechen.
Als Präsentationsform eignet sich hier gut das Marktstandprinzip: Jeweils 1–2 S aus den KG bleiben bei ihren Plakaten stehen, die anderen rotieren und sehen sich die Ergebnisse der anderen KG an. Die beiden „Experten/Expertinnen" fassen für die „Besucher/innen" ihre Plakate zusammen, die „Besucher/innen " stellen Fragen. Wenn die „Besucher/innen" bei allen Plakaten waren, wird gewechselt: 1–2 andere S aus der KG bleiben am eigenen „Stand" stehen und die bisherigen Experten/Expertinnen können als „Besucher/innen" herumgehen.

A4a Im PL besprechen und Eigenschaften an der Tafel notieren.

A4b In KG überlegen sich S, welche Themen sie interessieren würden und welche wichtigen Fragen man stellen kann. Alle notieren die Fragen. Evtl. auch thematisieren, was man fragen kann und was nicht. Worauf würden die S (nicht) antworten? Was sollte eine WG nicht fragen?

Ü2 Als HA geeignet. Sollte den S bei A4 nicht viel einfallen, dann lassen sie diese Übung in PA in der Klasse bearbeiten.

A5a Vorgehen wie beschrieben.

Jonas Bahr fragt: Worauf soll ich bei einem WG-Casting achten?
Arne Wissman arbeitet im Studentenwerk der Uni Dresden als Tutor.
Seine Aufgabe: Beratung von Neuen an der Uni in Wohnfragen.

A5b Die S sprechen in KG, dazu können sie auch all das nutzen, was sie in A4 gesammelt haben.

A5c In KG werden die Regeln geklärt. Fragen am Ende im PL klären.

A5d Vorgehen wie beschrieben. Nach dem Hören zuerst Kontrolle in PA, dann evtl. noch einmal hören, dann Kontrolle im PL.

Regel	Beispiele/Vorschläge
1 F Ehrlich bleiben	beim Casting sagen, was man mag / gerne macht
2 A Gleich und gleich gesellt sich gern	mind. eine Gemeinsamkeit haben
3 D Nicht meckern, sondern anpacken	keine Zettel mit Mahnungen, lieber handeln
4 C Putzplan einhalten	putzen, wenn man auf dem Plan steht
5 G Lerne teilen	gemeinsam zahlen, was alle brauchen
6 E Dein WG-Tag ist heilig	fester Termin, gemeinsame Unternehmung
7 I Pflege deine Freundschaften	Freunde außerhalb der WG sind wichtig
8 H Meins ist nicht deins	Finger weg, von dem, was nicht deins ist
9 J Partylöwe ja – Nervensäge nein	Rücksicht nehmen: Nicht zu lange feiern
10 B Gehen, wenn's noch schön ist	es ist alles ok, aber man fühlt sich nicht wohl → was anderes suchen

A5e Gespräch in KG. Interessante Punkte ins PL bringen.

⟳	Hier bieten sich Anknüpfungspunkte zum fächerübergreifenden Unterricht an, z. B. die Muttersprache, andere Fremdsprachen, um landeskundlich zu überlegen, was in den anderen Ländern wichtig beim Zusammenwohnen ist.
A6	In Dreier-KG bereiten S ein Casting-Gespräch vor und benutzen die Fragen aus A4b. Ein paar KG spielen ihre Gespräche im PL vor. Die anderen sind Publikum und bewerten, wer als WG am besten zusammenpassen würde. Hinweis: Regen Sie v. a. in heterogenen Gruppen den interkulturellen Vergleich an: „Gibt es WG-Castings in euren Ländern?", „Wie finden sich die WGs in anderen Ländern?", „Was ist dort wichtig und was ist undenkbar?"

> **E** Gestalten Sie ein WG-Casting. Die Klasse teilt sich in WGs und Bewerber/innen. Die WGs besprechen in der KG, was für eine Wohnung sie haben; wo sie liegt; öffentliche Verkehrsmittel; wen sie suchen (Studenten, Schüler, Azubis, Praktikanten etc.)?; wie groß/teuer das Zimmer ist; was für Aufgaben/Regeln verpflichtend sind; was stört etc. – Hilfe bieten dabei die Fragen aus A4b.
> Die Bewerber/innen überlegen sich in EA, was sie beruflich machen / studieren; warum sie in die WG ziehen wollen; wie viel sie zahlen können/wollen; was sie unbedingt brauchen; was sie nicht machen wollen
> Jede/r Bewerber/in spricht mit jeder WG ca. fünf bis zehn Minuten. Steuern Sie die Zeit. Am Ende sagt jede/r Bewerber/in in welche WG er/sie gerne ziehen würde und die WG sagt, welche Entscheidung sie getroffen hat. Gibt es Übereinstimmungen?

A7a	Die S bilden KG mit vier Personen und lesen die Rollenkarten. Sammeln von möglichen Problemen in dieser WG in der KG.
Ü3a–c	Diese Übungen können als Vorentlastung für das Rollenspiel dienen. In PA lesen S den Dialog und überlegen sich, um welche Themen es gehen könnte. Dann ergänzen sie den Dialog und üben das Gespräch: Lautstärke, Intonation, Pausen. In KG vorspielen und Austausch in diesen darüber, welcher Dialog den S am besten gefallen hat.

> **V** Das Paar mit dem besten Dialog aus jeder Gruppe spielt im PL vor. Anschließend Feedback zu den Punkten: Intonation, Lautstärke, Aussprache. Wenn Sie die Erweiterung nach A6 bearbeitet haben, dann lassen Sie diese Variante weg.

A7b	Jede/r S übernimmt in der Vierer-KG eine Rolle und bereitet sich in ca. 10 bis 15 Minuten in EA auf die Rolle vor: • Argumente sammeln und notieren • mögliche Gegenargumente und Reaktionen darauf überlegen • mögliche Lösungsvorschläge
A7c	Die S führen nun die Diskussion in der WG durch. Sie diskutieren über die strittigen Punkte und sollen versuchen, die Probleme zu lösen.
👆	Hinweise, wie das Tafelbild im Unterricht eingesetzt werden kann, können über das Tafelbild im Lehrwerk digital direkt aufgerufen werden. Beschreibungen zu allen Tafelbildern finden Sie auch online als Gesamt-PDF unter www.klett-sprachen.de/aspekte-junior/lehrerhandreichungC1.

Moment mal

> Schritt 1: Die S bilden KG zu den vier Personen (am besten wieder mit Farbkarten arbeiten, um deutlich zu machen, wer in welcher Gruppe ist). Jede/r wählt eine Person.
> Schritt 2: Wechsel der Gruppen: Alle S, die ein und dieselbe Person darstellen werden (z. B. alle, die die Rolle von Carina übernehmen), setzen sich zusammen und überlegen gemeinsam, welche Argumente sie in der Diskussion nennen wollen bzw. wie sie Argumente entkräften werden. Als Hilfe und um den Diskussionswortschatz zu erweitern, sollen die S die hier vorgegebenen Redemittel benutzen.
> Schritt 3: Die S gehen in ihre Ausgangs-KG zurück und führen nun die Diskussion in der WG mit den anderen durch. [V]

A7d Nach der Diskussion berichten die S im PL aus ihren Gruppen: Haben sie Probleme gelöst? Wenn ja, wie? Welche Vereinbarungen sind getroffen worden?
Austausch: Wie haben es die anderen „WGs" in der Klasse gemacht?

> Schreiben: Nach der Diskussion bietet sich als Schreibanlass an, dass die Person, die der/die S verkörpert hat, eine E-Mail an einen Freund / eine Freundin in der Heimatstadt schreibt und dort noch einmal die Diskussion und seine/ihre Gefühle dazu beschreibt. →**Portfolio** [E]

Ü4 In Dreier-KG schreiben S mögliche Lösungen. Alle werden aufgehängt und gepunktet, welche Vorschläge die interessantesten, lustigsten o. ä. sind.

> Stiller Dialog: Kopieren Sie die vier Nachrichten auf DIN-A3– Blätter und legen Sie diese auf Tische. In PA gehen S herum und antworten auf die Nachrichten. Das nächste Paar, das an den Tisch kommt, übernimmt die Rolle von Marcel und reagiert auf die Antwort, etc., sodass ein stiller Dialog entsteht.
> Nach ca. 15 Minuten werden die Plakate aufgehängt und durchgelesen: Welche Dialoge sind konfliktreich? Welche sind freundlich? [V]

Ü5 **TIPP** Lesen Sie den Tipp im PL. Sammeln Sie weitere Fehlerkategorien an der Tafel (Verbposition, Rechtschreibung, Verben und Präpositionen, Infinitiv mit *zu* etc.).

Als HA bearbeiten und in der Klasse kontrollieren.
In der nächsten Stunde Gespräch im PL: Wo lagen die Schwierigkeiten? Welche Fehler waren schwer zu finden? Wie lange habt ihr gebraucht?
So können Sie einschätzen, wo ihre Klasse mehr Hilfe braucht.

Ü6 Diese Übung entspricht dem Prüfungsformat Lesen Teil 1 der Prüfung DSD II. Weitere Informationen
[P] zum DSD II finden Sie ab S. 170.
DSD Lesen Sie die Aufgabenstellung gemeinsam im PL. Wenn Ihre S die Prüfung machen wollen, bearbeiten Sie diese Übung in der Klasse und geben Sie den S die Tipps aus dem Prüfungsanhang. Wenn Ihre S die Prüfung nicht machen wollen, ist diese Übung auch als HA geeignet. Besprechung in der Klasse.

Aussprache Schnelles Sprechen – Verschmelzungen und Verschleifungen

Ü1 Verschmelzungen und Verschleifungen treten beim schnellen, vor allem beim informellen Sprechen, auf. Gehört haben die S dieses Phänomen sicher schon. Nun geht es darum, genau hinzuhören und nachzuvollziehen, welche Laute und Silben dazu neigen, verbunden oder verschluckt zu werden.
S lesen die Varianten, einmal ohne und einmal mit Verkürzung. Dann hören und entscheiden, wann welche Variante zu hören war.

Ü2a S konzentrieren sich darauf, „Verhörer" zu vermeiden. Genaues Zuhören ist erforderlich: S markieren, welche Sätze sie hören. Spielen Sie ggf. den Hörtext ein zweites Mal vor.

Ü2b	S hören noch einmal und sprechen mit. Was ändert sich bei ihnen beim schnellen Sprechen? Dazu ggf. Sätze einmal langsam und einmal schnell in PA abwechselnd sprechen lassen. Im PL sammeln und über Veränderungen sprechen.
Ü3	In PA Regel ergänzen mithilfe von Ü1 und 2 sowie den eigenen Erfahrungen beim schnellen Sprechen. Im PL lesen. Kurzes Gespräch im PL: Ist dir dies schon aufgefallen, wenn du mit Muttersprachlern gesprochen hast? Verschmelzungen wie N'Abend (einen guten Abend) können zu Miss- und Nichtverstehen beim Hören führen. Wer für die Thematik sensibilisiert ist, kann aber Hypothesen bilden, was vielleicht gemeint sein könnte.
Ü4	In PA sprechen S die Mini-Dialoge und üben schnelles Sprechen, indem sie Laute und Wörter zusammenziehen.

Film — Nachhaltig leben

A1a Im PL sammeln und an der Tafel festhalten.

🔑 **Mögliche Lösung:**
mehr Fahrrad fahren oder öffentliche Verkehrsmittel benutzen; Strom sparen, indem man in den Räumen, wo man sich nicht aufhält, das Licht ausschaltet; Wasser sparen, z. B. duschen statt baden, Wasserhahn zudrehen beim Zähne putzen; keine Plastiktüten, sondern Baumwolltaschen beim Einkaufen verwenden; Geräte ausschalten, nicht Standby; Bioprodukte kaufen

A1b Diskussion über die Punkte aus A1a in KG. Interessante Punkte aus im PL besprechen, z. B. wo waren sich die S in den KGs einig / nicht einig.

A2 Film ohne Ton sehen und Aktivitäten notieren. Vergleich im PL und Klären von eventuell unbekannten Verben.

🔑 Traktor fahren – auf der Baustelle arbeiten – Stroh stapeln – Wände verputzen – essen – kochen (Gelee) – im Garten arbeiten (harken, pflanzen, hacken) – planen

A3a Teilen Sie die S in drei Gruppen. Film 1–2x sehen und jede Gruppe achtet auf einen Aspekt. Vergleich in der KG. Dann wirbeln: Aus jeder KG setzt sich ein/e S mit zwei anderen zusammen und S erzählen sich ihre Informationen.

🔑 **A Fakten zu Sieben Linden:**
Seit Anfang der 90er-Jahre (da gab es die ersten Bauwagen); 70 Erwachsene und 37 Kinder; Gemeinschaftsprojekt; soziale, ökonomisch und ökologisch nachhaltige Lebensweise
B Hausbau:
Strohballenbau: Stroh vom Acker nebenan und Holz aus dem Wald; energieeffiziente Häuser; Wände mit Lehm verputzt; keine Chemie, Wände die atmen, das Klima regeln, Gerüche fressen und die Luft reinigen
C Gemeinschaft:
Täglicher Betrag für Verpflegung und laufende Kosten: 9 Euro; Arbeitsbeitrag für die Allgemeinheit leisten, z. B. Küchendienst; alle festen Bewohner: Mitglieder der Siedlungsgenossenschaft; Entscheidungen werden gemeinsam getroffen; man kann sich bewerben: einjährige Probezeit, dann entscheidet die Gemeinschaft, wer einziehen darf

A3b A3b kann auch zur Vorentlastung für den Film benutzt werden und nach A2 bearbeitet werden. S suchen ein Wort, das sie kennen oder schauen im Wörterbuch und erklären es den anderen auf Deutsch.

Moment mal 1

> In Dreier-KG: Jede/r S ist für drei Wörter zuständig, sie suchen die Wörter evtl. aus dem Wörterbuch und erklären sie sich gegenseitig mit Beispielen. **V**

> Notieren Sie die Wörter auf Kärtchen für mehrere KG: In der nächsten Stunde verteilen Sie die Kärtchen. S bilden KGs. S zieht ein Kärtchen und muss es definieren, ohne das Wort zu nennen. Die anderen raten, um welches Wort es sich handelt. **E**

A4a–b S sammeln in KG Gründe für und gegen ein Leben in diesem Dorf. Dann lassen Sie die S in neu zusammengestellten KGs diskutieren. Weisen Sie die S auf die Redemittel zu „Meinungen/ Zustimmung/Widerspruch ausdrücken" im Redemittelanhang im KB hin.

> Teilen Sie die S in Gruppen ein, die entweder Gründe für oder gegen ein Leben in diesem Dorf sammeln.
> Nach fünf bis zehn Minuten bilden Sie neue KGs, sodass immer mindestens ein Vertreter der Pro-Gruppe und der Contra-Gruppe vorhanden sind.
> Immer zwei Gruppen tragen ihre Argumente in einer bestimmten Zeit abwechselnd vor, z. B. pro Beitrag zwei Minuten, indem sie auch auf das Argument des Vorredners / der Vorrednerin eingehen. Gruppe A: Ein Argument in zwei Minuten, dann Gruppe B ein Argument in zwei Minuten.
> Insgesamt diskutieren sie fünf bis zehn Minuten. Achten Sie darauf, dass alle S sprechen. **V**

A4c Ausschnitt lesen und Antworten auf die Fragen notieren. Vergleich im PL.

🔑 Warum wollte er unbedingt in die ökologisch-soziale Modellsiedlung? → er war genervt von der Stadt, zu viel Werbung, Verkehr (Stress)
Was gefällt ihm in Sieben Linden? → er fühlt sich integriert, hat aber auch ein Privatleben
Was könnte sich unsere Gesellschaft von Sieben Linden abgucken? → Gemeinschaftlich leben findet er gut: Dinge teilen, sich umeinander kümmern, jede Arbeit kommt den Bewohnern zugute.
Fazit: eine gute Ökobilanz kann man nur in einer Gemeinschaft erreichen

A5 S entscheiden sich für eine Aufgabe, setzen sich so in Gruppen zusammen und bearbeiten sie. Vorstellung der Ergebnisse im PL.

Kapiteltests
Kapiteltests zu jedem Kapitel finden Sie unter www.klett-sprachen.de/aspekte-junior im Bereich „Tests".
Der Zugangscode lautet: asP!jr3

Hast du Worte? 2

Themen Kapitel 2 behandelt das Thema „Kommunikation" in unterschiedlichen Kontexten und auf unterschiedliche Art und Weise.

Auftakt Den Auftakt machen Cartoons und Witze, sodass die S über ihren eigenen Humor sprechen können.
Modul 1 In Modul 1 geht es um das Thema der Erreichbarkeit mithilfe moderner Technik und Medien. Heutzutage haben fast alle Menschen ein Handy und sind so immer zu erreichen. Welche positiven, welche negativen Aspekte können wir diesbezüglich feststellen?
Modul 2 In Modul 2 dreht sich alles um Schlagfertigkeit. Wer kennt es nicht, dass man in einer Situation nicht die passende Antwort parat hat und sich ärgert, weil einem erst später schlagfertige Antworten einfallen? Die S erfahren, wie man Abhilfe schaffen kann.
Modul 3 Wie lernen wir Sprachen? Was ist der Unterschied zwischen Sprachen lernen und Spracherwerb? Darum geht es in diesem Modul.
Modul 4 In Modul 4 stehen Dialekte im Allgemeinen und speziell in der deutschen Sprache im Mittelpunkt, aber auch der kulturelle Vergleich mit dem eigenen Heimatland.
Film Im Film geht es um einen Gebärdendolmetscher.

Lernziele

Ihr lernt
Modul 1 | Vor- und Nachteile moderner Medien aus einem Artikel herausarbeiten und Meinungen aus dem Artikel wiedergeben
Modul 2 | Strategien aus einem Interview zum Thema „Schlagfertigkeit" zusammenfassen und schlagfertige Antworten geben
Modul 3 | Einen Fachtext über „Sprachen lernen und erwerben" kommentieren
Modul 4 | Aussagen von Personen mit dialektalen Färbungen verstehen und über die Verwendung von Dialekten sprechen
Einen Leserbrief zum Thema „Dialekt" schreiben

Grammatik
Modul 1 | Möglichkeiten der Redewiedergabe
Modul 3 | Nominal- und Verbalstil

Auftakt   Hast du Worte?

Ü1 In PA bearbeiten. Klären von unbekanntem Vokabular im PL.
Nr. 1 und 2: Fragen Sie die S, worin der Unterschied zwischen *Worte* und *Wörter* besteht.

Hinweis: *Worte/Wörter*
Das Wort *Wort* hat zwei Pluralformen, die inhaltlich eine andere Bedeutung haben.
Im Sinne von „Einzelwort" lautet der Plural *die Wörter*, in der Bedeutung „Äußerung, Ausspruch, Erklärung, Begriff" dagegen *die Worte: Dieser Satz besteht aus sechs Wörtern.* Aber: *Mir fehlen die Worte! / Sie sprach ein paar Worte zur Begrüßung.*

Ü2 In PA lösen die S die Übung und versuchen, den Wortschatz zu klären.
Alle unbekannten Wörter teilen S auf, jede/r sucht „seine/ihre Wörter" im WB und definiert sie dann dem Partner / der Partnerin. Anschließend Entscheidung, welches Wort nicht passt.

Ü3 In PA lösen.

Hast du Worte?

> In schwächeren Gruppen geben Sie die Silben der Wörter an der Tafel vor. **B**
> Beispiel:
>
> a – Di – Dis – Er – hal – hand – klä – kus – log – lung – sion – ter – trag – tung – Un – rung – Ver – Vor

Ü4a Die S erstellen in GA einen Wortigel. Eine Gruppe löst die Aufgabe an der Tafel. Anschließend ergänzen die anderen Gruppen ihre Wörter. Weitere Kategorien können gebildet werden, z. B. laut/leise, freundlich/unfreundlich etc.

Ü4b Als HA geeignet.

A1a Als Vorentlastung zeigen Sie ein Foto von „Pumpernickel" oder sagen Sie, dass es eine Brotsorte ist, die sehr dunkel ist.
In EA notieren S die drei Cartoons, die ihnen am besten gefallen. Im PL wird die Hitliste erstellt. Welche Cartoons kommen am besten an? Was macht einen witzigen Cartoon aus?

A1b Austausch im PL über die angegebenen Fragen.

> A1b als HA bearbeiten lassen und S bringen Ausschnitte/Fotos von beliebten Komikern ihres **V**
> Landes / von ihren Lieblingskomikern mit. Präsentation und Erklärung im PL.

A2 Die S wählen in PA je einen Witz. Sie lesen ihn erst leise zur Verständnissicherung. Dann üben sie ihn halblaut für sich. Anschließend erzählen sie ihren Witz ihrem Partner / ihrer Partnerin – ohne abzulesen.
Kurzes Gespräch im PL: Wie fandet ihr die Witze? Welchen findet ihr besser?

> Bilden Sie zwei Gruppen und verteilen Sie an jede Gruppe einen Witz. Die S lesen ihren Witz in **V**
> der Gruppe, klären ggf. die Pointe und lesen ihn sich dann gegenseitig vor, die anderen geben
> Feedback, was der Sprecher / die Sprecherin ändern könnte. Geben Sie den S ca. 10 Minuten für
> die Vorbereitung. Dann sucht sich jede/r S eine/n S aus der anderen Gruppe und sie erzählen
> sich gegenseitig die Witze.

Ü5 In EA markieren die S, welche Redewendungen positiv und welche negativ sind und vergleichen in KG.

A3 Geben Sie den S zu Hause Zeit zum Recherchieren: S bringen Witze mit, die ihnen gut gefallen. Motivieren Sie S, ihren Lieblingswitz auf Deutsch zu erzählen. Erst üben die S in PA: Ein/e S erzählt einen Witz und der/die andere S achtet darauf, ob der Spannungsbogen mit Intonation, Betonung und Pausen gut aufgebaut ist. Anschließend wechseln die S die Rollen und nach der Übungsphase erzählen die S den Witz im PL. Welcher Witz hat den S gut gefallen?

Modul 1 — Immer erreichbar

A1 Notieren Sie den Titel an der Tafel und lassen Sie ihn von den S erklären. Dann tauschen die S sich in KG über die angegebenen Fragen aus.

2

> Sprechmühle: Die S gehen zu Musik im Raum herum. Sie stoppen die Musik und sagen eine Zahl (2 – 3 – 4). S stellen sich in dieser Anzahl zusammen.
> Stellen/Zeigen Sie die erste Frage („Seid ihr immer erreichbar?") und S tauschen sich in diesen Gruppen aus. Dann spielen Sie wieder Musik und die S laufen im Raum herum. Weiteres Vorgehen wie oben beschrieben.
> Fragen aus dem Buch und mögliche weitere Fragen:
> Wann findet ihr das Handy nützlich? – Wann stört euch das Handy? – Könntet ihr euch eine Woche ohne Handy vorstellen? Begründet. – Was würde sich für euch ohne Handy verändern?

Ü1 S hören die Umfrage und machen Notizen. Austausch in KG: Gibt es Gemeinsamkeiten/ Unterschiede zu ihren eigenen Gründen immer oder nicht immer erreichbar zu sein?

A2a Lesen Sie den Einleitungsabschnitt im PL, dann liest in PA jede/r S zwei Textabschnitte und macht sich Notizen. Legen Sie an der Tafel eine Tabelle an, die die S in ihr Heft notieren sollen, damit sie beim Austausch auch Informationen der anderen Personen notieren können. Der Austausch erfolgt nach der Grammatik in A2c.

Mögliche Lösung:

Tobias Böhmer	Felix Miller
– laut einer Studie stresst Privatleben ein Drittel der Befragten mehr als Ausbildung/Studium/ Beruf – Angst, etwas zu verpassen – glauben, jederzeit auf Nachrichten reagieren zu müssen → dadurch müde und Schlappheitsgefühl – Frauen fällt es schwerer, sich privat abzugrenzen, Männern fällt es im Job schwerer	– braucht Pausen, ständige Nachrichten nerven ihn – oft nur Banalitäten – jetzt wissen die Leute, dass er nicht immer reagiert – auch genervt, wenn er mit Freunden zusammen ist, die nur Nachrichten beantworten – Handy ruhig mal ausschalten
Alexa Rüdiger	**Amelie Baumann**
– gut, jederzeit erreichbar zu sein – dadurch: flexibel leben und arbeiten – nicht an Orte und Zeiten gebunden – Zeitersparnis, die man für etwas Anderes nutzen kann – liebt Arbeit: kein Stress, abends noch zu arbeiten (Mails beantworten, Gespräche führen)	– fühlt sich nicht verpflichtet, immer erreichbar zu sein, ist es aber meistens – unhöflich für sie: wenn in der Uni ständig ein Handy brummt → Unterricht, Seminar, Vorlesung: Handy aus – kann sich dann besser konzentrieren

> Teilen Sie die S in zwei Gruppen: A und B. Gruppe A liest Texte von Tobias und Felix, bespricht sie und macht sich gemeinsam in KG Notizen, Gruppe B identisches Vorgehen mit den Texten von Alexa und Amelie. Der Austausch erfolgt auch hier nach der Grammatik in A2c.

A2b In PA lesen S den Grammatikkasten. Klären Sie dann Fragen im PL, wiederholen Sie ggf. den Konjunktiv I. Anschließend formuliert jede/r S mit den Möglichkeiten der Redewiedergabe Beispielargumente aus seinen/ihren Texten in A2a und notiert sich diese. Sagen Sie den S, dass sie die Möglichkeiten variieren sollen.

> Sollten Ihre S Schwierigkeiten mit dem Konjunktiv I haben, dann schieben Sie hier eine Wiederholung der Formen und des Gebrauchs des Konjunktiv I ein und lassen sie Ü5 in KG bearbeiten. Weisen Sie hier auch noch einmal auf die Grammatik-Rückschau für die einzelnen Kapitel hin.

Hast du Worte?

A2c	In PA tauschen sich S anhand ihrer Sätze aus A2b über die Texte aus und ergänzen fehlende Informationen in der Tabelle.
	Hinweise, wie das Tafelbild im Unterricht eingesetzt werden kann, können über das Tafelbild im Lehrwerk digital direkt aufgerufen werden. Beschreibungen zu allen Tafelbildern finden Sie auch online als Gesamt-PDF unter www.klett-sprachen.de/aspekte-junior/lehrerhandreichungC1.
Ü2	Als HA bearbeiten.
Ü3	In EA lösen S die Übung, dann Vergleich in PA. Offene Fragen im PL klären.
Ü4–5a	Als HA geeignet.
Ü5b	In KG bearbeiten.

> **E** Als Wiederholung können Sie einige Sätze aus Ü3–5 auf verschiedenfarbige Streifen schreiben (notieren Sie an der Tafel, welche Farbe für welches grammatische Phänomen steht) und auf der Rückseite die Lösung notieren. Die S gehen in PA herum, lösen die Sätze und kontrollieren mit der Rückseite. Fragen werden notiert und am Ende gemeinsam im PL geklärt.

A3	In KG diskutieren S die angegeben Fragen.

> **V** Kopieren Sie die vier Themen groß und hängen Sie sie in die vier Ecken des Klassenzimmers: Die S entscheiden sich für ein Thema, über das sie diskutieren wollen und gehen in diese Ecke. Nach fünf bis zehn Minuten noch einmal wechseln. Anschließend kurze Zusammenfassung der Diskussion im PL.

A4a	In PA bearbeiten: Erst strukturiertes Anwenden der Redewiedergabe, dann freies Sprechen über das Thema. Dazu können Sie wieder auf den Redemittelanhang zur Meinungsäußerung hinweisen.

> **E** Hier bietet sich die Methode des Aquariums an: Drei S kommen nach vorne und beginnen das Gespräch über ihre Meinung zu dem Thema, die anderen sind Zuhörer/innen und dürfen nichts sagen. Wenn jemand etwas sagen möchte, steht er/sie auf und geht ins „Aquarium": Er/Sie legt einem/einer der drei S, die vorne sitzen, die Hand auf die Schulter und löst ihn/sie ab, diese/r wird zum Zuhörer / zur Zuhörerin und setzt sich auf seinen/ihren Platz und der/die andere nimmt den Platz im Aquarium ein. Jede/r S sollte mindestens einmal im Aquarium gewesen sein. Die S können als Hilfe Redemittel mit nach vorne nehmen.

A4b	Die S bringen als HA einen interessanten Artikel auf Deutsch mit, bei dem sie schon die wichtigsten Informationen markiert haben. Die S präsentieren ihren Text wie ein/e Nachrichtensprecher/in mit den verschiedenen Möglichkeiten der Redewiedergabe und die anderen S notieren das Thema und drei bis fünf Stichpunkte. Internetseiten der Medien, aus denen sich die S einen Artikel heraussuchen können, sind z. B.: www.spiegel.de; www.stern.de; www.focus.de; www.tagesschau.de, www.dw.com

> **V** Zur Zeitersparnis: Kopieren Sie die Artikel der **KV 3** auf S. 142 und verteilen Sie sie an die S in PA/Dreier-KG. S lesen einen Artikel, markieren wichtige Informationen und überlegen, welche Mittel der Redewiedergabe sie benutzen möchten.
> Mischen der Gruppen: Jeder Artikel ist durch eine/n S vertreten. Dann Vorgehen wie unter A4b beschrieben.

	Drei Tage ohne Handy: Sie und ihre S vereinbaren drei Tage lang das Handy nicht zu benutzen. Sprechen Sie dies vorher mit den Eltern der S ab. Nach drei Tagen sprechen die S über ihre Erfahrungen ohne Handy: Wer hat es durchgehalten? Wie habt ihr euch gefühlt? Was war komisch? Wann hätte man das Handy gebraucht? Wann habt ihr es am meisten vermisst? Was war gut?

> Video Tipp: „Offline im Urlaub" (Deutsche Welle).

Ü6a   Als HA bearbeiten.

Ü6b   In PA vergleichen. Unklarheiten im PL klären.

Modul 2   Gib contra

A1a   In KG ordnen S die Bedeutungen zu: Welche sind eher positiv? Welche negativ? Nachdem die Bedeutungen geklärt sind, lesen Sie die Aussprüche einmal gut intoniert vor, dann sprechen die S nach.

🔑   1 c – 2 d – 3 b – 4 a

A1b   Die S sehen sich die Zeichnung an und definieren das Wort „Schlagfertigkeit" im PL.
In KG Diskussion, welche Antwort für S am schlagfertigsten ist.

Ü1   In KG bearbeiten und zuordnen. Vergleich und evtl. Klärung im PL.

A2a   Diese Aufgabe entspricht dem Prüfungsformat Hören Teil 2 der Prüfung Goethe Zertifikat C1.
Weitere Informationen zum Goethe-Zertifikat C1 finden Sie ab S. 164.
Die S lesen zuerst die Aufgabe. Dann beginnen Sie mit dem Hörverstehen, das identisch wie in der Prüfung aufgebaut ist: Zuerst wird die Aufgabe genannt, dann haben S 90 Sekunden Pause, um alle Aufgaben zu lesen, danach hören sie den Text einmal ganz und notieren ihre Antworten. Anschließend hören sie ihn in Abschnitten noch einmal mit je 30 Sekunden Pause zwischen den Abschnitten, um die Aufgaben noch einmal zu lesen (Abschnitt 1: Nr. 1–3, Abschnitt 2: Nr. 4–6, Abschnitt 3: Nr. 7–10) und ergänzen die noch offenen Antworten.

🔑   1 b – 2 a – 3 a – 4 a – 5 c – 6 a – 7 a – 8 b – 9 c – 10 c

Hinweis: Geben Sie den S den Tipp, dass sie sich beim ersten Hören nicht mit Antworten aufhalten, bei denen sie zweifeln, sondern dem Gespräch folgen und unklare Antworten erst einmal offenlassen. Das zweite Hören dient zur Überprüfung und dazu, die noch offenen Antworten zu ergänzen.

> **Information zu Matthias Pöhm** (wird im Interview genannt)
> Matthias Pöhm (*09.01.1960, in Lohr/M.) ist ein freiberuflicher Rhetorik- und Schlagfertigkeitstrainer. Zudem arbeitet er als freier Schriftsteller. Zur Rhetorik kam der frühere Software-Ingenieur in Genf, als er als Personalvertreter während einer Mitarbeiterversammlung von seinem Chef aufgefordert wurde, spontan etwas zum Thema „Personalvertretung" zu sagen, und er keine Antwort parat hatte. Aufgrund dieser „Blamage" nahm er an Rhetorikkursen teil und suchte Gelegenheiten, öffentlich zu reden. Schnell wusste er viel über Rhetorik und 1995 entschied er sich, seine Karriere als Software-Ingenieur abzubrechen und sich als Moderator, Sprecher und Trainer selbstständig zu machen.
> Matthias Pöhm ist Autor des Bestsellers „Nicht auf den Mund gefallen".
> Weitere Informationen: http://www.poehm.com/ueber_uns/poehm.html

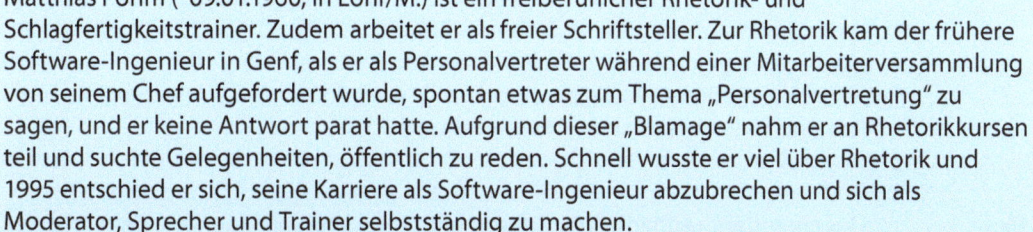

Hast du Worte?

A2b Vorgehen wie beschrieben. S notieren die Tabelle ins Heft und ergänzen sie. Vergleich im PL.

1. Überraschung	2. Ironisierung	3. Kontern
übertreiben dem Gegner zustimmen	gelangweilt reagieren gleichgültig tun	den Gegner zwingen, einen Moment zu überlegen den Gegner schlecht dastehen lassen

4. Verwirren	5. ins Leere laufen lassen
dem Gegner das Gefühl geben, er hat etwas verpasst mit einem anderen Thema antworten	das Thema aufgreifen das Thema für sich selbst nutzen

> Die S lesen in PA den Kasten mit den Ausdrücken, notieren die Tabelle ins Heft und überlegen sich in PA, was zu welcher Kategorie passt. Dann kontrollieren sie mit dem Hörtext.

Ü2a–b In EA lesen S den Text und ordnen die Überschriften zu. Vergleich in PA, dann im PL. Gespräch über den Text in KG.

A3 Die S lesen die Situationen und klären das Verständnis. In PA oder GA sprechen sie über die Strategien für Situation A–C und überlegen, was sie sagen könnten.

> Für stärkere Klassen: Die S schreiben mögliche Dialoge in GA und einige Gruppen spielen sie vor.
> Für schwächere Klassen: Die S ordnen in PA die Äußerungen auf den Kärtchen von **KV 4** auf S. 143 den drei Bildern zu und schreiben dann mit einigen von diesen Äußerungen in KG einen Dialog. Zum Schluss werden die Dialoge aufgehängt und von allen gelesen. → **Portfolio**

Modul 3 Sprachen lernen

A1 Einstieg ins Thema: In GA erstellen S eine Mindmap, wie angegeben. Danach gehen sie herum und lesen die Ergebnisse der anderen und stellen Fragen.

A2a Text lesen noch ohne die Sprechblasen, S machen sich Notizen zu den Wegen.

Mögliche Lösung:
Erwerb: unbewusst und implizit im Zielsprachenland
Lernen: bewusst und klare Steuerung, z. B. mit Lehrperson
Kinder lernen unbewusst und haben ein großes Repertoire an Sprachregeln in der Muttersprache, Abweichungen von Normen gehören zum Lernprozess, Kinder erwerben die Muttersprache auch ohne Korrektur durch die Eltern vollständig.
In der Schule gibt es beim Fremdsprachenlernen Korrekturen, aber der Erwerb bleibt unvollständig.
Ziel beim Spracherwerb bei Kindern: soziale Kontakte, deshalb Annahme: Verbesserung des Sprachvermögens durch Kontakte/Schüleraustausch
Erwachsene: nicht so deutlich, dass sich Fremdsprachenkenntnisse durch Sprachkontakte verbessern

A2b S kommentieren anhand ihrer Erfahrungen in EA drei Aussagen aus dem Artikel schriftlich. Weisen Sie sie dazu auf die Redemittel zu „über Erfahrungen berichten" im Anhang des KB hin. → **Portfolio** Austausch mit anderem/anderer S, der/die den Text inhaltlich kommentiert.

> Alle Texte werden aufgehängt und von allen gelesen, jede/r S nimmt sich einen Text und schreibt eine Antwort, in der der/die S auf die beschriebenen Erfahrungen und seine/ihre eigenen Erfahrungen eingeht und Fragen stellt.
> Dann wird der Text an den/die Autoren/Autorin zurückgegeben. **V**

A3a S lesen den Grammatikkasten und überlegen sich mithilfe der Sprechblasen zum Text 2a und dem Artikel, welche Aussage zum Verbalstil bzw. zum Nominalstil passt. Vergleich im PL.

🔑 A Verbalstil – B Nominalstil

Ü1 In PA bearbeiten.

> Erstellen Sie aus der Ü1a ein Wechselspiel, mit dem sich die S selbst kontrollieren können. Von 1–5 liest der/die S, der/die das Verb hat, das Verb vor und versucht das Nomen zu bilden. Sein Partner / Seine Partnerin kontrolliert.
> Wechsel. Ab Nr. 6 liest der/die S vor, der/die das Nomen hat, vor und versucht, das Verb zu bilden. Der Partner / Die Partnerin kontrolliert. So können sie auch bei Ü1b vorgehen. Beispiel: **B**
>
> Partner A:
>
> | | | |
> |---|---|---|
> | 1. | erwerben | |
> | 2. | | die Kenntnis |
> | 3. | vermitteln | |
> | ... | | |
>
> Partner A:
>
> | | | |
> |---|---|---|
> | 1. | | der Erwerb |
> | 2. | kennen | |
> | 3. | | die Vermittlung |
> | ... | | |

A3b In PA lesen S die Regeln mit den Beispielen aus den Sprechblasen und dem Text aus A2a. Dann schreiben sie die fehlenden Nominalformen nach der Regel in ihr Heft. Vergleich im PL. Dies ist ein Überblick zu Nominalisierungen mit Grundregeln. Weisen Sie die S daraufhin, dass das kursive Verb nominalisiert wird und das fettgedruckte in der Nominalform ersetzt wird wie angegeben: z. B. wird bei 1 aus dem Personalpronomen ein Possessivartikel.

🔑 2. b das schnelle Lernen
3. c die Entwicklung der Sprache
4. d das Spiel / das Spielen mit der Sprache
5. e der Nutzen für den Menschen
6. f die Wahrnehmung der/einer Sprache durch die Kinder

Ü2 Als HA geeignet.

Ü3 In PA bearbeiten.

Ü4a In EA die Tabelle ergänzen. Vergleich erst in KG, dann im PL oder mit der Lösung. Fragen werden im PL besprochen.

Ü4b In PA Sätze schreiben, Austausch mit einem anderen Paar und Korrektur. Zweifelsfälle im PL besprechen.

Hinweis: Verben mit Präpositionen sind immer ein schwieriges Thema für die S, weil man sie auswendig lernen muss. Wenn Sie merken, dass die S Schwierigkeiten mit den Verben/Nomen und Präpositionen haben, geben Sie ihnen eine Liste mit den wichtigsten Wörtern (z. B. aus dem Anhang des ÜB) und lassen Sie sie von Unterrichtsstunde zu Unterrichtsstunde zehn lernen. Methode: Die S schreiben die Ausdrücke auf Kärtchen: vorn das Verb/Nomen und hinten die Präposition und einen Beispielsatz. Zu Beginn des Unterrichts fragen sich die S in PA gegenseitig die gelernten Verben/Nomen ab und bilden Beispielsätze. Geben Sie ihnen dafür fünf Minuten Zeit.
Dieses Vorgehen kann man auch auf andere Grammatikthemen übertragen.

Hast du Worte?

Ü5	Als HA geeignet.
Ü6	In PA bearbeiten.

> Erstellen Sie anhand der Ü2–6 einen Wiederholungskreis zu diesem Grammatikthema. Die S bearbeiten die Übungen als HA und zur Wiederholung verteilen Sie die kopierten Übungen im Raum. Die Lösungen legen Sie in einem Briefumschlag dazu. In Paaren gehen die S ohne ihr Buch herum und lösen die Übungen noch einmal. Im Anschluss werden die Schwierigkeiten/Fragen im PL gesammelt und geklärt bzw. weitere Übungen gesucht. **E**

A4	In PA sammeln S Tipps und Hinweise zum Sprachenlernen, die sie wichtig finden. Sammeln und Vergleich im PL. Welche wollen die S in diesem Jahr anwenden? Diese werden auf einem Plakat festgehalten.

> S setzen sich wieder in die KGs von A1 und Rückgriff auf ihre eigene Mindmap. Sie erzählen, wie sie Deutsch und andere Sprachen gelernt haben, welche Tipps ihnen geholfen haben und welche Ziele sie sich gesetzt haben.
> Alternative: S schreiben einen Text über ihre Deutschlernerfahrungen und die angewandten Tipps und Hinweise. Auch als HA geeignet. → **Portfolio** **E**

Modul 4 — Sag mal was!

Ü1	In EA ergänzen die S die Mindmap und tauschen sich in PA aus.
A1a	In KG sprechen S über die Fragen. Anschließend setzen sich zwei S aus jeder KG zusammen und tauschen sich über das Erzählte aus. Bei homogenen Sprachgruppen Austausch im PL.

> 90–60–30 zum Training für das flüssige Sprechen: Zeigen Sie die Fragen an der Tafel. Die S bilden einen Innen- und einen Außenkreis, sodass jede/r S eine/n Partner/in hat. Die S aus dem Innenkreis beginnen und sprechen monologisch 90 Sekunden über die Fragen. Danach sprechen die S aus dem Außenkreis monologisch 90 Sekunden über die Fragen. Dann rotieren die S aus dem Außenkreis eine/n Partner/in weiter, erzählen dasselbe noch einmal in 60 Sekunden. Danach sprechen die S aus dem Innenkreis 60 Sekunden. Das Ganze wird noch einmal wiederholt mit einer Sprechzeit von 30 Sekunden.
> Stoppen Sie die Zeit und notieren sich Fehler, die öfter vorkommen, sodass sie diese im Anschluss besprechen können. Die S merken an dieser Übung, dass sie bei den Wiederholungen flüssiger werden. **V**

A1b	Die S erzählen im PL über ihre Erfahrungen mit deutschen Dialekten und welche sie kennen. Sie zeigen auf einer Karte, wo das Gebiet liegt, in dem sie schon waren.
A1c	S hören die Dialektbeispiele und notieren die passenden Buchstaben und evtl. auch den Dialektnamen. In den Beispielen B, D, F und G wird kein Dialekt oder keine Region genannt. Wenn die S diese Dialekte nicht kennen, dann sollen sie vermuten, zu welchen Zahlen auf der Karte der Dialekt wohl passt und wie er evtl. heißt. Vergleich im PL.

1 E Platt
2 C Kölsch
3 B Sächsisch
4 F Fränkisch
5 A Schwäbisch
6 D Schweizerdeutsch
7 G Salzburger Land

A1d Vorgehen wie beschrieben. Vergleich und ergänzen in KG.

A. spricht Dialekt nur in der Familie; in der Uni etc. nicht, damit alle sie verstehen; Dialekt gefällt ihr, kommt sich aber bisschen unmodern vor
B. andere Leute mögen diesen Dialekt nicht, das stört sie manchmal; spricht gern Dialekt: teils präziser und farbiger; jeder sollte Hochdeutsch sprechen können
C. Dialekt ist was Schönes, zeigt Herkunft und Identität; spricht gern Dialekt; viele Bands, die im Dialekt singen; Karneval ohne Dialekt geht nicht
D. spricht fast immer Dialekt; ist schon eher eine Sprache als ein Dialekt, schreibt auch oft im Dialekt; auch in Medien ist Dialekt normal
E. hat von der Oma Platt gelernt; spricht es aber nicht mehr; im Umfeld spricht es niemand; findet es schade, wenn Dialekt verschwindet; es gibt Kurse für den Dialekt; meint aber, man sollte ihn im Alltag lernen
F. spricht gern und oft Dialekt – auch im Büro; findet es schön, dass Dialekte wieder besser angesehen sind und höheren Stellenwert haben; viel Musik und Theater im Dialekt
G. liebt es, Dialekt zu sprechen; viele spezielle Ausdrücke, die in der Hochsprache nicht vorkommen, besonders schön für Übertreibung und Witze; zeigt, dass man zusammengehört; verbindet Menschen aus einer Region

Hinweise, wie das Tafelbild im Unterricht eingesetzt werden kann, können über das Tafelbild im Lehrwerk digital direkt aufgerufen werden. Beschreibungen zu allen Tafelbildern finden Sie auch online als Gesamt-PDF unter www.klett-sprachen.de/aspekte-junior/lehrerhandreichungC1.

| SPRACHE IM ALLTAG
| Im PL lesen, danach bietet sich die Erweiterung an.

Hast du Worte?

> Weiterführendes Gespräch in KG: Welcher Dialekt hat dir gut gefallen? Warum? – Welchen Dialekt mochtest du nicht so gerne? Warum? – Welchen Dialekt / welche regionale Aussprache hast du (nicht) gut verstanden? Was denkst du, woran das liegt?

A2a
Diese Aufgabe entspricht dem Prüfungsformat Lesen Teil 2 der Prüfung DSD II. Weitere Informationen zum DSD II finden Sie ab S. 170.
Vorgehen wie beschrieben. Raten Sie den S, auf Schlüsselwörter zu achten und diese mit der Zeilenangabe zu notieren. Dann ist es bei der Besprechung im Anschluss leichter, die Fehler und Schwierigkeiten zu klären. Alternativ können Sie diesen Text auch kopieren, dann können die S direkt im Text die Schlüsselwörter markieren.

1 a (Z. 1–3); 2 b (Z. 18–26); 3 a (Z. 27–33); 4 c; 5 b (Z. 48–51); 6 b (Z. 52–69); 7 a (Z. 74–77)

A2b
In PA bearbeiten.

1. Wer auf seinen guten Ruf achtete, legte seinen Dialekt ab.
2. …, nicht nur ihren Intellekt.
3. Was Lameli und seine Studenten überrascht hat: …
4. Die Jüngeren kamen zu einem positiveren Ergebnis als die Alten.
5. Die Dialekte scheinen einen Vorteil vom Internet zu haben: …
6. …, um den Unterschied zu beruflichen Nachrichten hervorzuheben.

Ü2
Die S lesen den Text noch einmal und ergänzen in PA Ausdrücke aus dem Text, die zu den angegebenen Ausdrücken im ÜB passen. Vergleich im PL.

A2c
In Dreier-KG: S gehen noch einmal in den Text und notieren pro Karte eine wichtige Information. Karten werden mit einer anderen KG getauscht. Ein/e S zieht eine Karte und die KG spricht über den Punkt. Passende Redemittel dazu finden die S in A3.
Anschließend sprechen S über die für sie interessanten Punkte aus dem Text und über ihre eigenen Erfahrungen / über das Ansehen von Dialekten in ihrem Land.

Hier bieten sich Anknüpfungspunkte zum fächerübergreifenden Unterricht an, z. B. eigene Landessprache, Ethik, andere Fremdsprachen.

A3
STRATEGIE Im PL Lesen der Strategie. Dann lesen S die Redemittel, ggf. Klären im PL. Verteilen Sie verschiedenfarbige Karten (vier Farben für die vier Kategorien) an die S und die S notieren sich zu jeder Kategorie zwei Redemittel, die sie auswendig lernen wollen und in der Diskussion benutzen wollen.

Hinweis: Bei weiteren Diskussionen in den folgenden Kapiteln benutzen Sie wieder diese Farben und sagen Sie den S, dass sie sie immer wieder mitbringen sollen, sodass die S am Ende des Jahres eine eigene Redemittelkartei erstellt haben.
Im PL Lesen der Aufgabe und der Aussage. Ggf. Klären von Wortschatz. Geben Sie den S drei bis fünf Minuten Zeit, um sich Gedanken über mögliche Argumente/Gründe und Beispiele zu den Aussagen zu machen. Anschließend erfolgt die Diskussion in PA. Weisen Sie die S darauf hin, dass es wichtig ist, dass sie Blickkontakt mit ihrem Partner / ihrer Partnerin halten und auf dessen/deren Argumente eingehen. Die S legen das Redemittel-Kärtchen ab, wenn sie das Redemittel benutzt haben.

Ü3
Als HA geeignet.

Die S recherchieren in KG zu verschiedenen deutschen Wörtern, wie diese in den einzelnen Regionen heißen. Lassen Sie die S z. B. andere Wörter für *Frikadelle, quatschen, Wischmopp, Brötchen, Fasching* oder *krüsch* (jemand, der sehr wählerisch beim Essen ist) suchen. Weitere Wörter finden Sie hier: http://www.atlas-alltagssprache.de/

Die S besprechen in den gleichen KGs ihre Ergebnisse, schreiben dann die verschiedenen Wörter auf Karten und die anderen S kleben/legen die Bezeichnungen an die entsprechende Stelle der D-A-CH-Länder, von der sie denken, dass das Wort dort passt. Kurzes Gespräch, warum sie sich für das Wort und die Region entschieden haben (z. B. „es klingt so", „ich habe es dort schon einmal gehört"; „ich glaube, alles mit „le" am Ende ist aus dem Süden" etc.) Die Experten/Expertinnen lösen nach der Raterunde auf.

Hier bietet sich wieder das Marktstandprinzip (ein Experte / eine Expertin bleibt am Tisch, während die anderen herumgehen, dann Wechsel) an, wenn Sie mehrere große Karten von Deutschland/Österreich/Schweiz haben.

A4a–d S lesen die Artikel, entscheiden sich für einen und suchen sich eine/n S, der/die sich für denselben Text entschieden hat. Bevor sie mit dem Schreiben beginnen, bearbeiten sie A4b–d in PA. Vergleich im PL.

A4b:
B – C – A

A4e Vorgehen wie beschrieben. In EA schreiben S den Leserbrief und lesen ihn am Ende noch einmal und achten auf die in A4e angegebenen Punkte, verändern/verbessern diese und schreiben den Text noch einmal. → **Portfolio**

> Die S tauschen ihre Texte untereinander aus und lesen sich die Texte der anderen noch einmal mit dem Fokus der Punkte aus A4e durch. Dann werden die Texte mit Anmerkungen/Korrekturen zurückgegeben und die S schreiben den Text mit den Ideen und Verbesserungen als HA noch einmal. E

Ü4
P
GI

Diese Übung entspricht dem Prüfungsformat Schreiben Teil 1 der Prüfung Goethe-Zertifikat C1. Weitere Informationen zum Goethe-Zertifikat C1 finden Sie ab S. 164.
S lesen die gesamte Übung im PL. Bearbeitung der Übung als HA.
Sammeln Sie die Texte ein und beurteilen Sie sie so wie in der Prüfung, damit die S eine Vorstellung davon bekommen, wo sie zurzeit stehen.

TIPP Im PL wird der Lerntipp gelesen und noch einmal in eigenen Worten zusammengefasst. Sammeln von Überleitungen und Konnektoren im PL.

Bei schwächeren Klassen überlegen Sie gemeinsam oder in KG eine passende Reihenfolge der Punkte und S begründen diese.

Aussprache Komplexe Lautfolgen

Ü1a In dieser Übungsfolge geht es darum, komplexen Wörtern bei der Aussprache den Schrecken zu nehmen. Auf der Stufe C1 werden S immer häufiger solchen Wörtern begegnen und müssen diese auch verwenden können.
S hören die Wörter und markieren den Wortakzent.

> Stärkere S lesen die Wörter erst leise und versuchen, drei Wörter selbstständig zu sprechen. Welche Wörter wählen die S, welche bleiben evtl. übrig? Warum?
> Bei diesem Vorgehen 1c weglassen. B

Hast du Worte?

Ü1b–c S hören noch einmal und markieren die Silben. Dann sprechen sie die Wörter in PA nach, erst langsam und dann immer schneller.
Gespräch im PL welche Wörter schwer waren und welche leicht.

> **E** Nehmen Sie ein für die S schweres Wort und notieren es an der Tafel. Beginnen Sie mit der letzten Silbe, lesen Sie sie vor und die S sprechen sie nach (1–3x), dann nehmen Sie von hinten die nächste Silbe dazu und so sukzessive. So merken die S, dass die Wörter auf diese Weise leichter zu lernen sind und sie sie am Ende besser aussprechen.

Ü2a Vorgehen wie beschrieben: 1. Hören: Wortakzent markieren, dann 2. Hören: Silben markieren.

Ü2b In PA sprechen S die Wörter und steigern ihr Tempo. Das Wort, das ihnen am besten gelingt, sprechen sie im PL aus. Überlegen Sie gemeinsam im PL, welche Lautkombinationen schwierig sind und welche einfacher. Sammeln Sie Ideen, wie man die schwierigen Kombinationen weiter lernen kann, z. B. ähnliche Wörter suchen und mit der gleichen Vorgehensweise trainieren, Wörter im Internet hören und nachsprechen, …

Film Mit den Händen sprechen

> **Informationen zum Film**
> Der deutsche Gehörlosenbund schätzt, dass es in Deutschland ca. 80.000 gehörlose Menschen gibt. Offizielle Zahlen gibt es nicht. Um zwischen der Welt der Gehörlosen und der Welt der Hörenden zu vermitteln, gibt es Übersetzer, sogenannte Gebärdendolmetscher, die beide Sprachen können.
> Jede Sprache hat ihre eigene Gebärdensprache. Es gibt auch Dialekte, d. h., ein gehörloser Bayer gebärdet etwas anders als z. B. ein Hamburger.
> Für mehr Infos: http://www.gehoerlosen-bund.de/

A1a Im PL Aufgabe lesen, Foto und Zitat ansehen. S vermuten, um welche Sprache es in dem Film gehen könnte.

🔑 Hier ist die Gebärdensprache gemeint, mit der Schwerhörige und Gehörlose kommunizieren.

A1b In KG sprechen. Austausch im PL.

🔑 Mögliche Lösung:
eine Person, die mit Mimik und Gestik (simultan) in die Gebärdensprache übersetzt oder von der Gebärdensprache übersetzt
Situationen: Arztbesuch, Elternsprechtag, Behördengänge, Gericht etc.

A2a In PA bearbeiten. Vergleich im PL.

🔑 gehörlos – schwerhörig   übersetzen – dolmetschen
die Gestik – die Mimik   die Kommunikation – die Verständigung
die Gebärdensprache – die Lautsprache   das Einfühlungsvermögen – die Sensibilität

A2b S sehen Film und machen Notizen.

🔑 beim Arztbesuch
in einem Unternehmen, um den theoretischen Unterricht einer beruflichen Weiterqualifizierung zu dolmetschen
bei der Führung und Diskussion im Bodemuseum

A3 S sehen erste Sequenz und beantworten die Fragen.

1. Arbeit: Für die Gehörlosen in die Gebärdensprache und für die Hörenden in die Lautsprache zu übersetzen. → Eine Verbindung zwischen zwei Welten herstellen.
2. Die deutsche Gebärdensprache ist sehr komplex. → für das richtige Gebärden wichtig: die richtige Gebärde; die Geschwindigkeit; der Raum, also wie groß gebärdet wird; wie die Mimik und wie der gesamte Körper eingesetzt wird.

A4a–b Die S sehen nun die zweite Filmsequenz, beantworten die Fragen und sprechen in KG darüber.

A4a:
Uwe Schönfeld wuchs als Kind gehörloser Eltern auf, lernte also die Gebärdensprache zu Hause. Später hat er für seine Eltern vor dem Fernseher, bei Arztbesuchen oder bei Behördengängen übersetzt. Auch bei Elternversammlungen, in denen es um seine schulische Probleme ging, musste er übersetzen. (Er hat ihnen dann etwas anderes erzählt.) Diese Zeit hat ihn stark geformt.

A4b:
Uwe Schönfeld verliebte sich in eine gehörlose Künstlerin. Beziehungen zwischen Hörenden und Gehörlosen gibt es selten. Beide hatten Angst, dass der/die andere in die jeweils andere Welt (= soziale Gruppe) abdriftet: er in die hörende Welt oder sie in die Gehörlosenwelt. Auch andere hatten diese Befürchtung, aber inzwischen sind die beiden seit 26 Jahren zusammen.

> Bei schwächeren Gruppen teilen Sie die S in zwei Gruppen und die eine Gruppe achtet auf A4a und die andere auf A4b. Anschließend Vergleich erst in den KG und dann im PL. **B**

A5a Im PL sammeln S Probleme und Einschränkungen im Leben von Gehörlosen.

Beispiele: Telefonanrufe – Arztbesuche – Wecker – im Straßenverkehr – Türklingeln – Durchsagen aller Art – wenn das Kind weint

A5b S sehen sich die Fotos an und vermuten in KG, was das für Gegenstände sind und wie sie den Alltag der Gehörlosen erleichtern können. S machen sich kurze Notizen dazu.

A5c Dann lesen sie die Texte und ordnen sie den Geräten zu und berichten im PL, ob ihre Vermutungen aus A5b richtig waren.

1 B – 2 A – 3 C

A6 Geben Sie den S Zeit, über das Thema zu recherchieren. Dann werden die S in Gruppen aufgeteilt, die jeweils unterschiedliche Gebärden lernen, diese anschließend in der Klasse vorstellen und mit den anderen S einüben.
Im Anschluss bietet es sich an, darüber zu diskutieren, inwieweit es Parallelen zum Gebrauch von Fremdsprachen gibt und was dabei besonders wichtig ist (z. B. das bewusste Zuhören; das Bemühen, sich klar auszudrücken und den anderen verstehen zu wollen).

Filmtipp: „Jenseits der Stille"
In dem Film von Caroline Link geht es um ein Mädchen, das – wie Herr Schönfeld – mit gehörlosen Eltern aufwächst.

Kapiteltests
Kapiteltests zu jedem Kapitel finden Sie unter www.klett-sprachen.de/aspekte-junior im Bereich „Tests".
Der Zugangscode lautet: asP!jr3

Schule und dann?

Themen Im Kapitel 3 geht es um verschiedene Aspekte zur Frage, welche Möglichkeiten es nach der Schule gibt.

Auftakt Das Kapitel beginnt mit einem Selbstfindungstest für den passenden Beruf für die S.
Modul 1 Modul 1 beschäftigt sich mit den verschiedenen Möglichkeiten, die junge Leute nach der Schule haben.
Modul 2 In Modul 2 erfahren die S etwas über die verschiedenen Ausbildungswege in Deutschland, vergleichen mit ihrem Land und hören ein Telefongespräch mit einer Studienberatungsstelle.
Modul 3 Welche Auswirkung hat Multitasking auf unser Leben? Das erfahren die S in Modul 3.
Modul 4 In Modul 4 geht es um das Praktikum. Welche Vorteile bietet ein Praktikum und wie kann man sich darauf bewerben? Die S schreiben einen Lebenslauf und formulieren ein Bewerbungsschreiben.
Film Der Film beschreibt drei Berufe und ihre Besonderheiten.

Lernziele

Ihr lernt
Modul 1 | Einem Flyer Informationen zum Thema „Berufswahl" entnehmen und Tipps zu möglichen Angeboten geben
Modul 2 | Über die Vor- und Nachteile von Studium und Berufsausbildung sprechen und Stichworte zu einem Studienberatungsgespräch notieren
Modul 3 | Einen Artikel zum Thema „Multitasking" zusammenfassen und darüber diskutieren
Modul 4 | Kurze Vorträge zum Thema „Praktikum" halten
Einen Lebenslauf und ein Bewerbungsschreiben verfassen

Grammatik
Modul 1 | Subjekt- und Objektsätze
Modul 3 | Weiterführende Nebensätze

Auftakt Schule und dann?

Ü1–2 (a–b) In PA bearbeiten. Vergleich im PL.

Ü2c Die S schreiben in EA einen kleinen Text. Sie lesen sich den Text in PA vor und sprechen über Gemeinsamkeiten und Unterschiede.

> Als Wiederholung notieren Sie 30 Wörter von diesen Übungen auf ein DIN-A4-Blatt und kopieren es für alle. Die S arbeiten in PA. S1 nennt ein Wort von dem Blatt und legt ein kleines Stück Papier darauf ab. S2 hört das Wort, darf auf seinem Blatt aber nichts darauflegen. Nun sagt S2 ein Wort und legt ein Stück Papier darauf ab, S1 hört es und merkt es sich. Die S dürfen die Wörter, die der Partner / die Partnerin schon genannt hat, nicht noch einmal nennen. Wem es doch passiert, der/die hat verloren. Dann spielen die S noch einmal. **E**

A1a Lesen Sie die Aufgabe laut im PL. Dann In EA vorgehen wie beschrieben.

A1b Die S zählen ihre Farben zusammen und lesen auf S. 205 im KB, welche Berufe ihnen vorgeschlagen werden. Gehen Sie herum und helfen Sie, wenn die S Wörter in den Berufsbeschreibungen nicht verstehen.

A1c Gespräch in KG über die angegebenen Fragen.

Ü3–4 Als HA geeignet. Auch gut geeignet als Einstieg in das Modul 1. Bevor die S den Text aus dem Modul lesen, lassen Sie diese Übungen in PA bearbeiten.

3

Modul 1 Schule aus – und nun?

A1 Vorgehen wie beschrieben. In KG sprechen die S darüber, welche Möglichkeit sie am interessantesten finden und begründen dies.

> Wirbelgruppenaktivität: Teilen Sie die Klasse in drei Gruppen und kopieren Sie für jede Gruppe einen Text. In KG lesen die S den Text und klären mögliche Fragen. Sie notieren sich maximal fünf Stichpunkte. Dann wirbeln Sie die Gruppen, sodass sich neue Gruppen ergeben, in denen jede/r S einen anderen Text gelesen hat und die S berichten den anderen über die Option, die in ihrem Text vorgestellt wird. Anschließend wird über die Frage aus A1 in diesen KG gesprochen.

A2a In PA sammeln die S für jede Möglichkeit Vorteile und ergänzen Nachteile. Vergleich in KG.

Bufdi: etwas Praktisches machen, sich für andere Menschen und sich selbst engagieren, erste berufliche Erfahrungen, Test zur persönlichen Eignung für einen sozialen Beruf, neue Erfahrungen, eigene Persönlichkeit weiterentwickeln
Work and Travel: verschiedene Gelegenheitsjobs, Stärken und Schwächen kennenlernen, erste Berufserfahrungen, Verbesserung der Sprachkenntnisse, internationale Kontakte knüpfen
Studium generale: lernen, wissenschaftlich zu arbeiten, Orientierungsphase, Überblick über Studienfächer und Inhalte

A2b Im PL sammeln die S weitere Möglichkeiten an der Tafel. Dann sprechen sie in KG, was sie gerne machen würden und warum.
Weitere Möglichkeiten: Freiwilliges Soziales Jahr, Au-pair, Auslandspraktikum, Sprachreise, verschiedene Praktika, verschiedene Jobs

> Bilden Sie einen Innen- und Außenkreis, sodass sich die S zu zweit gegenüberstehen. Die S sprechen dialogisch ein paar Minuten über ihre eigenen Wünsche und Pläne. Dann wird rotiert und sie sprechen mit dem nächsten Partner / der nächsten Partnerin wieder über das Thema. Dies zwei- bis dreimal wiederholen.
> Sie können hier auch die 90-60-30 Methode anwenden, wie in Kapitel 2, Modul 4 A1a beschrieben.

Hier bieten sich Anknüpfungspunkte zum fächerübergreifenden Unterricht an, z. B. Sozialkunde.

Ü1 Diese Übung entspricht dem Prüfungsformat Hören Teil 1 der Prüfung DSD II. Weitere Informationen zum DSD II finden Sie ab S. 170.
Lesen der Anweisung im PL. Dann Interview hören und vorgehen wie beschrieben. Vergleich im PL. Was war schwirig, was leicht? Woran habt ihr die richtige Lösung erkannt?

A3a In PA bearbeiten wie beschrieben. Klären Sie den Ausdruck „Satzteile bestimmen", indem sie auf die Tabelle hinweisen. Die S notieren die Tabelle ins Heft. Vergleich im PL.

Subjekt	Akkusativobjekt
3. Die Arbeit als Bufdi	5. die Entscheidung für ein Studienfach
4. Ein Kennenlernen unterschiedlicher Studienfächer	6. eine Verbesserung ihrer Sprachkenntnisse
7. die Beantragung eines Visums	

Schule und dann?

A3b Lesen Sie die Beispielsätze im PL und klären Sie die Struktur. Was wurde umformuliert und wie? In PA formen S die übrigen Sätze aus A3a um.

🗝
3. Für die passende Berufswahl ist es manchmal entscheidend, dass man als Bufdi gearbeitet hat.
4. Durch das Studium generale ist es möglich, dass man unterschiedliche Studienfächer kennenlernt.
5. Dort macht es der Besuch unterschiedlicher Lehrveranstaltungen leichter, dass man sich für ein Studienfach entscheidet.
6. Viele Abiturienten versprechen sich von Auslandsaufenthalten, dass sie ihre Sprachkenntnisse verbessern.
7. Rechtzeitig vor der Reise ist es notwendig, dass man ein Visum beantragt.

A3c S lesen die Beispiele und ergänzen die Regel. Vergleich im PL.

🗝 Anstelle eines *dass*-Satzes kann auch ein Infinitivsatz benutzt werden, wenn das **Subjekt** des Nebensatzes mit einer Ergänzung im Hauptsatz **identisch** ist oder das Subjekt des Nebensatzes *man* ist.

Ü2 Als HA geeignet.

Ü3 In PA bearbeiten. Vergleich im PL.

Ü4 In PA bearbeiten. Vergleich im PL.

Hinweis: Raten Sie den S, sich Kärtchen mit Verben und den dazugehörigen Nomen anzulegen, am besten nach Wortfeldern oder einem eigenen Cluster-System, da sie diese dann übersichtlich an einem Ort haben und immer wieder üben können

A4 In KG formulieren S Aussagen oder Tipps für die Zukunft. Gestalten Sie die Aufgabe als Kettenübung, d. h. es geht in den KGs immer reihum und die S variieren die Satzanfänge und dürfen schon Gesagtes nicht wiederholen. Die anderen der Gruppe kontrollieren und korrigieren ggf.

> In PA notieren S auf Kärtchen zwei bis drei Tipps im Nominalstil. Dann werden diese Kärtchen weitergegeben und das nächste PA formuliert mündlich Sätze im Verbalstil mit den gegebenen oder weiteren Satzanfängen.
> Kärtchen zwei– bis dreimal weitergeben.
> Beispiele:
> Die Wahrnehmung aller Angebote zur Berufswahl ist wichtig.
> → Es ist wichtig, alle Angebote zur Berufswahl wahrzunehmen.
> Vor dem Work und Travel ist eine Beratung ratsam.
> → Es ist ratsam, sich vor dem Work- und Travel beraten zu lassen. **E**

Modul 2 Probieren geht über Studieren?

A1a Im PL Klären der verschiedenen Abschlüsse, die genannt werden. Dann Vorgehen wie beschrieben, bei heterogenen Gruppen in KG mit unterschiedlichen Nationalitäten, bei homogenen Gruppen im PL.

A1b Im PL vorgehen wie beschrieben. Ein/e S hält die Ergebnisse an der Tafel in Stichpunkten fest.

> Bei schwächeren Gruppen sammeln die S erst in PA Vor- und Nachteile und im Anschluss wird es im PL festgehalten. **B**

A2a Zeigen Sie die drei Fotos und lassen Sie die S Vermutungen anstellen. Wer plädiert für ein Studium, wer für eine Ausbildung? Lesen der Texte und Vergleich mit den eigenen Hypothesen.

🔑 Maria: Studium – Christoph: Ausbildung – Alexander: erst Ausbildung, dann berufsbegleitendes Studium

A2b S lesen die Texte noch einmal und ergänzen die Tabelle aus A1b.

🔑

	Vorteile	Nachteile
Studium	bestimmte Berufe kann man nur mit einem Studium ausüben bessere Aufstiegschancen gesellschaftlich hohen Stellenwert besser verdienen	man verdient lange kein Geld sehr später Eintritt ins Berufsleben
Ausbildung	Berufspraxis kennenlernen Arbeitsabläufe kennen man ist finanziell unabhängig bei berufsbegleitendem Studium: Verbindung wissenschaftlicher Theorie mit beruflicher Praxis	man muss oft Dinge machen, die man schon kann oder die die Kollegen nicht machen wollen man fängt ganz unten an bei berufsbegleitendem Studium: gutes Zeitmanagement nötig

> Schneiden Sie den Text vertikal durch. Die S bilden zwei Gruppen, Gruppe A bekommt den Anfangsteil der Sätze und Gruppe B den Endteil. Sie lesen in den Gruppen ihre Textteile und überlegen: wer ist für ein Studium, wer für eine Berufsausbildung? S notieren Fragen an die andere Gruppe, die sich auf Unklarheiten des Textteils beziehen. Dann sucht sich jede/r aus Gruppe A eine/n S aus Gruppe B und sie berichten, was sie verstanden haben und stellen sich Fragen. In diesen PA notieren sie auch die Vor- und Nachteile. **V**

> Wirbelgruppen: Teilen Sie die S in drei Gruppen. Jede Gruppe liest eine Aussage und ergänzt die genannten Vor- und Nachteile in der Tabelle.
> Aus jeder Gruppe setzt sich ein/e S mit zwei S aus den anderen Gruppen zusammen und bildet eine neue Gruppe: freier Austausch über den eigenen Text, ohne ihn vorzulesen. S nennen die wichtigsten Punkte und ergänzen zusammen die komplette Tabelle. **V**

A2c Redemittel lesen und ggf. klären. S schreiben nun anhand der Tabelle aus A2b ihre Meinung zu dem Thema als HA.

> Als Vorbereitung auf die schriftliche Meinungsäußerung: Gesteuerte Diskussion in KG.
> Die S bilden Gruppen nach ihrer Meinung: Studium ist besser, Ausbildung ist besser oder Ausbildung und berufsbegleitendes Studium ist besser.
> Sie bekommen einen Satz Karten von **KV 5** auf S. 144. Jede Person nimmt sich 3–4 Karten, die sie benutzen möchte. S formulieren gemeinsam eine Ausgangsthese, z. B. „Eine Ausbildung ist sinnvoller, weil sie Praxis und Theorie verbindet." Dann beginnen sie reihum ein Redemittel zu benutzen und geben ein Beispiel. Anschließend formulieren sie in EA schriftlich ihre Meinung. **V**

A3a
P
GI

Diese Aufgabe entspricht dem Prüfungsformat Hören Teil 1 des Goethe-Zertifikats C1. Weitere Informationen zum Goethe-Zertifikat C1 finden Sie ab S. 164.
Die S lesen die Aufgabe und die Unterpunkte. Sie hören das Gespräch einmal und machen sich Notizen. Vergleich im PL.

Schule und dann?

Hinweis: Beim Hörverstehen besteht immer die Gefahr, dass die S ihr eigenes Wissen und ihre Vorkenntnisse einfließen lassen. Die S sollen jedoch nur das notieren, was auch wirklich im Hörtext gesagt wird.

1. bilinguale Sektion Deutsch – Slowakisch / deutsches und slowakisches Abitur
2. Abitur, abgeschlossenes kaufmännisches Praktikum (Vorpraktikum; am besten in Tourismus, Verkehrswesen oder nahestehenden Branchen), Englischkenntnisse
3. Reiseveranstalter, Reisebüros, Hotels, Kurwesen, Messe- und Kongresswesen
4. mindestens 12 Wochen (ein Vierteljahr)
5. Englisch
6. B1-Zertifikat
7. 15.07.
8. 80 Prozent Notendurchschnitt und 20 Prozent Wartezeit
9. Warteliste
10. schriftlichen Bescheid

A3b Nochmaliges Hören. S notieren alle Wörter zum Thema „Studium". Vergleich in KG und Ergänzen im PL.

Mögliche Lösung:
Fachhochschule – studieren – Verkehrswesen – Touristik – Schulabschluss – Zulassungsvoraussetzung – Praktikum – Bescheinigung – nachweisen – Bewerbung – Bewerbungsunterlagen – Pflichtsprache – Zeugnis – Bewerbungsfrist – Sommersemester – Studienplatz – zur Verfügung stehen – Semester – Notendurchschnitt – Wartezeit – Warteliste – schriftlicher Bescheid

Hinweise, wie das Tafelbild im Unterricht eingesetzt werden kann, können über das Tafelbild im Lehrwerk digital direkt aufgerufen werden. Beschreibungen zu allen Tafelbildern finden Sie auch online als Gesamt-PDF unter www.klett-sprachen.de/aspekte-junior/lehrerhandreichungC1.

A4 Gruppenbildung: Hängen Sie das Wort „Studium" bzw. „Ausbildung" auf je eine Seite des Raums. Die S entscheiden sich, welche Voraussetzungen sie recherchieren und vorstellen wollen und stellen sich auf die jeweilige Seite.
Innerhalb der Studien– bzw. Ausbildungsgruppe geben Sie den S Zeit, konkrete Studiengänge bzw. Ausbildungen zu wählen und die S mit gleichen Interessen bilden eine Gruppe und notieren ihre Studienrichtung bzw. Ausbildung auf ein Blatt Papier, das an die Wand gehängt wird.
Die S entscheiden sich in den KG, wer zu welchem Punkt recherchiert. Geben Sie den S dann eine Woche Zeit, um die Informationen zu recherchieren.
In der kommenden Woche setzen sich die S in den jeweiligen Gruppen zusammen und erarbeiten eine kleine Präsentation für die anderen. Stellen Sie dazu auch diese Fragen: War es schwierig, die Informationen zu finden? Was war neu? Was wusstet ihr schon? Was hat euch überrascht? Nach der Ausarbeitungsphase der Präsentationen mischen Sie die Gruppen neu und in den KG halten die S sich gegenseitig ihre Präsentationen. Die Zuhörer/innen sollen am Ende mindestens eine Frage stellen, das fördert das aktive Zuhören.

Hilfe können S finden, indem sie den Suchbegriff „Studieren in Deutschland" oder „Ausbildung in Deutschland" in eine Suchmaschine eingeben.

Hinweis: Weisen Sie die S daraufhin, dass es neben den allgemeingültigen Studienvoraussetzungen (wie z. B. Abitur, Deutschkenntnisse) auch spezielle von jeder Universität angegebene Zulassungsvoraussetzungen gibt (z. B. Notendurchschnitt, Praktika etc.) Wenn ein/e S aus ihrer Klasse an einer bestimmten Universität studieren will, raten Sie ihm/ihr, sich direkt bei der Universität zu informieren.

3

Ü1a
P
GI

Diese Übung entspricht dem Prüfungsformat Schreiben Teil 1 des Goethe-Zertifikats C1. Weitere Informationen zum Goethe-Zertifikat C1 finden Sie ab S. 164.

> **TIPP** Lesen des Tipps vor der Bearbeitung der Übung. Die S sollen anhand des Artikels die Lücken im Text in der richtigen Form ergänzen.
>
> **Satzstruktur erkennen**
> Die S lesen den Lerntipp im PL. Damit das Vorgehen für alle deutlich wird, bearbeiten Sie die erste Lücke nach den angegebenen Schritten im PL.
>
> Dann bearbeiten die S den Lückentext in PA weiter. Im Anschluss Vergleich im PL, bei verschiedenen Antworten oder Unklarheiten gehen Sie im PL noch einmal wie in den Schritten beschrieben vor.

Ü1b In PA bearbeiten lassen. Auch als HA möglich.

Modul 3 Multitasking

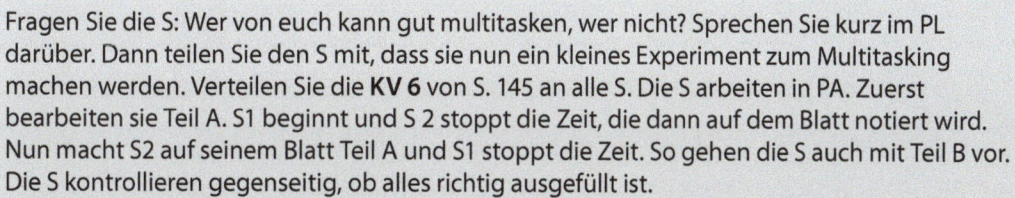

> Fragen Sie die S: Wer von euch kann gut multitasken, wer nicht? Sprechen Sie kurz im PL darüber. Dann teilen Sie den S mit, dass sie nun ein kleines Experiment zum Multitasking machen werden. Verteilen Sie die **KV 6** von S. 145 an alle S. Die S arbeiten in PA. Zuerst bearbeiten sie Teil A. S1 beginnt und S 2 stoppt die Zeit, die dann auf dem Blatt notiert wird. Nun macht S2 auf seinem Blatt Teil A und S1 stoppt die Zeit. So gehen die S auch mit Teil B vor. Die S kontrollieren gegenseitig, ob alles richtig ausgefüllt ist.
> Dann sprechen die S zuerst in PA über ihre Ergebnisse: Welche Tabelle haben sie schneller ausgefüllt? Wie viel Zeitunterschied gibt es? Warum kann das sein?
> Zum Abschluss nennen die S ihre Zeiten und es wird eine Klassenstatistik erstellt. Reflexion im PL: Warum war die Tabelle in Teil B schwieriger auszufüllen? → Man muss in Gedanken immer zwischen verschiedenen Formaten wechseln, im Prinzip wie beim Multitasking zwischen verschiedenen Bereichen.

A1 Einstieg: Zeigen Sie das Bild aus dem KB, lassen Sie es im PL beschreiben und fragen Sie dann, was das Thema sein könnte. Im PL definieren S den Begriff „Multitasking".
Die S sprechen in KG über die angegebenen Fragen und sammeln Beispiele zu Multitasking.

> **Multitasking**
> Der Begriff „Multitasking" setzt sich aus dem Lateinischen „multi" (= viele) und dem Englischen „task" (= Aufgabe) zusammen und bezeichnet die Fähigkeit einer Person, zwei oder mehrere Aufgaben/Tätigkeiten „gleichzeitig" zu erledigen. Ursprünglich kommt der Begriff aus der Informatik. Dort bezeichnet er die Fähigkeit eines Computer-Prozessors, verschiedene „tasks" nebeneinander abzuarbeiten. Dabei werden die Prozesse in so kurzen Abständen abwechselnd aktiviert, dass der Eindruck der Gleichzeitigkeit entsteht.
> Beispiele für Multitasking: telefonieren und E-Mails beantworten; E-Mails lesen und gleichzeitig mit der Kollegin einen Termin organisieren; mit dem Handy telefonieren und Fahrrad fahren; eine Nachricht schreiben und die Treppe hinuntergehen; telefonieren, fernsehen und Einkaufszettel schreiben.

A2a Vorentlastung für den Text: In KG versuchen S, die Ausdrücke zu klären.

A2b Die S lesen in EA den Text und ordnen die Überschriften zu, zwei Überschriften bleiben übrig. Vergleich im PL mit Begründung, warum eine Überschrift passt oder warum nicht.

🔑 1 C – 2 E – 3 F – 4 A

Schule und dann?

Ü1	In KG bearbeiten.
A2c	Sammeln Sie Redemittel für eine Zusammenfassung im PL (s. a. Redemittelanhang im KB). In PA fassen S je einen Absatz mündlich zusammen.

> **SPRACHE IM ALLTAG**
> Bevor S über die Konsequenzen sprechen, lesen Sie im PL den Sprache im Alltag-Kasten. Klären Sie ggf. unbekannte Ausdrücke. Kennen S noch andere Redewendungen?

A2d	S notieren sich auf Kärtchen Redemittel zur Diskussion, die sie verwenden wollen (s. a. Redemittelanhang). S legen die Kärtchen vor sich auf den Tisch. Diskussion in KG, immer wenn S eins von seinen/ihren Redemitteln verwendet hat, legt er/sie es in die Mitte. Sollte ein/e S ein Redemittel brauchen, das ein/e andere/r S vor sich liegen hat, darf er/sie es „klauen". Am Ende müssen alle Redemittel verwendet worden sein.
	Hier bieten sich Anknüpfungspunkte zum fächerübergreifenden Unterricht an, z. B. Biologie, Sozialkunde.
Ü2	Als HA bearbeiten.
A3a	In EA lösen S A3a und schreiben die kompletten Sätze aus dem Artikel in ihr Heft.

Z. 32–35: …, **was** die Qualität der Tätigkeiten zusätzlich **schmälert**.
Z. 9–12: …, **wodurch** er alle paar Minuten von seinen Aufgaben **abgelenkt wird**.
Z. 48–50: …, **worin** der Preis für das Multitasking **liegt**.
Z. 68–71: …, **weshalb** sie schon beim Frühstück ihre E-Mails auf dem Smartphone **checken.**

Vergleich in KG. S sprechen in KG darüber, worauf die Konnektoren (*das/was/darin/worin* …) verweisen.

A3b	In PL lesen Sie die Regel. Formen Sie den ersten Satz im PL um, dann formen die S die Sätze in PA um. Vergleich im PL.

1. Das Gehirn kann sich nicht auf mehrere Sachen gleichzeitig konzentrieren, was mich überrascht.
2. Multitasking führt zu Leistungsabfall, weswegen man es vermeiden sollte.
3. Jugendliche sind durch das Handy oft abgelenkt, was ihnen meist gar nicht bewusst ist.
4. Beim Lernen werde ich ständig unterbrochen, worüber ich mich oft ärgere.

Hinweise, wie das Tafelbild im Unterricht eingesetzt werden kann, können über das Tafelbild im Lehrwerk digital direkt aufgerufen werden. Beschreibungen zu allen Tafelbildern finden Sie auch online als Gesamt-PDF unter www.klett-sprachen.de/aspekte-junior/lehrerhandreichungC1.

Ü3a–b	In PA bearbeiten. Vergleich im PL.

> In stärkeren Klassen kann Ü3 als HA bearbeitet werden.

A3c	Die S arbeiten in PA und formulieren mündlich passende weiterführende Nebensätze. Geben Sie den S zuerst ein wenig Zeit, damit sie für sich in EA Satzanfänge formulieren können, die sie dann dem Partner / der Partnerin vorgeben.
Ü4–5	Als HA geeignet.

3

Modul 4 — Erstmal ein Praktikum

A1 Die S sehen die Zeichnungen an und beschreiben die Situationen: Wo hat die Person ein Praktikum gemacht? Welche Aufgaben hatte sie? Wie zufrieden war sie mit dem Praktikum?

A2a Vorgehen wie beschrieben, die S notieren sich Stichpunkte ins Heft. Vergleich im PL.

🔑 Gründe: einen Beruf aus der Nähe kennenlernen; bessere Entscheidungsfindung für den Beruf; Berufsorientierung; Arbeitsalltag kennenlernen; Training für Umgang mit Kollegen und Menschen, die man nicht kennt; sich selbst besser kennenlernen, evtl. Entdecken von eigenen Stärken; berufliche Kontakte knüpfen; gut für den Lebenslauf
Bewerbung: bei kleineren Betrieben reicht es oft, vorbeizugehen und sich vorzustellen; bei größeren Betrieben: komplette Bewerbung (Lebenslauf, Bewerbungsschreiben und letztes Zeugnis)

A2b Vorgehen wie beschrieben. Vergleich erst in KG, dann noch einmal Hören, danach Vergleich im PL.

🔑 Lilly: 2, 6
Tobias: 4, 7
Vincent: 1, 3
Julia: 5, 8

A2c In KG vervollständigen S die Ausdrücke. Im Anschluss daran vergleichen sie im PL und klären die Ausdrücke, die nicht klar geworden sind.
Dann arbeiten die S in PA wie in der Aufgabe beschrieben. Die Beispielsätze werden an ein anderes Paar gegeben und diese kontrollieren die Sinnhaftigkeit der Sätze und die grammatische Korrektheit. Rückgabe der Sätze.

🔑 1. b – 2. a – 3. d – 4. f – 5. c – 6. e

> Schnellere S schreiben mehr Sätze. **B**

> Als HA schreiben die S zu allen Ausdrücken Sätze, die Sie dann einsammeln und korrigieren. **E**

A2d Die S klären die Begriffe und diskutieren in PA zu der angegeben Frage.

> Nach der Klärung der Begriffe verteilen Sie Karten mit den Begriffen. Die S gehen zu Musik im Raum herum. Stoppen Sie die Musik und die S gehen zu zweit zusammen und diskutieren zu der im Buch angegeben Frage mit den beiden Eigenschaften. Sobald die Musik wieder beginnt tauschen sie die Karten und gehen weiter umher. Wiederholung wie oben. Lassen Sie die S drei- bis viermal wechseln. **V**

A2e Bezug auf die eigene Lebenswirklichkeit der S. Wenn alle S schon einmal ein Praktikum gemacht haben, können Sie die S im Kugellager mit zwei Kreisen sprechen lassen. Wenn nicht alle S schon ein Praktikum gemacht haben, dann teilen Sie die S in KG so auf, dass es immer Personen mit und ohne Erfahrung gibt. Die Personen ohne Erfahrungen stellen Fragen.
Sollten Ihre S alle noch kein Praktikum gemacht haben, dann sprechen Sie darüber in KG, wo sie gerne eins machen würden und was sie gerne ausprobieren würden.

Schule und dann?

A3a Die komplette A3 entspricht dem Prüfungsformat Sprechen Teil 1 der Prüfung Goethe-Zertifikat C1. Weitere Informationen zum Goethe-Zertifikat C1 finden Sie ab S. 164.
In PA wählt jede/r S einen Text, liest die Fragen und macht sich Notizen in Stichpunktform. Weisen Sie die S darauf hin, dass sie keine kompletten Sätze schreiben, da sie frei sprechen sollen.

Hinweis: Sagen Sie den S, dass diese Aufgabe wie ein Teil der mündlichen Prüfung des Goethe-Instituts aufgebaut ist. Sagen Sie den S, dass sie auf jeden Fall zwischen drei und vier Minuten sprechen und zu allen Punkten etwas sagen müssen, auch wenn sie keine Erfahrung mit dem Thema haben oder ihnen das Thema nicht liegt.

Ü1 Die S bearbeiten die Ü in PA und bekommen durch sie Redemittel für A3b.
Lassen Sie die S entscheiden, ob sie in A3b mit ÜB oder ohne das ÜB arbeiten wollen und die Redemittel notieren wollen. Am Ende können die S die A3b auch mit dem ÜB abgleichen.

A3b S sammeln in PA Redemittel. Ergänzungen im PL.

Mögliche Lösung:

Ein Thema einleiten	Beispiele / Eigene Erfahrungen nennen	Bedeutung des Themas im eigenen Land erklären
Das Thema meines Vortrags ist … In meinem Vortrag geht es um … Mein Vortrag besteht aus … Teilen: …	Meine eigenen Erfahrungen haben mir gezeigt, … Ich habe ähnliche Erfahrungen gemacht, als … Ich habe oft bemerkt, dass … Ich habe gute/schlechte Erfahrungen gemacht mit …	In meinem Land spielt … (k)eine wichtige Rolle, denn/weil … Bei uns in … ist es besonders wichtig, …
Argumente nennen	**die eigene Meinung äußern**	
Auf der einen Seite …, auf der anderen Seite … Dagegen spricht natürlich … Ein Argument für/gegen … ist … Dabei wird deutlich, dass …	Meiner Meinung nach … Ich bin der Meinung, … Ich bin der festen Überzeugung, dass … Ich bin da geteilter Meinung: …	

A3c Aufgabe im PL lesen und ggf. klären. In PA halten S ihren Vortrag und der/die andere S macht sich Notizen, stoppt die Zeit und gibt dem/der S ein Handzeichen, wenn die Zeit fast zu Ende ist. Gegenseitiges Feedback.

A3d Vorgehen wie beschrieben.

> Bei kleinen Klassen halten alle S ihren Vortrag im PL. Verteilen Sie die Punkte aus A3c an die anderen S, sodass jede/r einen Beobachtungspunkt hat. Anschließend Feedback.
> Bei großen Klassen halten S ihren Vortrag in KG; ansonsten Vorgehen wie oben beschrieben. Feedback aus der Gruppe. Gehen Sie herum und notieren sich wichtige Punkte, die nachher im PL besprochen werden.

A4a Lassen Sie von den S ohne Buch an der Tafel sammeln, wie sie einen Lebenslauf gestalten würden. Gehen Sie dann ins Buch und die S vergleichen ihre Ideen mit dem Lebenslauf auf der Seite. Sie vergleichen, was ist gleich/anders in ihrem Land.

> **STRATEGIE** Lesen Sie die Strategie im PL. Sammeln Sie schwierige Wörter zu den Punkten an der Tafel. Oft ist es nicht einfach, die Schulbildung adäquat ins Deutsche zu übertragen, hier brauchen die S oft Hilfe.

Dann erstellen die S in EA einen eigenen Lebenslauf. Anschließend setzen sie sich in PA zusammen und lesen ihre Lebensläufe: Sind sie übersichtlich? Sind sie verständlich? Muss ich etwas korrigieren? Dann korrigieren Sie diese und die S schreiben noch einmal einen korrekten Lebenslauf. → **Portfolio**

A4b In PA vorgehen wie beschrieben.

🗝 1 K Absender – 2 H Adresse – 3 J Ort, Datum – 4 F Betreff – 5 E Anrede – 6 B Einleitung –
7 I Praktikumszeitraum – 8 C Informationen zur eigenen Person – 9 A Schlusssatz – 10 G Grußformel –
11 D Unterschrift

A4c S lesen das Schreiben noch einmal und notieren in EA Redemittel. Vergleich und Ergänzungen in PA.

A4d In PA schreiben die S ein Bewerbungsschreiben mithilfe der Redemittel. Dann rotieren die Schreiben und ein anderes Paar liest und achtet auf die Übergänge und die Redemittel. Das korrigierende Paar notiert ein konstruktives Feedback unter das Schreiben, bei dem sie auch gut gelungene Sätze/Übergänge notieren. → **Portfolio**

Ü2a S bearbeiten Ü2a in der Klasse und sammeln Fragen in PA. Dann lesen sie den Tipp unter Ü3.

Ü2b–c Als HA geeignet. Vergleich in der Klasse.

Ü3 Als HA geeignet. Um es den S zu erleichtern, könnten sie in PA in der Klasse den Vertrag noch einmal mündlich zusammenfassen und sich diese Stichpunkte für ihren Text zu Hause notieren.
→ **Portfolio**

> **TIPP Fragengeleitetes Lesen**
> Die S lesen den Tipp. Bieten Sie den S an, andere komplexe Texte mit in den Unterricht zu bringen, um das fragengeleitete Lesen weiter zu üben. Kopieren Sie die Texte und in KG sammeln die S Fragen und lesen die Texte in Hinsicht auf diese Fragen. Austausch im PL: Welche Fragen fandet ihr wichtig? Welche Unterschiede gibt es in den Gruppen? Haben sich alle Fragen klären lassen?

Aussprache Kleine Wörter, große Wirkung. Varianten von *ah, so, ja* und *oh*.

Ü1 S hören in PA und ordnen zu. Austausch im PL, v. a. bei den Minidialogen, bei denen sich S nicht einig waren.

Ü2a Interjektionen drücken Empfindungen oder eine Wertung aus. Die Bedeutung ist abhängig vom Kontext und von der Intonation.
Hören und markieren. Kontrolle im PL.

Ü2b S hören die Dialoge nochmals mit Pausen. In den Pausen sollen sie nachsprechen.

> S schreiben in PA kleine Mini-Dialoge und variieren sie mit den angegebenen Wörtern. Sie üben sie je nachdem, welches Wort sie gewählt haben. In KG spielen sie diese vor. Die anderen geben Feedback – haben die Wörter gepasst? **E**

Schule und dann?

Film	Wie wird man … und was macht eigentlich …?

A1a In KG sprechen S über die angegebenen Fragen. Die Fotos dienen als Anregung, über verschiedene Berufe zu berichten. Wie wird man z. B. Landwirt/in, Lehrer/in, Luftfahrtkontrolleur/in oder Angestellte/r in einem Großraumbüro?

> Im PL Berufe sammeln, u. a. die von den Fotos. S sprechen über das Erlernen der gesammelten Berufe in KG. **B**

A1b Im PL besprechen und an der Tafel festhalten.

A2a Ersten Film sehen. Notizen machen und in PA vergleichen.

🔑 Wo ist er und warum?: In Frankfurt, auf dem Dottenfelder Hof, um eine Ausbildung zum Landwirt zu machen
Tätigkeiten der Woche: vier Tage der Woche auf dem Hof arbeiten (praktische Arbeit, z. B. im Kuhstall) / ein Tag in der Berufsschule (Theorie)
Verdienst: 592 € im 2. Lehrjahr, abzüglich Kost und Logis und Versicherung bleiben ihm gut 200 Euro
Ziele: Lehre machen; Gesellenjahre nutzen, um Erfahrung zu sammeln; eigenen Hof in Südafrika anfangen

A2b–c Film noch einmal sehen und Notizen ergänzen sowie notieren, was Valentin gefällt.
Im PL vergleichen.

🔑 große Abwechslung + Vielfältigkeit der Tätigkeiten: auf dem Feld arbeiten, mit Tieren arbeiten und das technische Arbeiten in der Werkstatt.

A3a Erste Sequenz des 2. Films sehen und Notizen machen. Vergleich im PL.

🔑 9:00 Uhr Beginn der Arbeit – 10:00 Uhr Lieferung der Lebensmittel – Gerichte kochen, um 11:00 sollte das erste Gericht fürs Foto fertig sein – Mittagspause – 18:00 Uhr Schluss – man muss strukturiert durcharbeiten

A3b Sequenz noch einmal sehen und Fragen beantworten. Vergleich im PL.

🔑 1. ca. 1.600 Rezepte
2. 4 Zeitschriften
3. 6–7 Gerichte/Tag
4. Die „normale" Profiköchin bereitet vor und kocht dann „im richtigen Moment", also so, dass alles rechtzeitig fertig ist – die Foodstylistin kocht fürs Foto „ Essen anrichten – ins Studio stellen und arrangieren

> Bei stärkeren Gruppen direkt A3a+b zusammen bearbeiten lassen. **B**

A3c Sequenz 2 sehen und Äußerung erklären. In KG besprechen.

🔑 Nur bei richtigem Licht kann das Essen gut und appetitlich aussehen – er will Emotionen ansprechen.

A3d In PA bearbeiten. Evtl. den Film dazu noch einmal sehen.

1. Die Rezepte werden z. B. schon im Sommer für Weihnachten geplant.
2. Um im Sommer zu wissen, was Weihnachten ankommt, braucht man ein Gefühl, was die Menschen dann gut finden werden.
3. Die Fotos müssen schnell fertig sein, damit das Essen noch gut aussieht.
4. Es ist viel Stress, 6–7 Gerichte pro Tag zu kochen und rechtzeitig für das Fotografieren fertig zu haben, da muss man mit Struktur und organisiert arbeiten.
5. Sie benutzt gewöhnliche Geräte, damit alle es nachkochen können.
6. Es sind sehr viele Details zu beachten.
7. Wenn das Licht schlecht ist, sieht das Essen nicht gut aus.
8. Der Fotograf macht Fotos, die Emotionen auslösen.

> Jede/r S bekommt eine Aussage. Dann stehen die S auf, gehen herum und sprechen mit allen anderen S und erklären sich gegenseitig die Aussagen. **V**

A4 In PA vergleichen S die Informationen zu den drei Berufen und sprechen darüber, welchen Beruf sie am interessantesten finden und warum.

> In KG sprechen die S über die Informationen und einigen sich auf einen Beruf, den sie am interessantesten finden und warum. Im PL werden die Berufe mit den Begründungen vorgestellt und so ergibt sich eine Klassenstatistik, welchen Beruf aus welchen Gründen die Klasse am besten findet. **V**

A5 In KG bearbeiten. S wählen ein Rezept, beschreiben die Fotos, die sie machen würden, oder erstellen Zeichnungen und entwerfen einen ansprechenden Text für das Gericht.
Präsentation der Ergebnisse im PL. Werden die Arbeitsschritte deutlich? Sind die Fotos gut gewählt? Hat man Lust, das Rezept nachzukochen?

> Bringen Sie von einer Rezeptseite Rezepte und Fotos mit (die nicht professionell gemacht wurden), die Sie an die S verteilen. S arbeiten in KG und überlegen evtl. Verbesserungen für die Fotos, wählen ein paar Fotos aus, kleben sie auf ein DIN A4 Papier und entwerfen einen kleinen ansprechenden Text zu den Fotos. **V**

Hier bieten sich Anknüpfungspunkte zum fächerübergreifenden Unterricht an, z. B. Hauswirtschaft. Dann können die S das Rezept direkt ausprobieren.

Kapiteltests
Kapiteltests zu jedem Kapitel finden Sie unter www.klett-sprachen.de/aspekte-junior im Bereich „Tests".
Der Zugangscode lautet: asP!jr3

Wirtschaftsgipfel

Themen Kapitel 4 beschäftigt sich mit dem Thema „Wirtschaft".

Auftakt Den Auftakt macht ein Spiel, in dem die S zeigen können, wie fit sie in der Wirtschaftssprache sind.
Modul 1 In Modul 1 lernen die S das Ruhrgebiet näher kennen und erarbeiten die Veränderungen, die es in den letzten Jahrzehnten erfahren hat.
Modul 2 In Modul 2 folgen Gewissensfragen, wie sie in Zeitschriften veröffentlicht werden und die S überlegen, wie sie in bestimmten Situationen handeln würden.
Modul 3 Modul 3 beschäftigt sich mit dem Thema „Globalisierung", indem die Vor-und Nachteile beleuchtet werden.
Modul 4 Modul 4 stellt abschließend das Konzept des Crowdfunding vor; eine Möglichkeit, ein Projekt zu finanzieren. Und leitet die S an, eine eigene Projektidee vorzustellen.
Film Der Film zeigt ein Crowdfunding-Video zu einem Kurzfilmprojekt.

Lernziele

> **Ihr lernt**
> **Modul 1** | Einem Vortrag über die Entwicklung des Ruhrgebiets Informationen entnehmen und einen eigenen Vortrag halten
> **Modul 2** | Sich mit „Gewissensfragen" auseinandersetzen und eine Stellungnahme schreiben
> **Modul 3** | Einen Begriff definieren und zu Texten über die Vor- und Nachteile der Globalisierung Stellung nehmen
> **Modul 4** | Das Konzept von Crowdfunding verstehen und eine Projektidee beschreiben
> Ein Gespräch über Crowdfunding-Projekte verstehen und eine eigene Projektidee entwickeln
>
> **Grammatik**
> **Modul 1** | Nominalisierung und Verbalisierung von Temporalsätzen
> **Modul 3** | Nominalisierung und Verbalisierung von Kausal- und Modalsätzen

Auftakt   Wirtschaftsgipfel

Ü1 Als Vorbereitung auf das Kapitel wiederholen und ergänzen die S ihren Wortschatz zum Thema „Wirtschaft". In GA suchen sie zu den Fotos so viele Wörter wie möglich und notieren sie. Danach wird im PL verglichen, ergänzt und Wortschatz geklärt.

> **E** Um dieses Vokabular während der Bearbeitung des Kapitels immer vor Augen zu haben, bietet es sich an, dass die einzelnen Gruppen ihre Wörter zu den Fotos auf Plakate schreiben, die dann von den anderen Gruppen ergänzt werden und im Klassenraum aufgehängt werden.

> **V** Kopieren Sie die Fotos einzeln auf Blätter und schreiben Sie wichtigen Wortschatz (z. B. den aus den Auftaktseiten des ÜB) zu den Themen auf Kärtchen. Jede GA bekommt einen Satz Fotos und Karten und die S sortieren die Karten den Fotos zu. Anschließend können die S weitere Wörter auf die Plakate schreiben. So können Sie sicher sein, dass bestimmte Wörter notiert werden und können in den nächsten Stunden auch mit diesen Wörtern weiterarbeiten.

Ü2 In PA bearbeiten.

A1 S spielen im Team gegen ein anderes Team in KG. Im PL werden Aufgabe und Spielanleitung gelesen und ein „Experte" / eine „Expertin" bestimmt, der/die den verschiedenen KG zur Seite steht. Lösungen zum Spiel Wirtschaftsgipfel: **KV 7** auf S. 146.
Weiterführende Informationen: http://www.wirtschaftslexikon24.net/

4

	Hier bieten sich Anknüpfungspunkte zum fächerübergreifenden Unterricht an, z. B. Wirtschaft.
Ü3–4	Als HA geeignet. Nach dem Spiel in der Klasse, da in Ü4 einige Nomen aus dem Spiel aufgegriffen werden.

Modul 1 Vom Kohlenpott …

A1a Die S sehen sich das Satellitenbild an und spekulieren, welche Städte bzw. Regionen zu sehen sein könnten. Anhand der Städte überlegen sie sich, was das Besondere an diesen Regionen ist.

🔑 London, Paris, Ruhrgebiet (Duisburg, Mühlheim, Essen, Bochum, Dortmund etc.)

A1b Im PL sprechen die S über Ballungs- und Industriegebiete in ihrem eigenen Land.

> Danach schreiben die S einen Text über ein Gebiet in ihrem Land. → **Portfolio**   **E**

Ü1 In PA bearbeiten, Vergleich in KG. Klären der unbekannten Wörter im PL.

> Ggf. Wiederholung zur Bildung von Komposita: Welches ist das Grundwort, welches das Bestimmungswort und woher bekommt das Kompositum den Artikel?   **B**

A2a Globales Hörverstehen: Die S hören den gesamten Vortrag und sortieren die Teilthemen. Vergleich im PL.

🔑 1 C – 2 B – 3 E – 4 D – 5 A – 6 F

A2b Vortrag in Abschnitten (A2b–d) noch einmal hören und in EA bearbeiten und im Heft notieren. Am Schluss werden in A2e die Ergebnisse verglichen.

🔑 1. um 1370 – 2. Mangel an Holz → Menschen brauchten neue Energiequellen – 3. 4.435 km² –
4. a) 116 km; b) 67 km – 5. knapp über fünf Mio., mit umliegenden Städten zehn Mio. – 6. Dortmund, Essen, Duisburg, Bochum, Gelsenkirchen

A2c Abschnitt 2 hören und S machen Notizen.

🔑

Phase 1	Phase 2
zwischen 1947 bis 1957: Revitalisierungsphase Anstieg der Bevölkerungszahl bis 1950 → viele Arbeitsplätze im Bergbau (erreichter Höhepunkt) Kohle wichtigster Grundstoff → große Rolle beim wirtschaftlichen Wiederaufbau. Ruhrgebiet: Aushängeschild der bundesdeutschen Wirtschaft der Nachkriegszeit, v. a. wegen Kohle und Stahl Ein Drittel aller Beschäftigten im Bergbau. → Menschen hatten Geld: Aufblühen des Handels (Essen größte Einkaufsstadt der Region).	wirtschaftlicher Abschwung ab 1957: Kohlekrise → Rückgang des Anteils der Kohle aus Ruhrgebiet an der Weltproduktion → Gründe: preiswertere Kohleförderung in anderen Ländern (Lagerstätten waren ergiebiger + die Kohle einfacher abzubauen) Verlust wichtiger Teile des Marktes wegen Verwendung von Öl und Erdgas Umstellung auf elektrische Züge bei „der deutschen Bundesbahn" Angebot an Kohle zeitweise höher als Nachfrage

Wirtschaftsgipfel

A2d Abschnitt 3 hören und S notieren Folgen.

1. unmittelbare Folge: Arbeitsplatzverlust: Umschulungen, Menschen müssen sich neu qualifizieren; in Frührente gehen
2. Längerfristige Folgen: ökonomischer Wandel, bildungspolitischer und kultureller Wandel: mehr Arbeitsplätze im Dienstleistungssektor, inzwischen mit mehr als zwei Drittel der Beschäftigten; bildungspolitischer und kultureller Wandel (neue Unis, Fachhochschulen, Folkwangschule, Fraunhofer- und Max-Planck-Institute), viele Studenten, dichtes Netz an Theatern und Opernhäusern, Restaurierung alter Industriedenkmäler

A2e In PA vergleichen S ihre Notizen und ergänzen.
Wenn es Abschnitte gibt, wo noch sehr viele Fragen offen geblieben sind, hören S diesen noch einmal.

Ü2 Als HA bearbeiten: Wiederholung der Zeiten.

A3a Vorgehen wie beschrieben.

1. d **Seit der Entdeckung der Steinkohle** hat das Ruhrgebiet eine rasante Entwicklung genommen.
2. c **Während der Kohleförderung** wurde in den Zechen schwer gearbeitet
3. f **Bis zum Beginn des wirtschaftlichen Abschwungs** vergingen nur wenige Jahre.
4. b Die Kohle spielte **beim wirtschaftlichen Wiederaufbau der Bundesrepublik** eine entscheidende Rolle.
5. a **Vor dem Beginn der Kohlekrise** arbeiteten die meisten Menschen in der Rohstoffverarbeitung.
6. e **Nach dem Ende des Krieges** stieg die Bevölkerungszahl bis 1950 rasch an.

A3b Lesen Sie den Grammatikkasten im PL. Danach markieren die S in PA die temporalen Präpositionen aus A3a im Heft und notieren daneben die passenden Konnektoren. Vergleich im PL.
Dann bilden Sie neue Paare und die S formulieren die Sätze in PA um. Vergleich im PL.

Lösung hier alphabetisch geordnet:

Nominalform	Verbalform	Nominalform	Verbalform
bei + Dat.	*wenn/als*	*seit* + Dat.	*seitdem/seit*
bis zu + Dat.	*bis*	*vor* + Dat.	*bevor*
nach + Dat.	*nachdem*	*während* + Gen.	*während*

Umformulierung:

Nominalform	Verbalform
Während der Kohleförderung	Während man Kohle förderte,
Bis zum Beginn des wirtschaftlichen Abschwungs …	Bis der wirtschaftliche Abschwung begann, …
… beim wirtschaftlichen Wiederaufbau der Bundesrepublik …	…, als die Wirtschaft der Bundesrepublik wiederaufgebaut wurde, …
Vor dem Beginn der Kohlekrise …	Bevor die Kohlekrise begann, …
Nach dem Ende des Krieges …	Nachdem der Krieg beendet worden war, …

> In schwächeren Gruppen vor der Umformulierung: Die Sätze in der Nominalform aus A3a werden auf Kärtchen geschrieben und verteilt. In PA: Jedes Paar bekommt einige Sätze und formt sie um. Anschließend werden die Sätze in KG vorgelesen und in der Gruppe wird beraten, ob diese Umformung korrekt ist. **B**

Hinweise, wie das Tafelbild im Unterricht eingesetzt werden kann, können über das Tafelbild im Lehrwerk digital direkt aufgerufen werden. Beschreibungen zu allen Tafelbildern finden Sie auch online als Gesamt-PDF unter www.klett-sprachen.de/aspekte-junior/lehrerhandreichungC1.

Ü3 In PA bearbeiten. Vergleich im PL.

Ü4 Als HA bearbeiten.

Ü5 In PA bearbeiten.

Ü6a–b Als HA bearbeiten.
Die Sätze aus 6b in PA austauschen und korrigieren; Fragen klären.

STRATEGIE Strategie im PL lesen, bevor die S zu A4 recherchieren. Weisen Sie die S darauf hin, dass sie in der Präsentation ganze Sätze verwenden sollen, diese aber nicht notieren, damit sie frei sprechen und nicht ablesen.

Die S wiederholen im PL, wie man am besten Notizen macht. Tafelanschrieb:

Notiztechniken:
nur Hauptinformationen/Schlüsselwörter notieren
möglichst kurz und stichpunktartig formulieren, keine ganzen Sätze schreiben
mit Gliederungsmerkmalen arbeiten (Unterstreichen, Absätze, Nummerierung, Spiegelstriche etc.).
mit Symbolen arbeiten (! ? + – : ▲ → ✗ …)
am besten mit eigenen Worten arbeiten (Umformulierungen und Verkürzungen).
verschiedene Farben verwenden
Raum für spätere Ergänzungen lassen

Reflexion am Ende der Präsentation: Welche Notizen waren hilfreich für mich? Wo hatte ich zu viel notiert?

A4 In KG recherchieren die S zu einer Region. Bei homogenen Ländergruppen einigen sich die S auf eine Region aus ihrem Land, bei heterogenen Ländergruppen einigen sie sich auf eine Region aus einem der Länder.
Wenn die Möglichkeit der Recherche im Unterricht nicht besteht, geben Sie die Aufgabe als HA: Die S teilen sich die verschiedenen Präsentationspunkte untereinander auf (z. B. könnte man die S immer zwei Teilthemen recherchieren lassen (Lage + Vor- und Nachteile des Standortes; Größe/ Fläche + Wirtschaftszweige; Verkehrsanbindung + Kultur-Erholungsmöglichkeiten; Entwicklung des Standortes+ Anzahl der Beschäftigten) und recherchieren zu ihren Teilthemen. Nach der Recherche setzen sich die KG in der Klasse zusammen und bereiten ihre Präsentation vor.

Hinweis: Wie präsentiere ich?
Lassen Sie von Ihren S zehn goldene Regeln zum Präsentieren erstellen, die von allen beachtet werden müssen.

Wirtschaftsgipfel

Geben Sie den S Hilfen und praktische Tipps für die Präsentation. Mögliche Tipps:

Präsentation
Zielgruppe der Präsentation muss klar sein
Thema klar gliedern
Aussagen/Thesen deutlich und knapp formulieren
nicht nur Text verwenden sondern Grafiken, Schaubilder und Bilder zur Veranschaulichung hinzufügen
Wenig Animationen einsetzen
In der Kürze liegt die Würze: nicht zu lange sprechen

Praktische Tipps für die Karten mit den Präsentationsinhalten
mit Computer schreiben (leichter lesbar)
den Text optisch gut gliedern (leichtere Orientierung)
Pausenzeichen markieren (nicht zu schnell sprechen)
Textkarten etc. nummerieren (sie könnten herunterfallen / durcheinander geraten)
mit verschiedenen Farben arbeiten (bessere Übersichtlichkeit)
den ersten und letzten Satz wörtlich ausformulieren (gibt Sicherheit)
Regiehilfen einbauen (Querverweise, Erinnerung zum langsamen Sprechen etc.)

> In stärkeren Gruppen und bei Zeit in der Klasse, kann auch jede/r S alleine zu einer (Industrie-) Region recherchieren. S halten dann die Präsentationen in KG oder im PL und bekommen von den anderen S Feedback. **B**

Hier bieten sich Anknüpfungspunkte zum fächerübergreifenden Unterricht an, z. B. Geografie, Geschichte, Wirtschaft.

Modul 2 — Mit gutem Gewissen?

Ü1 Starten Sie mit den Redensarten aus dem ÜB.

> Notieren Sie die Redensarten an der Tafel. Jedes Paar bekommt eine. Die S machen sich Gedanken, was das bedeuten könnte. Anschließend bilden sich zwei Gruppen, indem sich die Paare aufteilen, und die S stellen sich gegenseitig ihre Definitionen vor. Danach ordnen sie die Definitionen aus dem Buch zu. **V**

A1 Im PL Bedeutung von „gutes/schlechtes Gewissen" klären. In KG erzählen die S eigene Beispiele.

| **SPRACHE IM ALLTAG**
Verteilen Sie die Ausdrücke in KG. S klären die Bedeutung in der Gruppe, dann Definition im PL.

A2a Die S lesen die Texte und beantworten die Aufgabe.

1. Nutzung eines Kaufhauses als Abkürzung bei Kälte/Wind, ohne etwas zu kaufen. – Darf man das?
2. Vorstellung von Straßenkünstlern genießen, ohne etwas zu zahlen. – Ist das in Ordnung?

A2b Die S schreiben ganz kurz, ohne Namen, ihre Einschätzung mit einer kurzen Begründung zu den beiden Situationen auf je einen Zettel. Alle Zettel werden eingesammelt und an die Wand gehängt. Die S lesen alle Begründungen, sortieren die Texte je nach Situation und clustern die Begründungen, wenn es ähnliche gibt. Sprechen Sie dann im PL über Gemeinsamkeiten und Unterschiede und wohin die Klasse am ehesten tendiert.

A2c Die S lesen die Antworten von Rainer Erlinger und notieren sich kurz die Ratschläge und Begründungen. Rückgriff auf die eigenen Argumente: Welche Gemeinsamkeiten/Unterschiede gibt es?

4

🔑 Zu 1.: Abkürzung = Abweichung vom regulären Weg; man macht sich etwas einfacher → tendenziell bedenklich
moralische Grundüberlegung: Und wenn das alle machen?
Kaufhauspressesprecher findet es super → potenzielle Kunden; das ist positiv, da Geschäft wegen der Konkurrenz durch Onlinehandel schwieriger → jeder Besucher ist Kunde, Kaufhaus muss ihn vom Kauf überzeugen
Erlinger findet trotzdem: nur gut, wenn man grundsätzlich bereit ist, auch etwas zu kaufen

Zu 2.: Man könnte es so sehen: Geschäftsmodell Straßenkünstler: Angebot seiner Künste öffentlich und gratis; nur wer will, spendet
Erlinger antwortet mit dem Konzept der Fairness: Künstler geht in Vorleistung und wenn man es genießt, dann sollte man etwas dafür geben / Dankbarkeit durch eine Gabe zeigen.

> Teilen Sie die S in zwei Gruppen. Gruppe A liest Text 1 und Gruppe B liest Text 2, anschließend resümieren die Gruppen im PL, was Herr Erlinger schreibt. Um die Texte besser zu verstehen, weisen Sie die S schon direkt beim Lesen auf A2d hin. So können S die Aufgabe direkt beim Lesen bearbeiten. **V**

A2d In KG bearbeiten. Vergleich im PL.

🔑 1 D – 2 A – 3 B – 4 C – 5 G – 6 F – 7 H – 8 E

A3 In KG wählen die S eine der beiden Gewissenfragen, und überlegen sich ihre Argumentation und machen sich Notizen.
Bevor sie schreiben, lesen S die Redemittel und sammeln evtl. weitere in der Klasse. Hinweis auch auf die Redemittel im Anhang des KB („Meinungen ausdrücken"). S überlegen in PA, welche Redemittel sie in der Mail benutzen wollen.
S schreiben in PA eine Stellungnahme zur gewählten Gewissensfrage. Sie nutzen dabei die Redemittel, die sie ausgewählt haben und die in der KG erstellten Argumente. Ebenso können Sie die Ausdrücke aus A2d benutzen.
Korrigieren Sie die Texte. → **Portfolio**

Ü2a–c Als HA geeignet. → **Portfolio**

Ü3a–b In PA: Die S sehen sich die Bilder an, wählen je eine Situation und formulieren schriftlich eine Gewissensfrage. Die Texte werden ausgetauscht und vom Partner / von der Partnerin beantwortet. Fragen: Hast du diese Antwort erwartet? Hättest du auch so gehandelt? War die Antwort überzeugend?
Auch als HA geeignet: Die S schreiben eine E-Mail mit einem Gewissenskonflikt an „den Experten" / „die Expertin". Beim nächsten Unterrichtstag ist es dann möglich, weiter so vorzugehen, wie oben beschrieben.

> Bei Interesse und zur weiteren Übung: Bringen Sie weitere Gewissensfragen mit, die die S lesen und in KG beantworten. Dann wird die Originalantwort gelesen. **E**

Modul 3   Die Welt ist ein Dorf

A1a Die S lesen die Aufgabe, hören den Text und beantworten die Fragen. Vergleich in PA.

🔑 Christian hilft seinem Bruder Max bei einem Kurzvortrag zum Thema „Globalisierung" und erklärt dabei den Begriff.

A1b Vorgehen wie beschrieben. Gespräch im PL.

Wirtschaftsgipfel

🗝️ Firmen gehen ins Ausland: Verlust von Arbeitsplätzen; in anderen Ländern sind die Arbeitsbedingungen oft schlecht; lange Transportwege – nicht gut für die Umwelt; unser Wunsch: immer alles billig und großes Angebot, aber wir sollten auch auf Herkunft, Transportwege und Preis achten

A1c In PA definieren S „Globalisierung" und notieren Konsequenzen. Dann setzen sich zwei Paare zusammen und formulieren eine gemeinsame Definition.
Die Definitionen werden aufgehängt und von allen gelesen, anschließend wird ausgewählt, welche die treffendste ist und warum. Am besten verteilen Sie dazu drei Punkte an jede/n S. Diese drei Punkte kann jede/r S an drei verschiedene Definitionen oder an eine oder zwei Definitionen verteilen. So stellen sie sicher, dass die S alle Definitionen lesen und gleichzeitig wird visualisiert, welche Definition für die Klasse die beste ist.

Ü1 In PA bearbeiten.

Ü2 Als HA bearbeiten. Vorbereitung auf A2. Diese Argumente können den S auch bei A2b behilflich sein.

A2a In PA wählen die S je einen Blogeintrag und notieren Stichpunkte zu den Themen in der Tabelle.

🗝️

	Text A	Text B
Vorteile	weltweit wirtschaftliche, politische und persönliche Beziehungen → problemlos reisen, neue Kulturen kennenlernen durch kurze Reisezeiten (Flugzeug): immer frisches Obst/Gemüse – viele Produkte erhältlich, die sonst zu teuer wären Austausch von Informationen in Sekundenschnelle → Einkauf zu jeder Zeit und Finden des preiswertesten Produkts	globale Einkäufe zu einem günstigen Preis nicht mehr nur auf Dienstleistungen des eigenen Landes angewiesen → beste Qualität zum besten Preis erhältlich
Nachteile	Mitbewerber nicht nur in der näheren Umgebung, sondern überall → Wettbewerbsdruck steigt Verlust von Arbeitsplätzen an teuren Standorten	große Konzerne versuchen tw. Maßnahmen zu Umweltschutz, zum Schutz der Arbeiter/Verbraucher zu verhindern große Konzerne können sich fast alles aussuchen: Preise für Waren beeinflussen → unfairer Handel (d. h. Menschen in ärmeren Ländern arbeiten unter schlechten Bedingungen) wirtschaftlich schwächere Regionen müssen niedrige Preise anbieten, um konkurrenzfähig zu bleiben → Preisdruck für Produzenten tw. Kinderarbeit
Auswirkungen der Globalisierung	Technischer Fortschritt → weltweite Vernetzung der Märkte Internationaler Handel, bessere Möglichkeiten, auf der ganzen Welt Produkte zu verkaufen → wirtschaftliche Stärkung und Vergrößerung des Wohlstandes mancher Firmen wegen starker Konkurrenz → Unternehmenskosten müssen niedrig sein →Rationalisierungsmaßnahmen → Arbeit durch Maschinen / Produktion im Ausland	Hoher Preisdruck → kleine Firmen gehen pleite oder werden von Konzernen übernommen (Verlagerung der Produktion ins Ausland oder Einkauf von Zwischenprodukten) → die Konzerne werden immer größer und mächtiger, auch politischen Einfluss → handeln in eigenem Interesse, wollen Macht ausbauen und Gewinn vergrößern

A2b S fassen in PA die Texte zusammen und erstellen ein Plakat.

A2c Die Plakate werden aufgehängt. Ein/e S von jedem Paar geht herum und sieht sich die anderen Plakate an, während der/die andere S das eigene Plakat erklärt. Dabei sprechen die S darüber, welche Argumente sie wichtig finden und welche sie noch ergänzen würden. Dann Wechsel.

> Alternative Diskussionsform für das PL ohne Plakate:
> Aquarium: Drei S kommen nach vorne und beginnen mit der Diskussion, die anderen sind Zuhörer/innen und dürfen nichts sagen; wenn jemand etwas sagen möchte, steht er/sie auf und geht „ins Aquarium": Er/Sie legt einem der drei S, die vorne sitzen, die Hand auf die Schulter und löst ihn/sie ab, diese/r wird zum Zuschauer / zur Zuschauerin und setzt sich auf seinen/ihren Platz und der/die andere nimmt den Platz im Aquarium ein. Jede/r S sollte mindestens einmal im Aquarium gewesen sein. S können als Hilfe ihre Notizen und die Redemittel aus dem Redemittelanhang im KB zu „Meinung/Zustimmung/Widerspruch ausdrücken" mit nach vorne nehmen.

Hier bieten sich Anknüpfungspunkte zum fächerübergreifenden Unterricht an, z. B. Wirtschaft, Ethik, Geografie.

A3a Vorgehen wie beschrieben in PA. Vergleich im PL und kurze Analyse: Woher wusstet ihr, welcher Satz der Hauptsatz und welcher der Nebensatz war?

1. *weil*-Satz: Nebensatz – 2. *dadurch, dass*-Satz: Nebensatz – 3. *indem*-Satz: Nebensatz
Nebensatz-Signale: Konnektoren zu Beginn und das Verb steht am Ende

A3b S lesen die Sätze aus A3a noch einmal und suchen sie im Text A. In PA vergleichen sie die beiden Varianten und notieren die Regel ins Heft. Vergleich im PL.

1. Z. 24: Wegen der starken Konkurrenz …
2. Z. 15: Durch die Zunahme des technischen Fortschritts …
3. Z. 28: Durch die Verlegung von Produktionsstätten …

Nominalisierung und Verbalisierung von Kausal- und Modalsätzen	
Nebensatz kausal → Nominalform	Nebensatz modal → Nominalform
weil → wegen + Gen/Dat. da	indem dadurch, dass → durch + Akk.

> S formen in PA die Beispiele schriftlich um. Vergleich und Korrektur im PL.

A3c In PA suchen S Beispiele aus Text B und formulieren sie mündlich um.

Beispiele aus Text B:
Z. 3: Durch das grenzenlose Einkaufen im Internet … *(Indem man grenzenlos im Internet einkauft, …)*
Z. 7: Durch die Transparenz der Preise … *(Dadurch, dass die Preise transparent sind, …)*
Z. 9: Wegen dieser Übernahmen und Zusammenschlüsse … *(Weil sich Firmen zusammengeschlossen haben und andere Firmen übernommen haben, sind einige riesige Konzerne entstanden, …)*
Z. 18: Oft werden die Preis dadurch so sehr gedrückt, dass die Hersteller daran kaum noch etwas verdienen und … *(Durch das Drücken der Preise verdienen die Hersteller kaum noch etwas daran und …)*
Z. 21 Weil sie zur Arbeit gezwungen sind, können sie nicht zur Schule gehen und haben keine Freizeit zum Spielen. *(Wegen des Zwangs zur Arbeit können sie nicht zur Schule gehen und haben …)*

Ü3 Als HA geeignet.

Wirtschaftsgipfel

Ü4 In PA bearbeiten.
Anschließend kurzes Gespräch: Gilt diese Entwicklung auch für dein Land?

Ü5 Als HA geeignet.

TIPP Vor der Bearbeitung der Ü6 Tipp im PL lesen und Hinweis auf den Beispielsatz in Ü6.

Ü6 In PA bearbeiten. Vergleich im PL.

A4 In PA sammeln S zu einem der angegebenen Bereiche konkrete Beispiele.
Vorstellen im KG oder PL.

> In PA oder KG sammeln S weitere Bereiche, in der die Globalisierung eine Rolle spielt und
> überlegen sich auch für diesen Bereich konkrete Beispiele.
> Beispiele: Globalisierung und Sprachen, Globalisierung und Bildung **E**

Die in der Aufgabe angegebenen Bereiche und ggf. die Bereiche aus der Erweiterung können als Recherchethemen in der Klasse aufgeteilt und als HA gegeben werden: Welche Informationen finden S zu diesen Themen? Am folgenden Unterrichtstag berichten S, was sie herausgefunden haben, das kann anhand eines kurzen Referats oder einer digitalen Präsentation geschehen.

Modul 4 — Wer soll das bezahlen?

A1 In KG sammeln S Ideen, Vergleich im PL.

Ü1 Als HA bearbeiten.

A2a Lesen der Definitionen im PL. Dann Vorgehen wie beschrieben. Sollten Begriffe unklar bleiben, Klärung im PL.

Mögliche Lösung:
A die Fremdfinanzierung: Beschaffung finanzieller Mittel (meist Geld) in Form von Krediten, Anleihen; das Geld muss wieder zurückgezahlt werden – Gegenteil zu „Eigenfinanzierung"
B das Finanzierungsinstitut: Unternehmen, das Geld verleiht, z. B. Banken
C etwas vorfinanzieren: eine Person / ein Unternehmen gibt im Voraus Geld, damit man ein Projekt finanzieren / etw. kaufen kann / …
D das Fremdkapital: das Geld, das einem nicht gehört, sondern von einer anderen Person / einem Unternehmen gegeben wird
E der Kapitalgeber: die Person oder das Unternehmen, die/das einem Geld gibt
F Das Mindestkapital: Das Minimum an Geld, das man braucht, um ein Projekt zu verwirklichen oder etw. kaufen zu können; Beispiel: Man möchte eine Wohnung für 100.000 Euro kaufen und muss mindestens 10.000 Euro selbst haben

Ü2 Als HA bearbeiten.

A2b Text in EA lesen, in KG formulieren S einen Satz, der die Idee von Crowdfunding erklärt.
Vergleich der Sätze im PL: Welchen Satz findet die Klasse am genauesten?

Mögliche Lösung:
Bei Crowdfunding geht es um das zeitlich begrenzte Sammeln von Geld von Privatpersonen, um ein Projekt / eine Geschäftsidee finanzieren zu können; dabei muss jede einzelne Person nur wenig Geld geben, denn die Masse an Personen macht die Summe aus.

A2c In KG bearbeiten. Austausch mit einer anderen KG.

🔑 Crowdfunding funktioniert über Plattformen im Internet.
Die Aktionen sind zeitlich begrenzt; genaue Beschreibung des Projektes und der gebrauchten Geldmenge sowie der Verwendung
Angabe einer Mindestkapitalsumme, um das Projekt umsetzen zu können (muss in einer bestimmten Zeit erreicht werden) – wenn Mindestsumme nicht erreicht wird → Geld zurück
Gelder dürfen nur zweckgebunden ausgegeben werden
beteiligte Personen: Personen, die die Aktion starten und Kapitalgeber (Crowdfunder) – meist private Personen
Nutzen: Initiatoren können das Projekt umsetzen – Kapitelgeber bekommen Sachleistungen oder Geld (Gewinnbeteiligung) oder bestimmte Rechte

A3a Lesen und Überschriften den Abschnitten zuordnen.

🔑 Die Überschriften passen in dieser Reihenfolge:
B Was sind die Ziele und wer die Zielgruppe?
A Warum sollte jemand dieses Projekt unterstützen?
C Was passiert mit dem Geld bei erfolgreicher Finanzierung?

A3b In PA bearbeiten.

🔑 Ziele / Zielgruppe: durch die Musik den Alltag und den Stress vergessen, sich freuen, sich in Texten wiederfinden, durch Musik glücklicher werden / alle Menschen (bisheriges Publikum: Menschen in der Fußgängerzone)
Unterstützung des Projekts: Musikgruppe gibt es seit 10 Jahren, Chance für ein Album, das einen „Stilbruch" enthält (etwas Besonderes ist)
Einsatz des Geldes bei erfolgreicher Finanzierung: 20.000 Euro: Gruppe nimmt ein Album auf – 30.000 Euro: Plattenvertrag und das Album wird professionell veröffentlicht und promotet

Hinweis: Die Lieder von *Stilbruch* sind gut verständlich und eignen sich für den Unterricht. Sie finden Lieder von *Stilbruch* auf Youtube und auf der Homepage von *Stilbruch*.

> Seit 2005 machte sich *Stilbruch* als Straßenmusiker einen Namen. Ihre ungewöhnliche Instrumentenmischung verhalf der Band 2009 in das Finale der Pro7-Show „Germany's Next Showstars" und ein Jahr später ins Vorprogramm der Europatour des Schweizer Künstlers DJ Bobo.
> Die Crowdfunding-Aktion der Musikgruppe *Stilbruch* war erfolgreich und die Musiker erreichten innerhalb 71 Tagen über 30.000 Euro, sodass Sie sich einen Plattenvertrag beim Label Musicstarter sichern konnten.
> Musicstarter ist Deutschlands erstes Crowdfunding-Label und bietet ausgewählten Künstlern die Möglichkeit, mithilfe einer Crowdfunding-Kampagne einen Plattenvertrag zu erhalten.
> Heute ist die Besetzung der Band eine andere als zum Zeitpunkt der Crowdfunding-Aktion.
> Die aktuellen Bandmitglieder finden Sie hier: https://www.stilbruch.tv/band

Ü3 Diese Übung können Sie auch als Vorentlastung für A3b zum Lesetext benutzen. Die S arbeiten in PA und sortieren die richtigen Definitionen zu.

Ü4 In der Klasse bearbeiten. Die S lernen so die Band *Stilbruch* näher kennen.

Wirtschaftsgipfel

A4a Vorgehen wie beschrieben.

1. Beide haben/hatten eine Crowdfunding-Aktion gestartet
2. Eröffnung eines Cafés mit veganem Kuchen und gutem Kaffee
3. Aufbau eines regionalen Päckchen- und Brieflieferservice

A4b Nach dem Vergleich der Notizen aus A4a hören die S in PA noch einmal, machen sich Notizen zu den Fragen in 4b und klären anschließend die Fragen.

1. Aylins Aktion hat ihre Mindestsumme erreicht
2. noch 3 Wochen
3. Dankesschreiben aufsetzen, Gutscheine für die Unterstützer vorbereiten, mit der Vermieterin des Raumes wegen der Renovierung sprechen
4. evtl. war die Idee noch nicht richtig durchdacht, hätte vorher mit Firmen in der Umgebung sprechen müssen (wie viel Bedarf haben sie), Aktion nicht so überzeugend dargestellt und nicht bis ins Detail geplant
5. Er hat ein besseres Konzept für die App entwickelt und daran weiter programmiert
6. zusammenarbeiten und dann mit Sebastians App auch die Kuchen ausliefern

A4c In PA bearbeiten. Vergleich im PL und klären der Sätze.

1 d – 2 a – 3 c – 4 f – 5 h – 6 e – 7 b – 8 g

A4d S sprechen in der Klasse über die Ideen und begründen ihre Meinung.

Ü5 Diese Übung entspricht dem Prüfungsformat Schreiben Teil 2 der Prüfung Goethe-Zertifikat C1. Weitere Informationen zum Goethe-Zertifikat C1 finden Sie ab S. 164.
In EA bearbeiten die S die Aufgabe. Vorher im PL Tipps zu diesem Prüfungsteil sammeln.
Die S lesen die E-Mail und ergänzen dann die Lücken. Vergleich in PA. Reflexion im PL: Was war schwierig/leicht? Wie haben Sie die Informationen gefunden?
Auch als HA geeignet.

Ü6 Als HA geeignet. Besprechung im PL.

A5a Die komplette Aufgabe 5 eignet sich als Projektarbeit.
In KG überlegen sich S ein Projekt, das sich für Crowdfunding eignen könnte. Sammeln der Ideen in der Klasse.

A5b In KG einigen sich die S auf eines der an der Tafel gesammelten Projekte und erstellen eine Mindmap für die Projektbeschreibung. Sagen Sie den S, dass sie sich vorstellen sollen, es ginge darum, ihre Idee wirklich umsetzen zu wollen.
Als Vorentlastung können Sie gemeinsam mit den S die Mindmap aus dem Buch im PL ergänzen lassen.

A5c Lesen der Aufgabe im PL und Klären der einzelnen Punkte. Lesen Sie auch die Redemittel im PL.
Die S sprechen in KG und erstellen eine Projektbeschreibung. Diese sollen sie am Ende auf einem Plakat / digital auch visuell gestalten. Die S können auch ein Präsentations-Video erstellen.

A5d Alle Projektbeschreibungen werden im Klassenzimmer aufgehängt bzw. digital präsentiert. Die S lesen die Checkliste im KB und gehen mit dieser herum und machen sich Notizen ins Heft. Sie können auch die **KV 8** auf S. 147 in ausreichender Anzahl kopieren, auf der sich die S direkt Notizen machen können. S sehen sich alle Projekte an. Dann setzen sie sich in Gruppen zusammen und kommentieren diese anhand ihrer Notizen und einigen sich auf ein Projekt, für das sie spenden würden. Vergleich im PL mit Begründung.

4

Hinweise, wie das Tafelbild im Unterricht eingesetzt werden kann, können über das Tafelbild im Lehrwerk digital direkt aufgerufen werden. Beschreibungen zu allen Tafelbildern finden Sie auch online als Gesamt-PDF unter www.klett-sprachen.de/aspekte-junior/lehrerhandreichungC1.

> Variante zur Präsentation: Marktstandprinzip: Ein bis zwei S pro Gruppe bleiben bei ihrer Projektbeschreibung stehen und klären direkt Fragen der Besucher/innen. Die anderen gehen herum, lesen die anderen Projektbeschreibungen und stellen ggf. Fragen. Danach Wechsel der Experten/Expertinnen.

Hier bieten sich Anknüpfungspunkte zum fächerübergreifenden Unterricht an, z. B. Wirtschaft, Kunst, Technik.

Aussprache Links- und Rechtsherausstellung

Ü1a	S hören die Beispiele und beraten sich in PA darüber, wann und warum etwas nach links bzw. rechts gestellt wird. Gespräch in PA.
Ü1b	In PA bearbeiten. Vergleich im PL.
Ü1c	S hören noch einmal und sprechen mit. Sagen Sie den S, dass sie übertreiben sollen, damit die Herausstellung deutlicher wird.
Ü2a	In EA Satzteile umstellen und halblaut gesprochen erst alleine üben. Dann in PA gegenseitig die Sätze sprechen.
Ü2b	In PA bearbeiten: Mini-Dialoge schreiben und das laute Sprechen üben. Dann spielen die Paare in KG die Mini-Dialoge vor.

Film Perfektes Timing

A1a	S sehen ersten Teil ohne Ton und notieren Vermutungen. Vergleich im PL.
🔑	Mögliche Vermutungen: über einen Film (Krimi, Kameramann, Tontechnik, Filmmusik) – über die Kosten eines Films – über Geld – über einen Bankraub
A1b	Filmsequenz mit Ton sehen, vergleichen und ergänzen.
🔑	über einen Kurzfilm und die Kosten eines Films
A2a	S sehen den Rest des Films, machen sich Notizen und vergleichen sie in Dreier-KG.
🔑	Namen und Charakter der von den Schauspielern vorgestellten Rollen: Fivo Ahmed: Theo im Film, 10-jähriger Junge, bisschen frech und lebhaft Andreas Bittl: Hehler, cooler Typ, bayerisch Veronika Wanninger: Reporterin am Tatort, leicht skeptisch, findet die Kleidung nicht gut Daniele Zucal: Polizeihauptkommissar, nicht der Schlaueste Vroni Kiefer: Lehrerin von Theo, geduldiger Typ, ironisch Handlung des Kurzfilms: Ein Junge verschwindet und ein Gemälde wird gestohlen. Auf der Suche nach beiden passieren einige überraschende Dinge. Requisiten und Orte: Requisiten: Absperrband, Geld, Kamera, Mikrofon, Schere, Gitarre, Aktenkoffer, Gartenstuhl, alte Telefone, 80er-Jahre-Kleidung, Sonnenbrille, Polizeiuniform, Spiegel, Gemälde, Waschkorb Orte: Holzlager, Park, Scheune, Garten, Büros, SOS-Säule

Wirtschaftsgipfel   4

A2b In den Dreier-KG schreiben S eine kurze Zusammenfassung des Films. Die Zusammenfassungen werden aufgehängt, die S gehen herum und lesen sich die Zusammenfassungen durch und punkten, welche sie am gelungensten finden. → **Portfolio**

Mögliche Lösung:
Im Kurzfilm „Perfektes Timing" geht es um einen Jungen, der die Schule schwänzt und sich im Wald versteckt. Der Junge wird vermisst und von der Polizei gesucht. Gleichzeitig wurde ein Gemälde gestohlen, mutmaßlicher Dieb ist Theos Vater. Der Polizeihauptkommissar denkt, Theo sei von dem Besitzer des Gemäldes entführt worden, um von Theos Vater die Herausgabe des Gemäldes zu erzwingen. Das Gemälde soll jedoch bei einer geheimen Übergabe im Wald den Besitzer wechseln; dabei geht einiges schief. Zum Beispiel taucht eine Joggerin auf, die sich mit einem Naturfotografen streitet, aber am Ende gibt es ein Happy End.

A3a S sehen die Szene noch einmal und versuchen dann in PA den Text zu „übersetzen".

Hallo! Ich bin der Andreas Bittl und ich spiele den Hehler in dem Film „Perfektes Timing". Also, wir drehen jetzt eine Szene, in der ich mit so einem 70er-Jahre Pontiac herfahre und dann verkaufe ich da dem schwindligen Kunstsammler das gestohlene Bild. Das drehen wir jetzt hier.
schwindlig hier: *nicht seriös, zwielichtig*

A3b Gespräch im PL.

die Geschichte spielt in Bayern – er ist Bayer – der Schauspieler will sich dennoch nicht im Dialekt vorstellen, damit ihn jeder verstehen kann; der Regisseur meint aber, dass so der Charakter der Figur besser rüberkommt

A4 S sehen den Film noch einmal und achten auf die Fragen. Sie ergänzen die Tabelle. Vergleich im PL.

Werbung für finanzielle Unterstützung des Films:
Hinweis zu Beginn, was der Regisseur alles selbst macht; Hinweis, was dennoch an Kosten anfällt; selbstgedruckte D-Mark-Banknoten
einmalige Witze und Gags:
Auto in der Parkszene soll nachträglich in den Film montiert werden, stattdessen Klappstuhl am Set; Kleidung aus den 80er-Jahren, alte Telefone; bairisch sprechen; Hinweis auf eine Superkamera von dem 10-Jährigen→ zu teuer; Vorschlag der Schauspielerin, in der „Green-Box" zu drehen → grüner Waschkorb
sich wiederholende Witze und Gags:
Hinweis auf den Titel und ob er noch geändert wird; kein Budget für Requisite (Kleidung, Auto, Zugfahrten, Hotelübernachtung, Pizza zu teuer etc.)

A5 Vorgehen wie beschrieben und Gespräch im PL.

> Sie finden den Kurzfilm im Internet. Er dauert ca. 20 Minuten. Die S sehen den Film und machen sich Notizen: Wie gefällt euch die Geschichte? Die Kameraführung? Anschließend Austausch in KGs. **E**

Kapiteltests
Kapiteltests zu jedem Kapitel finden Sie unter www.klett-sprachen.de/aspekte-junior im Bereich „Tests". Der Zugangscode lautet: asP!jr3

Ziele   5

Themen Kapitel 5 beschäftigt sich mit Zielen im Leben.

> **Auftakt** Träume, Wünsche und Ziele von verschiedenen Personen werden dargestellt und S sprechen auch über die eigenen Ziele.
> **Modul 1** Modul 1 befasst sich mit Fairness im Internet und wie das Miteinander im Netz funktioniert.
> **Modul 2** Im Vordergrund von Modul 2 steht das politische Engagement von jungen Leuten und die Frage, wie man selbst Einfluss nehmen kann.
> **Modul 3** Von privaten Zielen handelt Modul 3. Gute Vorsätze kennen wir alle, doch meist halten wir sie nicht ein: Welche Ratschläge gibt es, damit es nicht bei Vorsätzen bleibt?
> **Modul 4** Abschließend lernen S in Modul 4 verschiedene Ehrenamtstätigkeiten kennen und tauschen sich darüber aus, wie sie zu einem Ehrenamt stehen.
> **Film** Der Film beschäftigt sich mit wissenschaftlichen Experimenten zur Informationsverarbeitung im Gehirn und deren mögliche Nutzung.

Lernziele

> **Ihr lernt**
> **Modul 1** | Notizen zu einem Interview über das Verhalten im Internet machen
> **Modul 2** | Einen Blogbeitrag zum Thema „politisches Engagement" schreiben
> **Modul 3** | Einen Artikel über gute Vorsätze verstehen und Tipps zum Erreichen von Vorsätzen geben
> **Modul 4** | Einen Aufsatz über freiwilliges Engagement schreiben
> Kurze Berichte zusammenfassen
>
> **Grammatik**
> **Modul 1** | Negative Konsekutivsätze mit *zu …, um zu / als dass*
> **Modul 3** | Nominalisierung und Verbalisierung von Konzessiv- und Finalsätzen

Auftakt	Ziele
Ü1a–b	Als HA bearbeiten.
Ü1c	Zum Festigen der gelernten Wörter: S wählen Ausdrücke, die neu waren und bilden Sätze.

> Schreiben Sie die Ausdrücke aus Ü1a auf Kärtchen oder lassen Sie die S die Ausdrücke auf Kärtchen schreiben. S ziehen einen Ausdruck und definieren ihn und die anderen raten, um welchen Ausdruck es sich handelt. **V**

A1a	S lesen die Blogeinträge, ordnen sie den Personen zu und begründen ihre Entscheidung in KG mit den passenden Redemitteln (Verweis auf Redemittelanhang „Meinungen ausdrücken" und „eine Begründung ausdrücken").

🔑 1 A – 2 D – 3 B – 4 C

> Bevor die S die Texte lesen, verteilen Sie die vier Fotos an KG. S schreiben Texte zu den Personen: Welche Träume, Wünsche, Ziele haben die Personen?
> Dann Lesen der Texte, zuordnen und vergleichen. **E**

A1b	S fassen die Blogeinträge mündlich zusammen und sprechen in KG über die Realisierbarkeit der Wünsche und Ziele.
A1c	S schreiben einen Blogeintrag über ihre eigenen Ziele, Wünsche und Träume und geben ihn ab. Das kann auch als HA bearbeitet werden.

Ziele

Ü2	Als HA geeignet.
Ü3	In PA in der Klasse bearbeiten.

Modul 1 Fairness im Netz

A1a Lesen und Beantwortung der Fragen im PL.

🔑 Thema: Netiquette; steht bei einem Blog, Forum, Diskussion

A1b S sprechen in KG über die angegebenen Fragen.
Schalten Sie ggf. folgende Frage voran: Habt ihr schon einmal einen Kommentar selbst im Internet geschrieben? Wo? Zu welchem Thema? / Wo lest ihr v. a. Kommentare?

> Als Einstieg vor A1b kopieren Sie die **KV 9** auf S. 148 und verteilen sie an die S. S gehen herum und versuchen in fünf Minuten Personen zu finden, die die jeweiligen Voraussetzungen erfüllen und lassen diese unterschreiben. Es dürfen maximal zwei Unterschriften von einer Person abgegeben werden, dann muss weitergesucht werden.
> Wenn eine Person zu jedem Punkt eine Unterschrift hat, ruft Sie „Stopp".
> Die Person, die „Stopp" gerufen hat, liest die Antworten und Personen vor und die anderen ergänzen weitere Personen, die sie gefunden haben. Dann richten Sie den Fokus auf den Umgangston im Internet und stellen die Fragen aus A1b. **V**

A2a S lesen die Fragen, ggf. Wortklärung, dann Vorgehen wie beschrieben. Vergleich im PL.

🔑 1. jedes Jahr am zweiten Tag in der zweiten Woche im Februar – 2. Aktionstag initiiert von der EU – 3. respektvoller Umgang im Internet

> Schreiben Sie folgende Fragen an die Tafel:
> Warum wurde der Tag gegründet? (um sich Gedanken zu machen, wie man das Internet sicherer und besser machen könnte)
> Warum wurde das diesjährige Motto gewählt? (wie im Alltag gibt es auch im Internet Verhaltensregeln, an die man sich halten sollte, z. B. Höflichkeit und Respekt)
> Stärkere S können auch diese beantworten. **B**

A2b Lesen der Arbeitsanweisung im PL. Dann Vorgehen wie beschrieben. Nach dem Hören Austausch in PA, anschließend kurzer Vergleich im PL.

🔑 Thema 1: Netiquette/Troll
Netiquette = Net (Internet) + Etikette = Höflichkeitsregeln; das sind Regeln und Tipps zum richtigen Verhalten im Internet; fast jedes Forum / jeder Chatroom hat eigene Netiquette, Richtlinien sind gleich; Trolle = Internetuser, die emotional provozieren wollen, wollen nicht mitdiskutieren, posten auch falsche Infos oder falsche Nachrichten

Thema 2:
Tipps: Immer daran denken, dass hinter dem Computer ein Mensch sitzt, freundlich sein; erst überlegen, bevor man schreibt, nicht provozieren lassen; bei manchen Äußerungen ist es besser, sie zu ignorieren; auf Fake News mit Fakten reagieren; erst nachdenken, dann posten

A2c Vorgehen wie beschrieben.

Vortrag	Workshops	Stände
Start Thema „Verhaltens- regeln im Internet"	drei parallele Workshops Fortbilder: Experten der Polizei, Medien- pädagogen und ein Psychologe Themen: Verhaltensregeln im Netz / Fake oder Fakt? Wie man Falschmeldungen im In- ternet erkennen kann / Mobbing im Internet	mit wichtigen Themen zur Internetsicherheit

A2d In Dreier-KG erstellen die S ein Plakat mit Tipps zum respektvollen Umgang im Internet. Diese werden dann den anderen Gruppen vorgestellt.

> Bei großen Klassen, können Sie auch ein bis zwei Gruppen bitten, übertriebene ironische Tipps zum respektvollen Umgang im Internet zu notieren, z. B. „Poste immer alles sofort, was dir in den Kopf kommt und benutze viele Schimpfwörter." V

Ü1 In PA bearbeiten.

Ü2 Als HA bearbeiten. Kontrolle in der Klasse. Fragen Sie die S nach ihren Schwierigkeiten und lassen Sie sie gegenseitig Tipps zur Lösung der Schwierigkeiten geben.

> In stärkeren Gruppen erarbeiten sich S die gesamte Aufgabe A3 selbstständig: In PA oder KG lesen sie gemeinsam die Aufgabe und lösen sie. Geben Sie ihnen ca. 15–20 Minuten Zeit. Anschließend Vergleich im PL. B

A3a In PA ordnen die S die Sätze zu und notieren die kompletten Sätze ins Heft. Hören zur Kontrolle.

1. a (um – zu) – 2 c (um – zu) – 3 d (als dass) – 4 b (als dass)

A3b Bearbeiten Sie im PL die Sätze 1. und 2. aus dem Buch: Was wird ersetzt? Wie wird es ersetzt? Dann formen die S in EA auch die Sätze 3 und 4 um, Vergleich im PL.

3. Gerade dieses Thema ist so wichtig, dass es im Programm nicht fehlen sollte.
4. Gegenseitiger Respekt ist so wichtig, dass man darauf im Internet nicht verzichten kann.

A3c In PA ergänzen die S die Regeln und notieren sie in ihr Heft.

negative Folge – zwei Teilen – Nebensatz – Infinitiv – Konjunktiv II

Ü3–4 Als HA bearbeiten.

Ü5 In PA bearbeiten. Vergleich im PL.

Ü6 Als HA bearbeiten.

A3d In PA lösen S die Aufgabe. Vergleich im PL.

1. … zu wichtig, um sie zu ignorieren / … zu wichtig, als dass man sie ignorieren könnte.
2. … zu schnell, um auf Anfeindungen angemessen reagieren zu können. / … zu schnell, als dass sie auf Anfeindungen angemessen reagieren könnten.
3. … zu wichtig, um sie im Internet wahllos preiszugeben. / … zu wichtig, als dass man sie im Internet wahllos preisgeben dürfte.
4. … zu häufig vor, um das Thema im Unterricht zu vergessen. / … zu häufig vor, als dass man das Thema im Unterricht vergessen dürfte.

Ziele

Hinweise, wie das Tafelbild im Unterricht eingesetzt werden kann, können über das Tafelbild im Lehrwerk digital direkt aufgerufen werden. Beschreibungen zu allen Tafelbildern finden Sie auch online als Gesamt-PDF unter www.klett-sprachen.de/aspekte-junior/lehrerhandreichungC1.

Ü7 Als PA bearbeiten.

Ü8 In PA bearbeiten. Die vollständigen Sätze mit einem anderen PA tauschen und ggf. korrigieren.

A4 S schreiben in EA oder PA ihre Meinung zu dem gehörten Interview, indem sie auf die genannten Punkte eingehen. Sie können dazu ihre Notizen aus A2 benutzen.
Die Texte werden in der Klasse ausgetauscht und gegenseitig korrigiert. Anschließend korrigieren Sie die Texte. → **Portfolio**

Modul 2 Null Bock auf Politik?

A1a Die S lesen die Aussagen und ggf. werden Wörter im PL geklärt. Dann Vorgehen wie beschrieben. Im Anschluss kurzes Gespräch im PL, wie die einzelnen KG die Aussagen verstehen.

A1b–c In den Gruppen diskutieren die S ihre Einstellungen und begründen diese. Am Ende werden die Meinungen im PL zusammengetragen und verglichen, wo die Gemeinsamkeiten bzw. Unterschiede liegen.

> Gesteuerte Diskussion für Klassen, in denen es evtl. heikel ist, seine Meinung zur Politik zu äußern. Notieren Sie die Aussagen auf Karten und verteilen Sie an jede Dreiergruppe einen Satz Karten. Zeigen Sie die Redemittel zu „Meinungen ausdrücken", „Zustimmung ausdrücken" und „Widerspruch ausdrücken" an der Tafel (Redemittelanhang). S1 beginnt und drückt seine/ihre Meinung in einem kurzen Satz zur Aussage aus. Sagen Sie explizit, dass es nicht die reale eigene Meinung sein muss und geben Sie ggf. ein Beispiel: „Ich finde Aussage 1 *Politik geht jeden an!* richtig. Die Entscheidungen der Politik betreffen ja unser Leben." S2 muss ihm/ihr mithilfe eines Redemittels zustimmen und begründen. S3 muss mithilfe eines Redemittels Widerspruch ausdrücken und begründen.
> Nun zieht S2 eine Karte und drückt „seine/ihre" Meinung aus, S3 stimmt zu und S1 lehnt ab etc.

A2a Lesen Sie im PL den Einführungstext, dann lesen die S in EA die Beiträge und machen sich Notizen zu den Vorschlägen.

Angie: Planspiel zur Gesetzentstehung und Simulation einer Stadtratssitzung → so lernt man politische Prozesse praktisch kennen
Tobi: Klassensprecher, um Interessen der S zu vertreten, bei Problemen zu helfen, Klassensprecherversammlung organisieren
Rika: Mitglied in einer Jugendorganisation einer großen Partei, ohne Mitglied in der Partei zu sein; Jugendparteien müssen nicht unbedingt die Meinung der Mutterpartei übernehmen
Fipps: Demonstration organisieren, um auf Probleme aufmerksam zu machen

> Lesen Sie den Einführungstext (Text Admin) gemeinsam. Teilen Sie die Klasse in zwei Gruppen, jede Gruppe liest zwei Einträge und macht sich Notizen zur angegebenen Frage. Dann setzen sich immer zwei aus den unterschiedlichen Gruppen zusammen und erzählen sich ihre Informationen.

A2b Vorgehen wie beschrieben. Geben Sie den S einen Termin, an dem dann alle ihre Ergebnisse im PL vorstellen.

Ü1a In PA bearbeiten und evtl. Verben klären.

Ü1b	Als HA bearbeiten. In der Klasse in KG vorlesen lassen und ggf. korrigieren.
Ü2	In KG notieren die S fünf Minuten lang Komposita, anschließend werden die Wörter vorgelesen und die S klären sie untereinander.
Ü3a	In KG ordnen die S die Wörter in die Tabelle ein und ergänzen die Artikel. Vergleich im PL.
Ü3b	Als HA bearbeiten. In der nächsten Unterrichtsstunde in KG die Wörter nennen und ergänzen lassen.
A2c	In KG ergänzen die S die Vorschläge aus dem Buch. Dann setzen sich zwei KGs zusammen und wählen aus ihren Vorschlägen die besten drei. Diese präsentieren sie in der Klasse und begründen ihre Entscheidung.
Ü4a–b	Als HA bearbeiten. Ü4b in KG vorlesen lassen.
A2d	Bevor die S den Blogbeitrag schreiben, lassen Sie im PL sammeln, wie man einen Blogbeitrag schreibt: z. B. keine Anrede, relativ kurz. Wichtige Informationen an den Anfang, nicht zu lange Sätze, den Blogbeitrag am Ende noch einmal durchlesen, am besten laut, so fallen komische Strukturen besser auf. In EA schreiben S einen Blogbeitrag. Diese werden aufgehängt und von allen gelesen. → **Portfolio**

> Stiller Dialog: Die S lesen alle aufgehängten Blogbeiträge, nehmen sich einen und reagieren auf diesen. Erinnern Sie hier noch einmal an die Netiquette von Modul 1. Wieder werden alle aufgehängt und noch einmal gelesen. [E]

Hier bieten sich Anknüpfungspunkte zum fächerübergreifenden Unterricht an, z. B. Politik, Ethik, Geschichte.

Modul 3 Ab morgen!

A1a–b	In KG sprechen S über die angegebenen Fragen und halten interessante Dinge aus der Gruppe fest. Diese werden anschließend im PL präsentiert und von den anderen Gruppen kommentiert.

> Sprechdiagonale: die S stehen sich in zwei Reihen gegenüber. Stellen Sie die erste Frage, die S tauschen sich aus, dann rückt eine Reihe einen Platz weiter. Stellen Sie nun die ersten beiden Fragen. Wieder Austausch, dann rückt dieselbe Reihe wieder einen Platz weiter, stellen Sie nun die Frage aus A1b. Wiederholen Sie dies noch einmal. [V]

A2a	Die S lesen den Text in EA, dann fassen sie in PA abwechselnd die Ratschläge mündlich zusammen. Fragen Sie: Welcher Ratschlag hat euch (nicht) gefallen? Warum (nicht)?

1. Man muss sich bewusst machen, welche Konsequenzen eine Veränderung im Alltag hat und welche Schwierigkeiten auftauchen können. Man sollte auf jeden Fall hinter dem Vorsatz stehen und ihn nicht zu spontan gefasst haben, sonst scheitert man.
2. Die Ziele sollten nicht zu hochgesteckt sein, klein und konkret. Man sollte sie der Umgebung transparent machen.
3. Man muss sich selbst kontrollieren und das Vorhaben ernst nehmen und nicht direkt sagen: Mal sehen, wie lange ich es durchhalte.
4. WOOP-Methode: man nimmt sich ein Ziel für einen konkreten Zeitraum vor, stellt sich die schönsten Ergebnisse vor, wenn es klappt. Man überlegt, welche Hindernisse auftauchen könnten, für diese legt man einen Reaktionsplan fest.
5. Man sollte flexibel bleiben, um so den inneren Schweinehund zu überwinden → wenn man wegen des schlechten Wetters nicht joggen kann, macht man einen anderen Sport

Ziele

> S lesen den Text evtl. schon als HA. Geben Sie S verschiedene Aufgaben zur Auswahl und S wählen in PA oder EA, welche sie zu dem Text bearbeiten wollen:
> Möglichkeiten:
> Formuliert fünf W-Fragen zum Text.
> Erstellt ein Quiz mit richtig/falsch-Antworten.
> Schreibt den Text für die Regenbogenpresse um und tragt ihn auch so vor, d. h. sensationeller und einfacher. → **Portfolio**

A2b S ordnen die Umschreibung der Ausdrücke mithilfe des Textes in PA zu. Vergleich im PL.

🔑 1 A – 2 D – 3 E – 4 B – 5 C

Ü1 Die S lesen die E-Mail und beantworten sie in EA. Anschließend werden Mails im Raum aufgehängt und gelesen. Dies kann in Form eines Wettbewerbs geschehen: Wer hat den originellsten oder ausgefallensten oder kreativsten Tipp?
Auch als HA möglich. → **Portfolio**

A3a In PA ergänzen S die Regel und schreiben sie ins Heft. Vergleich im PL.

🔑

Konzessivsätze	
Mit Konzessivsätzen drückt man einen Gegengrund oder eine Einschränkung aus.	
Verbalform (Konnektor)	
obwohl (Nebensatz)	Obwohl sie sehr motiviert waren, geben die Ersten ihre Pläne nach drei Wochen schon wieder auf.
trotzdem/dennoch (Hauptsatz mit Inversion)	Sie waren sehr motiviert, trotzdem/dennoch geben die Ersten ihre Pläne nach drei Wochen schon wieder auf.
zwar…, aber (Hauptsatz)	Sie waren zwar sehr motiviert, aber die Ersten geben ihre Pläne nach drei Wochen schon wieder auf.
Nominalform (Präposition)	
trotz + Genitiv	Trotz großer Motivation geben die Ersten ihre Pläne nach drei Wochen schon wieder auf.

Ü2–3 Als HA bearbeiten.

A3b In PA bearbeiten.

🔑
1. Viele Menschen haben gute Vorsätze. Trotzdem/Dennoch leben sie eher ungesund. / Viele Menschen haben zwar gute Vorsätze, aber sie leben eher ungesund. / Trotz guter Vorsätze leben viele Menschen eher ungesund.
2. Obwohl viele Menschen große Ziele haben, schaffen sie es nicht, ihre Vorsätze auf Dauer umzusetzen. / Zwar haben viele Menschen große Ziele, aber sie schaffen es nicht, ihre Vorsätze auf Dauer umzusetzen. / Trotz großer Ziele schaffen es viele Menschen nicht, ihre Vorsätze auf Dauer umzusetzen.
3. Obwohl sich viele Menschen eine Veränderung wünschen, halten nur wenige Menschen ihre Vorsätze durch. / Viele Menschen wünschen sich eine Veränderung, trotzdem/dennoch halten nur wenige Menschen ihre Vorsätze durch. / Viele Menschen wünschen sich zwar eine Veränderung, aber nur wenige Menschen halten ihre Vorsätze durch.
4. Obwohl viele Menschen genaue Pläne machen, halten sie sich nicht daran. / Viele Menschen machen genaue Pläne. Trotzdem/Dennoch halten sie sich nicht daran. / Trotz genauer Pläne halten sich viele Menschen nicht daran.

	Stärkere PA können die Sätze mündlich formulieren und wenn sie fertig sind, eigene Sätze in den Variationen bilden. Schwächere PA notieren sich die Sätze.	B

🖱	Hinweise, wie das Tafelbild im Unterricht eingesetzt werden kann, können über das Tafelbild im Lehrwerk digital direkt aufgerufen werden. Beschreibungen zu allen Tafelbildern finden Sie auch online als Gesamt-PDF unter www.klett-sprachen.de/aspekte-junior/lehrerhandreichungC1.
A4	In PA lesen S die Sätze und vergleichen die grammatikalische Struktur. Sie schreiben die Regel ins Heft. Vergleich der Strukturen und der Regel im PL.
🗝	Verbalform (Konnektoren): *um … zu* / *damit* – Nominalform: *zu* + Dativ / *für* +Akk.
Ü4	In PA bearbeiten.
A5	In PA bearbeiten. Austausch mit einem anderen Paar. Korrektur und Rückgabe. Eventuelle Fragen werden im PL geklärt.
🗝	1. Zur Verbesserung ihrer Noten nehmen sich viele Schüler vor, mehr zu lernen. 2. Trotz kleiner Schwierigkeiten gibt er seine Vorsätze nicht gleich auf. 3. Für die leichtere Umsetzung der Vorsätze sollten die Ziele nicht zu hoch sein. 4. Trotz ihres guten Plans scheiterte sie an der Umsetzung.

	Kopieren Sie den Spielplan von **KV 10** auf S. 149 pro Gruppe und verteilen Sie je einen Würfel und genügend Spielsteine an die Gruppe. Die S würfeln reihum und formulieren entweder aus zwei Sätzen einen Satz oder formulieren einen freien Satz mit der entsprechenden Angabe. Ist der Satz richtig, bleibt man auf dem Feld stehen, sonst muss man zwei Felder zurück. Bei Sätzen, bei denen die S nicht sicher sind, helfen Sie.	E

Ü5–6	Als HA bearbeiten.

	Schreiben Sie die Satzanfänge von Ü6 auf DIN A4-Papier und verteilen Sie sie im Raum. S gehen in PA herum und beenden alle Anfänge. Anschließend werden alle Optionen gelesen, korrigiert und kommentiert.	V

A6	Vorgehen wie beschrieben.

	S schreiben Vorsätze auf Zettel, die in der Klasse aufgehängt werden. Alle S gehen herum und notieren Tipps zu den Vorsätzen, bei denen sie Ideen haben. Anschließend wird alles gelesen und evtl. noch weitere Tipps gesammelt.	V

Ü7	In der Klasse Vorgehen wie beschrieben.

Modul 4	Ehrenamtlich
A1a	Die S sammeln Assoziationen zum Wort „Ehrenamt" an der Tafel. Als Vorentlastung für die weiteren Fragen und nach der Klärung des Wortes können Sie ein Beispielvideo zum Thema zeigen: es gibt viele interessante Videos, wenn sie das Wort „Ehrenamt" in eine Suchmaschine eingeben. Mögliche Fragen dazu: Was machen die Personen ehrenamtlich? Wofür setzen sie sich ein? Wo sind die Personen? Was sind ihre Tätigkeiten? Danach sprechen sie in KG über die angegebenen Fragen im Buch. Jede Gruppe bringt einen interessanten Punkt ins PL.

Ziele

STRATEGIE Bevor S den Text lesen, lesen Sie im PL die Strategie.

A2a
P
DSD

Diese Aufgabe entspricht dem Prüfungsformat Leseverstehen Teil 3 der Prüfung DSD II. Weitere Informationen zum DSD II finden Sie ab S. 170.
Vorgehen wie beschrieben: Die S lesen die Aufgabe im PL und die Sätze.
Weisen Sie die S darauf hin, dass es wichtig ist, hier nicht nur auf den Inhalt, sondern auch auf die Grammatik zu achten z. B. in Satz c: „Dort ist der Wohlstand vielerorts größer …" Fragen Sie die S: „Worauf bezieht sich „dort"? – Die lokale Angabe bezieht sich im Text auf den Süden Deutschlands, deshalb passt dieser Satz in Lücke 2. Abschließend kann ein Klassengespräch über die Schwierigkeiten stattfinden: Was war schwierig? Wie haben die S die Aufgabe gelöst?

🔑 1 G – 2 C – 3 A – 4 E – 5 B

A2b In PA schreiben die S die Verbindungen ins Heft. Kontrolle im PL.

🔑 1 E – 2 D – 3 B – 4 C – 5 A

A2c In EA bearbeiten wie im Buch beschrieben. Vergleich in PA. Zweifelsfälle werden im PL besprochen.

A2d In KG sammeln S Stichpunkte zu den genannten Punkten und diskutieren anschließend darüber. Weisen Sie auch hier wieder auf den Redemittelanhang hin.

🔑 Mögliche Lösung:

Sozialer Bereich mit/ohne Freiwillige/n	Veränderungen beim Ehrenamt
pro Jahr ca. 4,6 Milliarden Stunden von Ehrenamtlichen müsste man es bezahlen → mit Mindestlohn: fast 40 Milliarden Euro → vieles wäre unbezahlbar	professionelle Betreuung der Ehrenamtlichen viele verschiedene Angebote (z. B. im Netz) Erhalt von Fortbildungen vor Ort Mitarbeiter, die Freiwillige beraten früher: langfristige Teilnahme am Ehrenamt heute: projekt- und zeitbezogen
Ehrenamt und Stellensuche	**Engagement der verschiedenen Bevölkerungsschichten**
ist gut für den Lebenslauf	34 % der Gesamtbevölkerung viele Schüler und Studenten je höher der Bildungsgrad (= höheres Einkommen), desto mehr Engagement in kleineren Gemeinden mehr Engagement → soziale Kontrolle in Kleinstädten (Mitmacheffekt)
Gründe für freiwilliges Engagement	
Wunsch: Gesellschaft und Umfeld mitgestalten, etwas verändern, anderen helfen Bereicherung des eigenen Lebens Wunsch nach Geselligkeit und Abwechslung	

B Wirbelgruppen: Teilen Sie die Gruppe in fünf KGs. Jede KG ist für einen Punkt verantwortlich und notiert sich zu diesem Stichpunkte aus dem Text. Dann wirbeln die S: Fünf neue KGs werden gebildet mit je einem Experten / einer Expertin aus den bisherigen Gruppen. Sie berichten sich gegenseitig, fragen nach und diskutieren anschließend über die Themen.

A3	Rechercheaufgabe: S entscheiden sich für eine Organisation oder einen Verein, bei der/dem man sich ehrenamtlich betätigen kann. Zu dieser/diesem recherchieren sie zu Hause. In der nächsten Unterrichtsstunde arbeiten die S in KG und die einzelnen S berichten über die Informationen, die sie recherchiert haben. Beispiele: Pfadfinder, Johanniter, Jugendrotkreuz, Bahnhofsmission, Sportvereine, Bundesverband Deutsche Tafel, Jugendaustauschprogramme, BUND (Bund für Umwelt und Naturschutz Deutschland)
	Sammeln Sie im PL Organisationen/Vereine, bei denen man sich ehrenamtlich engagieren kann (aus verschiedenen Bereichen: sozial, ökologisch, etc.). Helfen kann auch die Porträt-Seite im KB. Die S wählen in PA eine Organisation / einen Verein und recherchieren Informationen, suchen Videos, evtl. gibt es auch die Möglichkeit mit Verantwortlichen dieser Organisation zu sprechen und ein Interview zu führen. Der Tag der Präsentation erfolgt nach dem Marktstandprinzip wie in Kapitel 1 Modul 4 beschrieben. Die S sollen um Mitglieder werben. Im Anschluss daran sagen alle S, wo sie gerne mitarbeiten möchten.
	Hier bieten sich Anknüpfungspunkte zum fächerübergreifenden Unterricht an, z. B. Ethik, Geschichte, Wirtschaft und Politik.
Ü1 P GI	Diese Übung entspricht dem Prüfungsformat Lesen Teil 2 der Prüfung Goethe-Zertifikat C1. Weitere Informationen zum Goethe-Zertifikat C1 finden Sie ab S. 164. Die S lesen die Arbeitsanweisung und die Themen und direkt im Anschluss den Tipp zur Prüfung. Nach dem Lesen des Tipps lesen sie im PL die fettgedruckte Anweisung und klären sie ggf. Sollten Sie diese Übung als HA geben, dann lesen Sie unbedingt die Arbeitsanweisung in der Klasse und klären die Struktur dieser Übung, da sie für viele S sehr ungewohnt ist.

> **TIPP In der Prüfung**
> Im PL wird der Tipp noch einmal in eigenen Worten zusammengefasst, damit deutlich wird, ob alle ihn verstanden haben. Danach gehen die S Schritt für Schritt vor wie im Prüfungstipp beschrieben.
> Da dieser Prüfungsteil hier geübt wird, kann die Vorgehensweise nach dem ersten Schritt unterbrochen werden. Die S vergleichen ihre markierten Stichworte im PL.

A4a	Anleitung im PL lesen, S überlegen sich in PA eine Struktur für den Aufsatz und erste inhaltliche Ideen. Hinweis: Es gibt zwei Arten, wie die S eine Erörterung schreiben können: Entweder in einer linearen Abfolge oder mit einer dialektischen Vorgehensweise. Genauere Ausführungen dazu finden Sie im Anhang bei den Informationen zu den Prüfungsvorbereitungen auf S. 175. Es kann hilfreich sein, wenn Sie Erörterungen aus dem Internet suchen und diese mit den S analysieren – ist das eine lineare oder dialektische Vorgehensweise? Woran seht ihr das?
A4b	In PA wählen S die Redemittel aus, die sie verwenden wollen und notieren sie.
A4c–d	In PA lesen S das Schema und vergleichen mit A4a und ergänzen. In EA schreiben S den Aufsatz mit dem vorgegebenen Schema und den Redemitteln. Dies kann auch als HA geschehen.
A4e	Im Anschluss kontrollieren S ihren eigenen Text anhand der vorgegebenen Fragen und indem sie den Text mehrmals lesen. Danach tauschen die S die Texte aus und überprüfen: Wurde der Aufbau eingehalten? Wurden die Redemittel korrekt verwendet? Kontrolle von Grammatik und Wortschatz. Alternativ: Sie korrigieren die Texte.

Ziele

A5a Die S hören die Aussagen und notieren sich zu den beiden Punkten Stichpunkte ins Heft. Spielen Sie den Hörtext einmal komplett vor und dann ggf. noch einmal mit Pausen zwischen den einzelnen Beiträgen.

	Projekt / Art der Tätigkeit	Gründe für Engagement
Luca	ehrenamtlich an der Uni; Verein zur Hilfe für das Einleben von internationalen Studenten an der Uni, Buddy-System (Patenschaft): Hilfe bei uni-organisatorischen Dingen, kulturelle Unterschiede klären	Am Anfang: Zurechtfinden an der Uni schwierig für alle, aber besonders für ausländische Studierende; hatte selbst einen Buddy, als er in den USA studiert hat, und fand das sehr hilfreich
Sophia	im Tierheim helfen, 2x pro Woche, Reinigung der Käfige, Vorbereitung von Futter Zeit mit Tieren verbringen (streicheln, reden, spielen), seit sie 18 ist: Spaziergänge mit Hunden	mag Tiere sehr gern, wollte Haustier haben, aber Wohnung zu klein Ausgleich zum Stress, Entspannung
Kian	Engagement im Fußball-Verein, Renovierung des Vereinsheims, Hilfe beim Sommerfest, Trainer einer Kindermannschaft	er hat mit fünf Jahren begonnen, Fußball zu spielen – das haben andere ihm ermöglicht und er möchte etwas zurückgeben
	geht 1x pro Woche ins Altenheim, um mit den Leuten zu reden, zu spielen	er hatte ein Schulpraktikum im Altenheim gemacht und gemerkt, dass viele Menschen dort einsam sind
Marie	Beraterin für Jugendliche in einer Krise (z. B. Depressionen, Essstörungen); über E-Mail, damit sich alle trauen	Helfen macht Freude

> **SPRACHE IM ALLTAG**
> S lesen die Sätze im PL. Klärung im PL. In PA erschaffen die S Kontexte, bei denen man diese Sätze sagen kann.

A5b In PA fassen S Berichte mit den passenden Redemitteln zusammen (Hinweis auf den Redemittelanhang „einen Text zusammenfassen") und ergänzen gegenseitig ihre Notizen.

A5c In KG sprechen S über die Projekte und begründen, welche sie interessant finden.

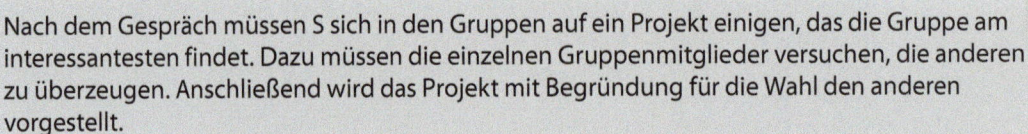

> Nach dem Gespräch müssen S sich in den Gruppen auf ein Projekt einigen, das die Gruppe am interessantesten findet. Dazu müssen die einzelnen Gruppenmitglieder versuchen, die anderen zu überzeugen. Anschließend wird das Projekt mit Begründung für die Wahl den anderen vorgestellt.
> Alternative: Die S haben sich in ihrer KG auf ein Projekt geeinigt. Nun setzen sie sich mit einer anderen KG zusammen, sie stellen wieder ihr Projekt vor und müssen sich in dieser Konstellation wieder auf ein Projekt einigen. Dieses System wird fortgeführt bis es in der Klasse nur noch zwei Projekte gibt, die dann von den einzelnen Gruppen präsentiert werden.

Ü2 S schreiben in EA einen kurzen Text zur Karikatur. Dann setzen sie sich in PA zusammen und lesen sich gegenseitig die Texte vor. Sie geben sich Feedback sowohl zum Inhalt als auch zur Struktur. Die S nennen Textteile, die ihnen gut gefallen haben. Nach dem Feedback überarbeiten die S ihre Texte zu Hause und danach korrigieren Sie sie. → **Portfolio**

Aussprache	**Der Knacklaut vor Vokalen, Umlauten und Diphthongen**
Ü1a–c	In EA lesen S die Wörter leise. Dann hören sie die Wörter und sprechen sie nach. S hören die Wörter noch einmal geflüstert. Im PL besprechen, was sie vor dem ersten Vokal gehört haben. Wenn es schwirig für die S ist, dann lesen Sie die Wörter noch einmal im Flüsterton vor und übertreiben Sie den Knacklaut.
Ü1d	Im PL die Regel lesen. Hören – flüsternd nachsprechen – dann laut nachsprechen. Achten Sie hier darauf, dass Sie den Knacklaut hören.
Ü2a	Vorgehen wie beschrieben. Vergleich im PL.
Ü2b	Wörter aus Ü2a an der Tafel notieren. Nochmaliges Hören, S markieren Wortakzent und Silbengrenzen im ÜB. Ein/e S markiert bei den Wörtern an der Tafel. Vergleich im PL: Haben alle dieselbe Lösung? Problematische Wörter noch einmal hören. In PA sprechen S die Wörter laut. Gehen Sie herum und korrigieren Sie.
Ü2c	S markieren erst in EA die Wortakzente und Silbengrenzen zur besseren Übersicht, wobei sie die Wörter flüstern. Dann üben sie in PA. Gehen Sie auch hier herum und lassen sich die Wörter vorsprechen. Erst leise, dann laut.
Film	**Lügendetektor der Zukunft**
A1a–b	Die S lesen den Text erst, ohne die Zahlen zu ergänzen. Klärung von Wortschatz im PL. Dann raten sie in PA. Anschließend Vergleich mit den Lösungen. In KG oder im PL über die angegebenen Fragen sprechen.
A2a	Aussagen lesen und evtl. klären. Film sehen und markieren.
🔑	2
A2b	In PA ordnen S die Erklärungen den Ausdrücken zu.
🔑	1 E – 2 D – 3 G – 4 B – 5 F – 6 A – 7 C
A3	Die S sehen die erste Filmsequenz und beantworten die Fragen. Vergleich erst in KG, dann im PL.
🔑	1. Experiment, Datenanalyse, Computersimulation und Theoriebildung (Physiker, Biologen und Informatiker arbeiten zusammen) 2. Gedanken lesen 3. Kann man an der Hirnaktivität erkennen, ob ein Mensch bestimmte Räume schon einmal gesehen hat? 4. Eine Person besucht vier virtuelle Häuser; dann sieht sie im Scanner die bekannten und vier fremde Häuser, dabei werden die Hirnaktivitäten gemessen → Messung des Informationsaustauschs in ca. 30.000 Arealen im Gehirn 5. Bei neun von zehn Personen konnten Wissenschaftler sagen, welches Haus die Testpersonen schon gesehen hatten und welches nicht. 6. So könnten Lügendetektoren der Zukunft aussehen → Tatorte würden visualisiert und im Scanner könnte man erkennen, ob die Verdächtigen dort schon einmal waren.

Ziele 5

A4a S lesen die Aussage und sehen dann die zweite Sequenz. Anschließend erklären sie in eigenen Worten in PA, was John-Dylan Haynes sagen will. Vergleich im PL.

Mögliche Lösung:
Er sagt, dass dieses Experiment Chancen und Gefahren birgt. Einerseits können die Erkenntnisse der Informationsverarbeitung im Gehirn bei gelähmten Menschen oder Menschen mit künstlichen Gliedmaßen eingesetzt werden und so jemandem helfen zu kommunizieren oder sich zu bewegen; andererseits gibt es auch Nutzungen, die nicht von allen akzeptiert werden wie der Lügendetektor.

A4b Im PL den Ausdruck klären und dann diskutieren.

Bedeutung: Ein Mensch, über den man durch die moderne Technik so viel weiß, dass man wie in einen Menschen aus Glas in ihn hineinsehen kann. Vorteile: man kennt alle Krankheiten und kann ganz genau abgestimmt auf sie eingehen; soziale Netzwerke einfacher nutzbar – Partnervermittlung nach Vorlieben – Nachteile: Verlust der Privatsphäre und evtl. der Selbstbestimmung bei einigen Themen

> Vielleicht haben Sie und auch Ihre S beim Thema „Gläserner Mensch" sofort an Datenschutz gedacht? Bei Interesse greifen Sie dieses Thema auf. Wie steht ihr dazu? Wie wird das in eurem Land gehandhabt? Wie wichtig ist euch Privatsphäre? Was stellt ihr in eure sozialen Netzwerke? Wann und wozu sind Datenbanken nützlich? **E**

Die S recherchieren nach Zeitungsartikeln zum Thema „Der gläserne Mensch." Teilen Sie die Gruppe auf. Eine Gruppe sucht nach Artikeln, in denen der Autor dagegen ist und die andere Gruppe sucht Artikel, in denen der Autor das Konzept positiv bewertet. Dann halten die jeweiligen Gruppen „ihre" Argumente in einem Plakat fest und präsentieren es in der Klasse. Sie können die Diskussion von A4b dann auch erst hier führen, da die S noch mehr Informationen zu dem Thema haben und sich auf ihre eigenen Plakate beziehen können.

Kapiteltests
Kapiteltests zu jedem Kapitel finden Sie unter www.klett-sprachen.de/aspekte-junior im Bereich „Tests".
Der Zugangscode lautet: asP!jr3

Gesund und munter — 6

Themen   In Kapitel 6 geht es um das Thema „Gesundheit".

Auftakt   Den Einstieg bietet ein Gesundheits-Check in Form eines Tests, mit dem die S ihren Lebensstil und ihre Fitness testen können.
Modul 1   Modul 1 beschäftigt sich mit Hausmitteln und der Frage, warum Placebos, also Medikamente, die eigentlich gar keine Wirkung haben können, häufig doch wirken.
Modul 2   In Modul 2 sprechen die S über Essgewohnheiten von Jugendlichen und wie man eine gesunde Ernährung fördern kann.
Modul 3   Dieses Modul beschäftigt sich damit, welche Nahrungsmittel heute unbedenklich sind und worauf man beim Kauf achten sollte.
Modul 4   Den Abschluss bildet Modul 4, in dem es um Castingshows und ihren Einfluss auf das Publikum geht.
Film   Im Film geht es um gesunde Ernährung.

Lernziele

Ihr lernt
Modul 1 | Notizen zu einer Radiosendung über ein medizinisches Thema machen und über Heilmittel sprechen
Modul 2 | Einen Zeitungsartikel zu Ernährungsgewohnheiten verstehen und einen Kommentar schreiben
Modul 3 | Informationen über Lebensmittelsicherheit und Schadstoffe in Lebensmitteln mit der Situation im eigenen Land vergleichen
Modul 4 | Einen Kommentar zu einem Text über Castingshows schreiben
Ein Handout für ein Referat analysieren und ein Referat halten

Grammatik
Modul 1 | Infinitivsätze in Gegenwart und Vergangenheit
Modul 3 | Nominalisierung und Verbalisierung von Konditionalsätzen

Auftakt   Gesund und munter

A1a–b   In EA notieren die S die Aussagen, die auf sie zutreffen und lesen anschließend die Auswertung dazu. In KG tauschen sich die S über die Ergebnisse aus. Passt die Auswertung für sie? Was können/wollen/sollen sie ändern? Die anderen S aus der Gruppe geben Tipps.

Ü1   In PA bearbeiten. Vergleich im PL.

Ü2–3   Als HA bearbeiten. Die Ü3 passt gut zu Modul 3.

A2   Hier bietet sich wieder die Sprechmühle an, wie in K1 M3, S. 23 beschrieben. Stellen Sie die angegebenen Fragen aus dem Buch einzeln.
Weitere mögliche Fragen: Wie viel Sport haltet ihr für gesund/ungesund? Sollte man einmal im Jahr zum Zahnarzt gehen? Wenn ihr in den 3.Stock müsst, nehmt ihr den Fahrstuhl oder die Treppe? Wie viel Obst esst ihr am Tag?

Hinweise, wie das Tafelbild im Unterricht eingesetzt werden kann, können über das Tafelbild im Lehrwerk digital direkt aufgerufen werden. Beschreibungen zu allen Tafelbildern finden Sie auch online als Gesamt-PDF unter www.klett-sprachen.de/aspekte-junior/lehrerhandreichungC1.

Ü4   In PA Sätze schreiben und dabei auch die angegebenen Wörter nutzen. Dann tauschen S mit einem anderen Paar und korrigieren ggf.

Ü5   Als HA geeignet. → **Portfolio**

Gesund und munter

Modul 1 Zu Risiken und Nebenwirkungen …

A1a In KG bearbeiten und eigene Hausmittel auf DIN A4-Plakate notieren, die anschließend im PL präsentiert und kommentiert werden.

A1b Diskussion im PL. Weisen Sie auf den Redemittelanhang hin.

> Gelenkte Diskussion. Schreiben Sie Pro- und Contra-Karten für Ihre S. S ziehen eine Karte und setzen sich in die Pro- oder Contra-Gruppe. Die Pro-Gruppe sammelt Argumente, warum Hausmittel besser als Medikamente sind und die Contra-Gruppe sammelt Argumente, warum Medikamente am besten sind.
> Dann werden Vierergruppen gebildet, zwei S aus der Pro-Gruppe und zwei S aus der Contra-Gruppe, und in den Gruppen darüber diskutiert. S versuchen, die anderen vom eigenen Standpunkt zu überzeugen.

SPRACHE IM ALLTAG

S lesen Kasten in KG und wählen einen Ausdruck, den sie zeichnen. Die Bilder werden aufgehängt und von den anderen wird der passende Ausdruck genannt.
Im PL evtl. Klärung, wenn Ausdrücke nicht klar sind und Sammeln von Krankheiten oder Symptomen, bei denen man diesen Ausdruck sagt.
Beispiel: Mir platzt der Schädel: Kopfschmerzen – Ich fühle mich hundeelend: Übelkeit, Grippe etc.

A2a In KG vorgehen wie beschrieben. Die S halten ihre Ergebnisse fest, um nach dem Hören des Textes ihre eigenen Definitionen mit denen im Hörtext vergleichen zu können.

A2b Die S hören den ersten Teil des Interviews, machen sich in EA Notizen. Der Vergleich der Notizen erfolgt in A2d.

1. Placebos: Präparate ohne Wirkstoff, bestehen größtenteils aus Zucker
2. Wirkung: sollten keine haben, da kein Wirkstoff; aber heute Erkenntnis: auch Placebos können wirken
3. klassische Definition: Placebos sind Medikamente ohne pharmazeutischen Wirkstoff
   heutige Definition: komplexe Interaktion / Wechselwirkung zwischen dem Präparat und dem Menschen

A2c Die S hören den zweiten Teil und schreiben ihre Antworten ins Heft.

1. Psychologische Faktoren haben einen großen Einfluss auf die Wirkung, allein die Vorstellung oder der Glaube, ein Schmerzmittel zu bekommen, kann Schmerz unterdrücken

2.

Was?	Wirkung
weiße Pillen	wirken geringer als bunte
blaue Medikamente	eigenen sich zur Beruhigung
rote Medikamente	sind aktivierend und gut bei Rheuma und Herz-Kreislauf-Problemen
Kapseln	stärker als Tabletten
Spritze	eignet sich bei allen Beschwerden; das Sehen der Spritze reduziert schon Schmerz

3. Nocebo-Effekt: Durch das Lesen des Beipackzettels und der angeblichen Nebenwirkungen des Scheinmedikaments, kann eine negative Wirkung eintreten.
Das Arzt-Patient-Gespräch ist entscheidender Faktor für den Placebo-Effekt: Aufklärung über die positive Wirkung des Medikaments

A2d	In KG vergleichen S ihre Notizen aus A2b und A2c und ergänzen sie. Auf Wunsch kann noch einmal das ganze Interview gehört werden und S kontrollieren Punkte, bei denen sie in der Gruppe nicht ganz sicher waren und ergänzen so ihre Stichpunkte.
🔄	Hier bieten sich Anknüpfungspunkte zum fächerübergreifenden Unterricht an, z. B. Chemie, Biologie.
Ü1–2	Als HA bearbeiten.
A3a	In EA bearbeiten und die Sätze ins Heft notieren. Um Zeit zu sparen, können Sie die Kopiervorlage der Tabelle herunterladen (s. Informationen in der Einleitung) und kopieren. Besprechen der Regel im PL und Klärung, wie die S zu den Lösungen gekommen sind und welche Regeln sie selbst erkannt haben. In KG formulieren S Regeln zur Bildung der Infinitive im Aktiv und Passiv Präsens und Perfekt. Wann kann man einen Infinitivsatz benutzen? Zur Überprüfung können S die Regel auf der Grammatikseite lesen und mit der eigenen vergleichen.

🔑 **Infinitivsätze**
dass-Satz in der Gegenwart → Infinitiv Präsens
Aktiv
Die Moderatorin bittet Frau Dr. Schill, die Wirkung der Präparate genauer **zu erklären**.
Passiv
Es ist für Patienten wichtig, nicht durch fehlende Aufklärung **verunsichert zu werden**.
dass-Satz in der Vergangenheit → Infinitiv Perfekt
Aktiv
Die Forschung ist der Ansicht, neue Forschungsfragen **aufgeworfen zu haben**.
Patienten berichten, ihrem behandelnden Arzt treu **geblieben zu sein**.
Passiv
Viele erinnern sich sicher, als Kind bei Krankheit **verwöhnt worden zu sein**.

Ü3a	In PA bearbeiten. Dann Austausch mit einem anderen Paar. Korrektur und Klärung von Fragen, die aufgetreten sind.
Ü3b–c	**TIPP** Lesen Sie im PL den Tipp, dann bearbeiten S die Übungen in PA.
A3b	In PA Vorgehen wie beschrieben.

> **B** Für stärkere Gruppen: Schreiben Sie die Satzanfänge auf Karten und notieren Sie in Klammern Gegenwart oder Vergangenheit dazu und verteilen Sie sie an die KG. Alle Karten sind verdeckt. Die erste Karte wird umgedreht und der/die S, der/die einen Satz formulieren möchte, sagt „Schnapp" und schlägt auf die Karte. Er/Sie führt den Satz mit einem Nebensatz mit Infinitiv fort. Die anderen kontrollieren, ob der Satz richtig war. Im Anschluss muss die Person den Infinitivsatz noch in einen *dass*-Satz umwandeln. Ist dieser auch korrekt, darf er/sie die Karte behalten, sonst kommt sie wieder unter den Stapel.

Ü4a	Als HA bearbeiten.

> **B** In schwächeren Gruppen kann diese Aufgabe zum kleinschrittigen Arbeiten vor A3b vorgezogen werden.

Ü4b	In PA bearbeiten.

Gesund und munter

> Schreiben Sie jeden Satzanfang auf ein DIN-A4-Blatt und verteilen Sie die Blätter auf verschiedene Tische. S gehen in PA herum und beenden die Sätze schriftlich. Anschließend nimmt jedes Paar ein Blatt und korrigiert die Sätze. Vorlesen und Vergleich im PL.

Modul 2 — Fritten oder Früchte?

A1 In KG sprechen die S über die angegebenen Fragen und machen sich Notizen. Die Ergebnisse werden im PL vorgestellt.

A2a (P / DSD) Diese Aufgabe entspricht dem Prüfungsformat Leseverstehen Teil 4 der Prüfung DSD II. Weitere Informationen zum DSD II finden Sie ab S. 170.
S lesen zuerst die sieben Aussagen, dann den Text und notieren die richtige Aussage. Vergleich im PL. Gehen Sie bei Zweifelsfällen in den Text und lassen Sie die S aus dem Text die entsprechenden Textstellen (Zeilen) nennen und woran sie die richtige Option erkannt haben.

🔑 1. b – 2. a – 3. a – 4. a – 5. c – 6. b – 7. b

Ü1 Wortschatzarbeit: Die S lesen den Text noch einmal und ordnen die Ausdrücke in PA den Umschreibungen zu. Dies können Sie auch als Vorentlastung vor dem Lesen des Textes machen.

Ü2 (P / GI) Diese Übung entspricht dem Prüfungsformat Lesen Teil 1 der Prüfung Goethe-Zertifikat C1. Weitere Informationen zum Goethe-Zertifikat C1 finden Sie ab S. 164.
In PA oder als HA bearbeiten, sagen Sie den S, dass sie ggf. die Wörter grammatisch anpassen müssen. Greifen Sie in der nächsten Stunde diese Übung auf und fragen Sie nach Schwierigkeiten und Lösungen dafür.

A2b Rückgriff auf die genannten Aspekte der S aus A1. Vergleich mit dem Text, halten Sie Gemeinsamkeiten und Unterschiede an der Tafel fest.

Ü3a In KG sprechen S über die angegebenen Fragen zur Grafik. Anschließend kurzes Gespräch im PL. Erstellen Sie eine Klassenstatistik zu den beliebtesten Fertiggerichten: Jede/r S überlegt sich ein bis drei Fertiggerichte, die er/sie gerne isst. Dann kommt ein/e S an die Tafel und fragt ab und notiert, welche Gerichte von wie vielen S am liebsten gegessen werden. Anhand des Tafelanschriebs vergleichen die S dann noch einmal mit der Grafik im Buch.

Ü3b–c S hören zwei Beschreibungen und machen sich Notizen, welche sie gut / nicht so gut finden und warum. Vergleich im PL.

Ü3d Redemittel in der Klasse lesen und evtl. klären. In EA machen sich S Notizen und wählen Redemittel. In PA beschreiben sich S gegenseitig die Grafik und der/die jeweils andere S gibt konstruktive Kritik und Verbesserungsvorschläge zu der Beschreibung. Kopieren Sie die **KV 11** auf S. 150 und verteilen Sie sie an die S. Der/Die Zuhörer/in kreuzt die passende Bewertung an und gibt anschließend Feedback. Dann Wechsel.

A3 In EA schreiben die S einen Text zu den angegebenen Fragen. Redemittel, die bei der Darstellung der eigenen Ansichten genutzt werden können, finden die S im Redemittel-Anhang („Meinungen ausdrücken"). Anschließend werden die Texte in KG ausgetauscht, gelesen und diskutiert.
→ **Portfolio**

🔄 Hier bieten sich Anknüpfungspunkte zum fächerübergreifenden Unterricht an, z. B. Ernährungswissenschaft, Sport.

6

Ü4 In PA lösen und die Intonation der Sätze üben, anschließend lesen einige S die Sätze im PL vor.

> S suchen sich in PA zwei bis drei Redewendungen aus Ü4 aus und schreiben neue Kontexte, die sie dann im PL vorlesen. Alle kontrollieren, ob die Redewendungen dort passen. **E**

> S suchen weitere Redewendungen zum Thema „Körper" als HA und schreiben kleine Definitionen. Diese werden in der Klasse verteilt und die anderen S ordnen sie zu. Beispiele: „Er ist nicht auf den Kopf gefallen." – „Welche Laus ist ihr über die Leber gelaufen?" – „etwas auf eigene Faust unternehmen" etc. **E**

Modul 3 Schmeckt's noch?

Ü1 Wenn Ihren S der Begriff „Bio" vertraut ist, dann bietet sich diese Ü als Einstieg in das Modul an. In KG ergänzen S das Assoziogramm zum Thema „Bio". Präsentation im PL, Klären unbekannter Wörter und Ergänzen von Artikeln und ggf. Plural.
Diese Übung kann nach A1c (dem Lesen des Textes) noch einmal aufgegriffen werden und im PL ergänzt werden.
Sollte das Thema eher unbekannt sein, bearbeiten S diese Ü nach A1c.

A1a S lesen die Wörter und klären sie in KG. Gespräch im PL über Erwartungen an den Text. Ergebnisse festhalten an der Tafel – zum Vergleich, wenn die S den Text gelesen haben.

> Sollten viele Wörter nicht klar sein, bietet sich folgende Aufgabe an: Teilen Sie die Klasse in zwei Gruppen und teilen Sie die Wörter auf. Jede Gruppe ist für ihre Wörter zuständig und klärt sie innerhalb der Gruppe. Danach sucht jede/r sich einen Partner / eine Partnerin aus der anderen Gruppe und die S erklären sich die Wörter gegenseitig. **V**

A1b S lesen den Text und fassen ihn in PA zusammen. Zwei Paare setzen sich zusammen und einigen sich auf eine Zusammenfassung. Anschließend werden diese im PL vorgelesen und kommentiert. Welche Zusammenfassung gibt den Text am besten wieder?

A1c In KG sprechen S über die angegebenen Fragen. Sie machen sich Notizen und berichten in der Klasse.
Bei Klassen mit S aus verschiedenen Ländern, verteilen Sie diese so, dass in jeder Gruppe verschiedene Nationalitäten vorhanden sind.

Entwickeln Sie aus A1c ein Projekt. Die S recherchieren eine oder zwei Wochen lang, wie die Situation in ihrem Land ist.
In PA erstellen sie einen kleinen Fragebogen zum Einkaufsverhalten, anhand dessen sie dann Personen außerhalb des Unterrichts befragen (mögliche Fragen: Wo kaufen Sie meistens ein? Warum dort? Gibt es Dinge, die Sie dort nicht einkaufen? Welche und warum? Achten Sie bei Ihrem Einkauf auf die Inhaltsstoffe der Produkte? Wie wichtig ist Ihnen Bio? …) und die Antworten anschließend in KG zu einem Plakat zusammenfassen, das sie vorstellen. Das kann im PL oder mit dem Marktstandprinzip geschehen.

Ü2 Vorgehen wie beschrieben. Vergleich der Lösung im PL.

Ü3 Als HA bearbeiten. → **Portfolio**
Hierzu passt auch gut die Ü3 von der Auftaktseite im ÜB. Die S bearbeiten erst die Ü3 der Auftaktseite, schreiben dann den Text und können so auch die gelernten Begriffe nutzen.

Gesund und munter

A2a In EA bearbeiten, dann erst Vergleich in PA, im Anschluss im PL.

🔑
1. Z. 7–8: … Rinderwahn und Schweinepest.
2. Z. 26–30: … Höchstgrenze nicht ausreichend überprüft werden.
3. Z. 41–45: … der Fleischpreis nur gering.
4. Z. 58–63: … Antworten, wie gewirtschaftet wurde.
5. Z. 66–70: … ob Gentechnik oder chemische Dünger und Pestizide verwendet wurden.

A2b In PA bearbeiten.

🔑
2. Wenn die Kontrollen nicht erhöht werden, kann die Einhaltung der Höchstgrenzen nicht ausreichend überprüft werden.
3. Wenn man gutes Futter verwendet, erhöht sich der Fleischpreis nur gering.
4. Wenn man auf dem Bauernhof nachfragt, bekommt man Antworten zur Bewirtschaftung / wie gewirtschaftet wird.
5. Wenn die Produkte nicht mit einem Biosiegel gekennzeichnet sind, weiß man nicht, ob Gentechnik oder chemische Dünger und Pestizide verwendet wurden.

Konditionalsätze	
Verbalform (Konnektor)	Nominalform (Präposition)
wenn, falls, sofern	*bei* + Dativ
wenn … nicht	*ohne* + Akkusativ

Ü4 Als HA geeignet.

Ü5 In PA bearbeiten.

A3 Vorgehen wie beschrieben.

Ü6 In PA bearbeiten.

> Diese Sätze können auch zu A3 dazu genommen werden für schnellere Paare. **B**

Modul 4   Alles nur Show?

A1a Gespräch im PL zum Thema „Castingshows" zu den genannten Fragen.

> Suchen Sie Beispiele von deutschen Castingshows im Internet und zeigen Sie Video-Ausschnitte. Fragen Sie: Was ist das für eine Show? Was müssen die Kandidaten machen? Wie findet ihr die Show? Gibt es so eine Show auch in eurem Land? **V**

A1b Die S lesen den Text sprechen im PL darüber, warum diese Show für viele Menschen interessant ist.

> Teilen Sie die S in drei Gruppen: Jede Gruppe liest einen Abschnitt (Z.1–24, Z. 25–38 und Z.39–59), klärt Wortschatz und notiert sich zwei bis drei Stichpunkte, um den Text zusammenfassen zu können. Sagen Sie den S, dass die W-Fragen bei der Text-Zusammenfassung helfen können: Wer? Was? Wann? Wo? Worum geht es? Wohin wollen die Kandidatinnen? Wie? Warum? Wirbelgruppen: Aus jeder der drei Gruppen kommen S zusammen und berichten sich, ohne in den Text zu schauen, gegenseitig, was in ihrem Textteil steht.
> Stärkere S machen sich keine Notizen, sondern resümieren ihren Abschnitt aus dem Kopf. **B**

Ü1	Als HA bearbeiten.
A1c	Bevor die S in EA die Meinungen der Autorin aus dem Text suchen, beginnen Sie mit einem Beispiel im PL. Danach suchen die S die Beispiele aus dem Text. Vergleich in KG.
🗝	Z.1–3: Mit oberflächlichen Blicken – Z. 22: zufällig die Agentur von Heidi Klums Vater – Z. 23: öffnet sich angeblich … die Tür zum Traumberuf als Model – Z. 29–31: wenn ich … mich über die Umstände und das vermittelte Schönheitsbild aufrege – Z. 31: Unterhaltungsfaktor zu groß – Z. 42 Sie begeben sich in die Gefahr, … – Z. 50 Heidi Klum scheint wie die Mutti der Teilnehmerinnen … zu sein – Z. 53: nicht annähernd der Realität … entspricht
A1d	Dann sprechen die S in den KGs, wie sie solche Shows finden und begründen dies.

> Auch hier können Sie wieder Pro- und Contra-Karten verteilen und die KGs dann so aufteilen, dass es immer Personen mit Pro und Contra gibt. Die S können durch die Karte Abstand zur eigenen Meinung nehmen und müssen die vorgegebene Meinung vertreten. Das kann hilfreich sein, wenn z. B. alle die gleiche Meinung vertreten oder das persönliche Argumentieren für viele S problematisch ist. **V**

A2a	In PA ordnen S die Überschriften den Redemitteln zu. Vergleich im PL. Lassen Sie mit jedem Redemittel einen Beispielsatz formulieren.
🗝	1. B – 2. C – 3. D – 4. E – 5. A
A2b	S wählen in EA je zwei Redemittel und schreiben sie sich mit der passenden Kategorie ins Heft.

> Für schwächere Klassen: Bevor die S selbst einen Kommentar schreiben, kopieren Sie die **KV 12** auf S. 151. S lesen den Kommentar und ergänzen die passenden Redemittel aus A2a. Anschließend schreiben S einen eigenen Kommentar. **B**

A2c	In EA schreiben S einen Kommentar wie im Buch vorgegeben. S lesen ihren Kommentar am Ende noch einmal durch und korrigieren ihre Fehler. Dann tauschen sie ihren Kommentar mit einem/einer anderen S aus, korrigieren die Texte gegenseitig und achten besonders auf die korrekte Nutzung der Redemittel. Auch als HA geeignet. → **Portfolio**
A3a	S sehen sich das Handout an und diskutieren in KG Verbesserungsvorschläge. Anschließend lesen sie die Punkte a–g und ordnen sie zu.
🗝	1 d – 2 b – 3 a – 4 f – 5 e – 6 g – 7 c
A3b	S hören das Referat und notieren die wichtigsten Informationen. Kurzer Vergleich in PA.
🗝	1. <u>Soziales Moment</u>: Gesprächsstoff: Event, zu dem man sich mit Freunden/Familie trifft, um es gemeinsam anzusehen (positiver Aspekt); man sieht die Show aber auch an, um am nächsten Tag mitreden zu können, damit man nicht ausgegrenzt wird → fast schon sozialer Druck 2. <u>Idole und ihre Vorbildfunktion</u>: Showteilnehmer/innen prägen mehr, als man denkt, erfolgreiche Teilnehmer/innen erreichen (für kurze Zeit) Idolcharakter – wir wollen auch so sein 3. <u>Ernährung und Fitnesswahn</u>: Show als Auslöser für gestörtes Essverhalten bei jungen Frauen, Unzufriedenheit mit dem eigenen Körper → schlank sein wollen; bei jungen Männern eher Fitnesswahn, Sucht nach Fitness, Vernachlässigung anderer Aktivitäten, im schlimmsten Fall: Einnahme von gesundheitsschädigenden Mitteln für den Muskelaufbau 4. <u>Selbstbewusstsein</u>: je selbstsicherer und zufriedener man ist, desto weniger ist man gefährdet, von einer Show verleitet zu werden, der eigenen Gesundheit zu schaden.

Gesund und munter

A3c	Die S hören das Referat ab dem Hauptteil noch einmal und ergänzen ihre Notizen. Dann vergleichen sie noch einmal in PA. Zweifelsfälle werden im PL besprochen.
Ü2	Als HA geeignet. Besprechung der Tipps in der Klasse vor A4.
Ü3	In PA bearbeiten. Austausch in KG, Fragen im PL.
A4a	In EA oder in PA wählen die S ein Thema und bereiten ein Referat vor. Lesen Sie dazu unbedingt die Schritte der Arbeitsanweisung im PL und geben Sie den S evtl. Karten, die sie benutzen können. Wenn Sie in der Klasse die Möglichkeit haben, dass alle S an einen Computer können, lassen Sie dies im Unterricht machen. Ansonsten lassen Sie die S die Recherche als HA machen. Geben Sie ihnen einen Zeitrahmen für das Referat vor, z. B. drei Minuten.
🔄	Die gesamte A4 bietet Anknüpfungspunkte zum fächerübergreifenden Unterricht an, z. B. Hauswirtschaft, Sport, Biologie.
A4b	Vor dem Halten des Referats ordnen S wichtige Redemittel zu, notieren diese im Heft (ggf. Klärung im PL) und ergänzen ihr Referat dann um diese.
🔑	**Ein Referat einleiten**: E: In meinem Referat geht es um … **Zum nächsten Punkt überleiten**: B: Als Nächstes möchte ich auf … eingehen. / G: Häufig hört man auch, dass … **Ein Referat abschließen**: F: Fazit des gerade Gesagten ist … / A: Zusammenfassend ist festzuhalten, dass … **Auf Einwände reagieren / Zeit (zum Nachdenken) gewinnen**: C: Darf ich später auf diese Frage zurückkommen und zunächst …? **Auf Fragen antworten**: D: Das will ich gerne erklären: … /
👆	Hinweise, wie das Tafelbild im Unterricht eingesetzt werden kann, können über das Tafelbild im Lehrwerk digital direkt aufgerufen werden. Beschreibungen zu allen Tafelbildern finden Sie auch online als Gesamt-PDF unter www.klett-sprachen.de/aspekte-junior/lehrerhandreichungC1.
STRATEGIE	Im PL Lesen der Strategie. Geben Sie S drei Minuten Zeit, um sich vor dem Hören der Referate ein paar Fragen zu notieren. Lesen Sie im PL die Redemittel aus A4c zu „Fragen stellen" / „Einwände erheben".
A4c	Bevor die S ihre Referate halten, bietet sich die Behandlung der Aussprache im ÜB an. In KG halten S ihre Referate und die anderen stellen im Anschluss daran Fragen oder erheben Einwände.
A4d	Abschluss im PL: Die KG berichten über die vorgestellten Themen und interessante Informationen.

> Wirbelgruppen: Mischen Sie die KG nun so, dass in jeder KG je ein/e S aus allen Gruppen vertreten ist. Sie berichten sich gegenseitig über die vorgestellten Themen und interessante Informationen, die sie bekommen haben. **V**

Aussprache Vorträge lebendiger gestalten

Es bietet sich an, dieses Aussprachethema vor dem Referat der S zu behandeln.

Ü1a	S hören und kreuzen an, Vergleich im PL.
Ü1b	Vorgehen wie beschrieben.

Ü1c	S stehen auf und sprechen im PL nach. Feedback von S, z. B. wer hat eine gute / treffende / unterstützende Gestik verwendet, warum und wie. Dann in KG üben anhand von drei Sätzen aus Ü1b. Feedback aus der Gruppe.

> S stehen sich in zwei Gruppen gegenüber und sie sprechen abwechselnd nach und benutzen dabei ihre Hände. Die andere Gruppe gibt Feedback – am besten immer die S, die sich gegenüberstehen. **V**

Ü2	Die S markieren bzw. notieren sich zu ihrem Referat Pausen, Wiederholungen, besondere Betonungen. Dann üben sie ihr Referat in PA und bekommen Feedback von ihrem Partner / ihrer Partnerin. Anschließend gehen S zurück ins KB und bearbeiten A4c.

Film: Lernen, richtig zu essen

A1 Die S diskutieren in KG darüber, wie Gesundheit und Ernährung zusammenhängen, und halten ihre Gruppenmeinung schriftlich fest. Diese werden im PL präsentiert.

Mögliche Lösung:
Durch eine ausgewogene und regelmäßige Ernährung ist der Körper widerstandsfähiger gegen Krankheiten. Die Leistungsfähigkeit und Konzentration sind größer. Besonders wichtig ist die Ernährung bei Kindern, da der kindliche Organismus noch in Entwicklung ist.

A2 Die S sehen den ganzen Film und notieren alle Stationen und die Tätigkeiten von Ursula Pfeifer. Vergleich in PA. Anschließend werden die Stationen im PL gesammelt.

- im Supermarkt: beim Einkauf von Lebensmitteln
- in einer Grundschulklasse: sie bringt die Lebensmittel für die Frühstückspause dorthin
- im Auto: sie berichtet über die Familien, die sie betreut
- zu Besuch bei Marko (9) und seiner Mutter in der Wohnung: sie spricht mit der Mutter, sieht sich Kühlschrank an
- mit den Kindern in einem Nobelrestaurant: Kinder und sie essen dort
- mit Markos Mutter im Supermarkt: beim Einkaufen
- bei Markos Familie zu Hause: beim Kochen und Essen

A3a Die S sehen die erste Sequenz und machen sich Notizen zu den angegebenen Fragen.

Probleme:
An vielen Nürnberger Schulen kommen viele Kinder ohne Frühstück oder das mitgebrachte Frühstück ist nicht gesund.
Kinder werden vernachlässigt, obwohl materiell Vieles da ist (z. B. DVD-Player, Flachbildschirm).
Hilfe:
Der Verein sammelt Spendengelder (160.000 Euro pro Jahr sind notwendig). Davon wird z. B. frisches Obst und Gemüse für die Schulkinder gekauft.
Die Grundschüler machen eine Frühstücksaktion: Sie bereiten die Lebensmittel selbst zu, machen Salate usw.
Bei dem Essen im Restaurant sollen die Kinder auch lernen, das Essen zu genießen, zu schätzen, sie sollen wissen, was sie essen und auch lernen mit Stil zu essen
Bei den Kindern sollen Sehnsüchte geweckt werden: „Das war schön, das möchte ich wieder haben. Oder ich mach's zu Hause."
Die Idee des Vereins: Erziehung der Erwachsenen über ihre Kinder.

Gesund und munter 6

A3b S sprechen in PA, was die Kinder im Restaurant machen und wozu das dienen soll.

🔑 Kinder lernen, wie ein Tisch gedeckt wird und lernen ein 3-Gänge-Menü kennen.
Ziel:
Wertschätzung des Essens
Wissen, was sie essen
neue Ideen mit nach Hause nehmen

A4a–c Wenn Sie die Sequenz nur ein- oder zweimal sehen wollen, lassen Sie die S die Aufgaben zu A4a–c direkt am Anfang lesen und Wortschatz klären. S lesen die Aussagen, ggf. Klärung von Wortschatz. S sehen Sequenz 2, notieren die richtigen Aussagen und versuchen, die weiteren Aufgaben zu lösen. Vergleich in KG, dann noch einmaliges Sehen und Ergänzen.
Anschließend Vergleich im PL.

🔑 A4a:
1 r; 2 f; 3 f; 4 r; 5 r

A4b:
1. …, um Markos Mutter bei der Auswahl der Lebensmittel zu beraten.
2. …, dass es einerseits nicht zu fett, andererseits nicht zu teuer und von guter Qualität ist.
3. …, z. B. dass Markos Mutter Kartoffeln aus dem Glas kauft, obwohl diese teurer und auch nicht so nahrhaft wie frische sind.
4. Er macht zum Abendessen die Vorspeise aus dem Restaurant.

A4c:
1 Sie schaffen das nicht. – 2 Sie sollen das Essen als etwas Schönes und Wertvolles wahrnehmen.

> In schwächeren Gruppen teilen Sie die S in drei Gruppen ein und jede Gruppe bearbeitet eine Aufgabe. Vergleich erst in den eigenen Gruppen, dann im PL. **B**

A4d In KG sammeln S Argumente, dann Diskussion im PL.

A5a S sehen den Film noch einmal und machen sich Notizen zu der angegebenen Frage. Austausch und Ergänzen in KG.

🔑 Mögliche Lösung:
frisches Obst und Gemüse
ausgewogene Ernährung
kein Fernsehen beim Essen
kein Fastfood, d. h. Kochen lernen

A5b Vorgehen wie beschrieben. Weisen Sie die S noch einmal auf die Redemittel zum Verfassen eines Kommentars aus dem Kapitel in Modul 4 hin. → **Portfolio**

> S tauschen ihre Kommentare aus und antworten darauf. **V**
> S tauschen die Kommentare aus und korrigieren sich gegenseitig zu bestimmten Aspekten (z. B. Verbformen und Satzstruktur / Kongruenz / Verknüpfung der Sätze etc.)

Kapiteltests
Kapiteltests zu jedem Kapitel finden Sie unter www.klett-sprachen.de/aspekte-junior im Bereich „Tests".
Der Zugangscode lautet: asP!jr3

Recht so! — 7

Themen In Kapitel 7 geht es um das Thema „Recht und Gesetz".

Auftakt Zum Einstieg sehen S Zeichnungen mit verschiedenen Straftaten und lernen deren Bezeichnungen.
Modul 1 In Modul 1 geht es um Kriminalfälle, in denen sich die Täter ungeschickt angestellt haben.
Modul 2 Modul 2 beschäftigt sich mit Jugendkriminalität.
Modul 3 In Modul 3 dreht sich alles um Regeln und kuriose Gesetze.
Modul 4 Im Mittelpunkt von Modul 4 steht das Genre Krimi und die Frage danach, was uns an Krimis so fasziniert.
Film In der Reportage geht es um Schadenshaftung, wenn der Verursacher eines Schadens eine Maschine ist.

Lernziele

Ihr lernt
Modul 1 | Zeitungsmeldungen verstehen und über Vorgänge berichten
Modul 2 | Grafiken Informationen entnehmen und den Inhalt einer Diskussion detailliert verstehen
Modul 3 | Anhand eines Artikels über Vorschriften und Gesetze diskutieren, was man alles juristisch regeln kann
Modul 4 | Einen Artikel über Krimis zusammenfassen
Verschiedene Vorschläge diskutieren und eine Entscheidung aushandeln

Grammatik
Modul 1 | Besonderheiten des Passivs
Modul 3 | Modales Partizip

Auftakt Recht so!

> Notieren Sie die Begriffe aus A1a auf Kärtchen – in EA oder PA sind die S für ein bis zwei Wörter verantwortlich. Sie suchen die Definitionen im Wörterbuch und erklären sie dann den anderen S in der Klasse. **B**

A1a Die S sehen sich die Bilder an, beschreiben die dargestellten Situationen in KG und sortieren mündlich die Begriffe den Bildern zu. Die S sollten auch auf Kleinigkeiten in den Bildern achten (Schilder an den Kleidern in G, Textinhalt in D). Vergleich im PL und Klärung der Fragen.

🔑 **A** die Kunstfälschung, der Betrug – **B** der Ladendiebstahl – **C** die Fahrerflucht, die unterlassene Hilfeleistung, die Körperverletzung, die Sachbeschädigung – **D** die Erpressung – **E** der bewaffnete Raubüberfall – **F** die Sachbeschädigung – **G** der Betrug, die Produktpiraterie

Ü1a–b Nach dem Einstieg in das Thema bietet es sich an, die Begriffe in Ü1 in PA den Kategorien zuordnen zu lassen.
Nachdem der Wortschatz geklärt und sortiert ist, notieren die S in KG in Ü1b die passenden Verben zu den angegebenen Nomen. Vergleich im PL.

> Teilen Sie die Klasse in drei Gruppen, jede Gruppe ist für eine Kategorie zuständig und notiert passende Wörter aus dem Kasten zu ihrer Kategorie. Dann wirbeln Sie die Gruppen und die S präsentieren ihre Ergebnisse. **V**

Ü1c In PA ergänzen S die Verben und Nomen aus Ü1b in der passenden Form im Text.
A1b–c In PA schreiben die S einen Dialog zu einem gewählten Bild und üben diese Dialoge, damit sie sie in A1c gut vorsprechen/vorspielen können.

Recht so!

Ü2 In PA bearbeiten.
Sie können auch eine Zeit vorgeben und ein kleines Wettspiel daraus machen: Welches Paar hat in fünf Minuten die meisten passenden Ausdrücke notiert?

Modul 1	Dumm gelaufen

A1a Vorgehen wie beschrieben. S begründen, warum sie welchen Fall am lustigsten/verrücktesten fanden.
Vergleich im PL. Welchen Fall findet die Mehrheit der Klasse am komischsten? Warum?

> In Vierer-Gruppen liest jede/r S einen Text und fasst die Meldung für die anderen in der Gruppe zusammen. Anschließend wird auch die Frage nach dem verrücktesten Fall beantwortet und begründet. **B**

A1b Bereiten Sie das Assoziogramm auf DIN A3-Plakaten vor. In KG notieren S alle Wörter aus den Texten. Vergleich im PL und evtl. Klären von unbekanntem Vokabular.

Kriminalität:
A: die Haft – das Urteil – der Täter – der Polizeibeamte – der Banküberfall – erbeuten – die Tat – die Beute – alarmieren – festnehmen – das Motiv
B: der Einbrecher – der Polizeibeamte – der Einsatz – die Verhaftung – die Identifizierung – der Täter – das Vergehen – die Beute
C: die Fahndung – der Dieb – die Brechstange – der Winkelschleifer – der Einbrecher – einen Tresor knacken – die Überwachungskamera – die Polizei – identifizieren – festnehmen
D: der Einbrecher – ausräumen – die Tarnung – einbrechen – wachsam – der Einbruch – die Zeugenaussage – fassen

> Für schwächere Gruppen: Teilen Sie S in Vierer-Gruppen. Jede Gruppe ist für einen Text zuständig und notiert die Wörter aus ihrem Text auf ein Plakat. Dann Präsentation und evtl. Klärung der Wörter im PL. **B**

> Wiederholung des Vokabulars an der Tafel.
> Vorgehen: Zwei S kommen nach vorne und stellen sich mit dem Rücken zur Tafel. Jetzt schreiben Sie ein Wort (Nomen oder Verb) an die Tafel, das die beiden S nicht sehen können. Der Rest der Gruppe stellt das Wort pantomimisch dar und die beiden an der Tafel müssen es raten. Wer es rät, geht und eine neue Person kommt.
> Nachdem Sie einige Wörter an die Tafel geschrieben haben, übergeben Sie auch diese Aufgabe an die S. **V**

Ü1 In PA ordnen S die Ausdrücke zu.

A2a In PA bearbeiten.

A: 1, 3: In Passivsätzen ohne Subjekt steht das Pronomen *es* als stellvertretendes Subjekt auf Position 1.
B: 2, 4: Wenn möglich wird *es* durch ein anderes Satzglied ersetzt.

A2b	In PA notieren S fünf kurze Passivsätze wie im Beispiel auf Zettel. Die Zettel werden ausgetauscht und ein anderes Paar erweitert die Sätze so, dass das *es* entfällt. Rückgabe und Korrektur. Notieren Sie als Hilfe ein paar Verben an der Tafel, falls die S Schwierigkeiten haben, Sätze zu schreiben und lassen Sie ein bis zwei Beispiele im PL geben: stehlen – tanzen – Geld ausgeben – singen – beschädigen – einbrechen …
Ü2a–b	Als HA bearbeiten.
Ü2c	In PA bearbeiten: S A liest einen Satzanfang vor und S B ergänzt ihn. B liest den nächsten Satzanfang vor und A ergänzt usw.
A3a–b	In PA bearbeiten. Vergleich im PL. Lesen der Regel im PL. Hinweis auf den Konjunktiv II in der Vergangenheit.

A3a:

Passiv mit Modalverb in Gegenwart und Vergangenheit		
Präsens	Der Täter muss gefasst werden	Die Tat **kann** aufgeklärt werden.
Präteritum	Der Täter **musste** gefasst werden.	Die Tat konnte aufgeklärt werden.
Perfekt	Der Täter hat gefasst werden müssen.	Die Tat **hat aufgeklärt werden können.**

A3b:
Präsens/Präteritum: Das konjugierte Verb steht im Nebensatz **am Satzende**.
Perfekt: Das konjugierte Verb steht im Nebensatz **vor dem Partizip II**.

Ü3a–b	In PA bearbeiten. Vergleich in KG und notieren von evtl. Fragen. Klärung der Fragen im PL.
Ü3c–d	Als HA bearbeiten.
A4	S schreiben in PA Sätze, um die Struktur zu üben. Helfen Sie bei Schwierigkeiten. Dann werden die Sätze getauscht und ein anderes Paar korrigiert ggf.
	Hinweise, wie das Tafelbild im Unterricht eingesetzt werden kann, können über das Tafelbild im Lehrwerk digital direkt aufgerufen werden. Beschreibungen zu allen Tafelbildern finden Sie auch online als Gesamt-PDF unter www.klett-sprachen.de/aspekte-junior/lehrerhandreichungC1.
Ü4a–b	Als HA bearbeiten. Kontrolle in der Klasse.

> **TIPP** Lesen Sie den Tipp in der Klasse und geben Sie den S nach Ü4, die die S als HA bearbeitet haben, in der Klasse Zeit, dass sie sich zehn Wörter notieren. Anschließend setzen sich S in PA zusammen und wenden diese Wörter in unterschiedlichen Kontexten an.

Modul 2 Jugendsünden?!

> In Modul 2 bietet es sich an, eine Wortschatzwiederholung der Wörter zum Thema „Straftat" aus Ü1a im Auftakt zu machen, z. B. schreiben die S die Wörter auf Kärtchen, die Kärtchen werden ausgeteilt und in KG umschreiben die S das Wort, ohne es zu nennen. Die anderen S raten.

A1	Bücher bleiben geschlossen. Notieren Sie die Frage aus A1 an der Tafel. Die S sammeln im PL Straftaten von Jugendlichen und diskutieren darüber, für welche Straftaten Jugendliche wohl am häufigsten vor Gericht gestellt werden. Hier können sie auch auf die genannten Wörter aus der Erweiterung zurückgreifen und darüber sprechen, welche Straftaten typisch für Jugendliche sind.

Recht so!

🗝		Beispiele: Wände mit Graffiti besprühen, ein Auto/Moped stehlen, Schlägerei mit anderen Jugendlichen, Schlägerei in der U-Bahn, jemanden berauben (Handtasche, Lederjacke, Handy, …), aus Übermut etwas beschädigen (Bänke, Schaufenster, Gärten, …), in Supermärkten/Kaufhäusern stehlen etc.
	A2a	S sehen sich in PA die Grafik an und beschreiben kurz, worum es in der Grafik geht. Fragen Sie die S, was ihnen bei einer Grafik hilft, wichtige Informationen zu erkennen. Sammeln im PL und Festhalten an der Tafel. Zum Beispiel: Überschrift, Fettdruck, Mengenangaben (Tsd., %), Zahlen, grafische Elemente: Linie, Balken, Farben
🗝		Mögliche Lösung: Die Grafik gibt Informationen des Statistischen Bundesamtes über straffällige Jugendliche in Deutschland wieder. Die Informationen werden in drei Einzelgrafiken dargestellt: In der ersten Grafik geht es um die Zahl der Jugendlichen zwischen 14 und 20 Jahren, die nach dem Jugendstrafrecht verurteilt wurden. Dabei wird die Entwicklung der Zahlen in den Jahren 2008 bis 2015 dargestellt. In der zweiten Grafik erhält man Informationen über die Anzahl der verurteilten Jugendlichen von 14 bis 20 Jahren im Jahr 2015 mit Angabe der Delikte. Die dritte Grafik zeigt die Art der Strafen, die gegen verurteilte Jugendliche 2015 ausgesprochen wurden, und die Prozentzahl der vergebenen Strafen.
	Ü1a–b	In PA beschäftigen sich S intensiver mit der Grafik und lösen die Übung. Anschließend Kontrolle im PL. Das kann auch für die mündliche Beschreibung der Grafik in A2b helfen.
	A2b	S notieren sich in EA Stichpunkte zu den angegebenen Punkten, dann sehen sie sich den Redemittelanhang „Eine Grafik beschreiben" an und notieren sich Redemittel, die sie benutzen wollen. Anschließend präsentieren sie ihre Beschreibungen in KGs, geben sich Feedback und korrigieren sich gegenseitig.
	A2c	In KG diskutieren S über die Gründe. Interessante oder divers diskutierte Punkte werden am Ende kurz im PL vorgestellt.
	A3a	Die S hören den ersten Teil der Radiodiskussion und notieren sich in EA die Kernfragen des Gesprächs. Sagen Sie den S, dass sie unter den Fragen direkt Platz lassen sollen, weil sie in A3b die Antworten dazu notieren sollen. Erst Vergleich in PA, anschließend Sammlung der Kernfragen im PL, die an der Tafel festgehalten werden.
🗝		1. Was sind die Ursachen dafür, dass Kinder und Jugendliche kriminell werden? 2. Welche Maßnahmen wirken der Jugendkriminalität entgegen und welche haben keinen positiven Effekt? 3. Wo sollte man noch stärker aktiv werden? 4. Welche Rolle spielen Freunde und Eltern sowie Justiz, Polizei, Schule und soziale Institutionen (d. h. das soziale Umfeld)?
	A3b	S hören nun den ersten Abschnitt der Diskussion und beantworten diese Fragen in Stichpunkten. Vergleich in PA. Kurze Sammlung an der Tafel im PL.
🗝		1. Was sind die Ursachen dafür, dass Kinder und Jugendliche kriminell werden? Ursachen sind vielschichtig; z. B. negatives Beispiel durch Eltern: Konflikte durch Gewalt lösen ohne Konsequenzen und Strafen

2. Welche Maßnahmen wirken der Jugendkriminalität entgegen und welche haben keinen positiven Effekt?
kein positiver Effekt oder wenig Effekt: Strafen beugen Straftaten oft nicht vor – härtere Strafen nicht nötig, es gibt bereits viele verschiedene Strafen
positiver Effekt: Streetworker helfen, Jugendliche positiv zu beeinflussen – kleinere Maßnahmen und Gespräche – Bildung und Beginn einer Berufsausbildung fördern – Förderkurse, kostenlose Nachhilfe – Wertevermittlung – Vorträge und Diskussionen in der Schule – Elternsprechstunde
3. Wo sollte man noch stärker aktiv werden?
Wichtig ist die Prävention, sodass es gar nicht zu einer Bestrafung kommt
4. Welche Rolle spielen Freunde und Eltern sowie Justiz, Polizei, Schule und soziale Institutionen (d. h. das soziale Umfeld)?
Das soziale Umfeld ist wichtig für den positiven Einfluss – Werte vermitteln „Das ist erlaubt" – „Das ist verboten" – vorleben; Eltern sollten darauf achten, dass Kinder z. B. nicht die Schule schwänzen, müssen aktiv werden – Eltern haben Verantwortung (auch juristisch)

A3c Hören des zweiten Abschnitts. S machen sich dabei Notizen. Vergleich im PL.

Nadine Marani: Maßnahmen greifen – Sozialarbeiter in der Schule – Hilfsangebote für Jugendliche und Familien – Polizeiangebot: Elternsprechstunden und Kontaktsuche zu Jugendlichen an der Schule
Tamara Koops: Gericht arbeitet eng mit Polizei zusammen – Kooperation mit Jugendlichen – Hilfe bei Problemen und nicht nur Strafen
Hannes Wolfrath: Streetworker zeigen Konsequenzen des eigenen Handelns – Bemühung, Jugendlichen Anerkennung und positive Perspektiven für Zukunft zu geben – Nachhilfe – Betreuungsaktivitäten

A3d In PA bearbeiten. Erst notieren S die Ausdrücke, bei denen sie sich sicher fühlen. Den Rest ordnen sie intuitiv zu. Vergleich in KG und Klären von unbekannten Ausdrücken. Nur Ausdrücke, die in der KG nicht geklärt werden konnten, ins PL.
In KG formulieren die S zu jedem der neun Ausdrücke einen Satz.

1. E bei einer Straftat erwischt werden
2. I die Kriminalität verringern
3. D/G eine Strafe durchsetzen/verhängen
4. B/C eine Straftat begehen/bestrafen
5. C einen Täter bestrafen
6. H den Kontakt zu Freunden verlieren
7. F mit dem Gesetz in Konflikt geraten
8. A sich aus einer Situation befreien
9. D sich mit Gewalt durchsetzen

> Um den Wortschatz zu üben: Schreiben Sie die Ausdrücke mehrfach auf Kärtchen – Pro PA ziehen S drei bis vier Karten und mit diesen Karten schreiben sie einen kleinen Text. Anschließend werden die Texte in KG vorgelesen und die anderen S notieren die benutzten Ausdrücke. Zur Kontrolle werden Notizen und Texte verglichen. **E**

A4a In EA notieren S Argumente.

A4b Bevor S in Gruppen diskutieren, lesen sie in der Klasse die Redemittel.
Gesteuerte Diskussion mithilfe der aus A4a notierten Argumente in KG. Es beginnt A mit einem Standpunkt, B stimmt zu oder widerspricht, C nennt entweder einen neuen Standpunkt oder widerspricht B etc. Als Reihenübung anbieten, damit alle in der Diskussion zu Wort kommen. Die Diskussion endet, wenn alle Standpunkte genannt wurden. Wo gab es die meisten Übereinstimmungen / die meisten Widersprüche?

Recht so!

> Als Vorbereitung für die Diskussion: Sie notieren die Redemittel auf zweifarbige Satzstreifen (eine Farbe für „einen Standpunkt vertreten/differenzieren" und eine Farbe für „widersprechen"). Jede/r S bekommt einen Stapel und bei jeder Äußerung zieht er/sie eine Karte von einem der Stapel (je nachdem, ob er/sie dem/der Vorredner/in zustimmen oder widersprechen will), mit der er/sie sein/ihr Argument einleiten muss.

Ü2 Diese Übung entspricht dem Prüfungsformat Schreiben Teil 2 der Prüfung Goethe Zertifikat C1. Weitere Informationen zum Goethe Zertifikat C1 finden Sie ab S. 164.
Als HA bearbeiten. Vergleich in der Klasse und Klärung möglicher Zweifelsfälle.

Modul 3 Da lacht Justitia …

> Schreiben Sie „Justitia" an die Tafel und sprechen Sie im PL darüber, wer bzw. was Justitia ist.

> Justitia: Personifikation von Gerechtigkeit, normalerweise wird sie als Frau dargestellt mit verbundenen Augen und einer Waage in der einen Hand und einem Schwert in der anderen Hand. Bedeutung: verbundene Augen: Recht wird ohne das Ansehen einer Person gesprochen – Waage: sorgfältiges Abwägen der Straftat – Schwert: Richtschwert, für die nötige Härte

A1a S sehen sich den Cartoon an (Wo ist das? Wer spricht?) und versuchen zuerst, das lange Wort vorzulesen und dann aufzuschlüsseln. Dann sprechen sie über das Thema des Witzes.

Der Cartoon macht sich darüber lustig, dass bei der Entstehung neuer Gesetzte alles immer komplexer und komplizierter wird, zudem macht er sich über lange und komplizierte Wörter in der juristischen Sprache lustig.

A1b In PA ordnen S die Begriffe zu. Vergleich im PL.

1 B – 2 D – 3 C – 4 A

A2a In KG sprechen S über die Fotos aus dem Text und mögliche Regeln/Gesetze.

Mögliche Ideen:
Foto mit dem Imker: Verbot von Bienen / Wer haftet bei Bienenstichen? / …
Foto von der schlafenden Frau: Regelung zum Schlaf am Arbeitsplatz / Regeln zum Schutz von Arbeitnehmern / …

A2b Artikel lesen und S notieren Themen aus dem Text und Regeln, die dazu genannt werden.

Frankreich (Z. 14–17): Kussverbot auf Bahnübergängen wegen Unfallgefahr
England (Z. 17–20): Regel, die Briefmarken mit dem königlichen Oberhaupt nur mit dem Kopf nach oben aufzukleben – sonst Landesverrat
Deutschland (Z. 24–36): Fremde Grundstücke betreten verboten, außer man hat Bienen, die auf dieses Grundstück geflogen sind; fängt man sie nicht ein, verliert man sie als Besitzer – Z. 40–50: Schlaf am Arbeitsplatz mit Verletzung ist nur ein Arbeitsunfall, wenn die Müdigkeit auf die Arbeit zurückzuführen ist; Z. 45–49: Dienstreise ist bei Tod des Beamten beendet

A2c Gespräch in KG zu den angegebenen Fragen.

Autor steht den Regeln skeptisch gegenüber. Deutlich am ironischen Stil des Textes und konkret in den Aussagen Z. 50–62.

	Hier bieten sich Anknüpfungspunkte zum fächerübergreifenden Unterricht an, z. B. Ethik, Wirtschaft und Politik.

A3a In PA bearbeiten und die Regel ins Heft notieren.

Das modale Partizip wird aus *zu* +**Partizip I** gebildet. Es steht vor Nomen, deshalb muss es wie ein **Adjektiv** dekliniert werden. In seiner Bedeutung entspricht das modale Partizip einem **Relativsatz** im Passiv mit **Modalverb**.

A3b In EA bearbeiten. Vergleich im PA und mit dem Text.

1. die zu lösenden Probleme (Z. 52–53) – 2. die zu wahrende Ordnung (Z. 22–23) – 3. Die zu findenden Vorschriften (Z. 12–13) – 4. die zu erbringende Arbeit (Z. 43) – 5. das nicht zu regelnde Ereignis (Z. 59) – 6. das nicht zu betretende Grundstück (Z. 31–32)

Hinweise, wie das Tafelbild im Unterricht eingesetzt werden kann, können über das Tafelbild im Lehrwerk digital direkt aufgerufen werden. Beschreibungen zu allen Tafelbildern finden Sie auch online als Gesamt-PDF unter www.klett-sprachen.de/aspekte-junior/lehrerhandreichungC1.

> Kopieren Sie das Spielfeld von **KV 13** auf S. 152. S üben in KG. Jede Person erhält einen Spielstein. Es wird reihum gewürfelt. Kommt ein/e S auf ein Feld mit Relativsatz, so muss er/sie diesen in ein modales Partizip umwandeln, kommt er/sie auf ein Feld mit modalem Partizip, so muss er/sie daraus einen Relativsatz bilden.
> Variante: Schneiden Sie die einzelnen Spielfelder als Kärtchen aus und verteilen Sie sie an die KG. Ein/e S zieht eine Karte und bildet wie oben beschrieben den entsprechenden Satz / das Partizip. Die anderen S aus der Gruppe kontrollieren, ob es korrekt gebildet wurde. Dann darf der/die S die Karte behalten. So geht es reihum. [E]

A3c Als Wortschatz-Vorentlastung für A3c schneiden Sie die Wörter und die Definitionen von **KV 14** auf S. 153 aus und verteilen Sie sie an KGs. Diese ordnen Wort und Definition zu.
Dann lesen S den Text, formulieren ihn in EA ohne das modale Partizip neu und lesen ihn sich in PA gegenseitig vor.
Eventuelle Fragen notieren sich S und diese werden anschließend im PL geklärt.

Gesetze, die neu beschlossen werden sollen, entstehen in einem langen Prozess. Zunächst wird dem Bundestag ein Vorschlag, der besprochen werden soll, vorgelegt. Experten beschäftigen sich dann in einem Ausschuss mit der neuen Regelung, die formuliert werden muss. Im Ausschuss sollen alle Vor- und Nachteile, die erwartet werden können, verglichen werden. Danach bewertet der Ausschuss, ob es sich um einen Vorschlag handelt, der befürwortet werden soll. Bei einer positiven Bewertung stimmt zuerst der Bundestag über das Gesetz ab. Nach der Zustimmung beschäftigt sich der Bundesrat mit dem Entwurf, der bewertet werden soll. Ist auch der Bundesrat einverstanden, muss das Gesetz, das neu eingeführt werden soll, vom entsprechenden Ministerium, dem/der Bundeskanzler/in und dem/der Bundespräsidenten/-in unterschrieben werden. Erst dann ist das Gesetz gültig.

> In schwächeren Gruppen können Sie vor der Bearbeitung von A3c Ü3a–b vorziehen. [B]

Ü1a–b S hören den Podcast und ergänzen das Schema. Auch hier werden die Wörter aus A3c noch einmal benutzt.
Vergleich in PA.

Ü2 Als HA bearbeiten.

Ü3a–b In PA bearbeiten. Auch als HA geeignet.

Recht so!

Ü4a In PA anbieten. Vergleich im PL. Im Anschluss im PL besprechen, in welchen Textsorten das modale Partizip zu finden ist und welche Funktion es hat (Informationen verdichten, Texte kürzen).

Ü4b Als HA bearbeiten.

A4 Als HA recherchieren S kuriose Gesetze und stellen sie in KG vor. S einigen sich auf das kurioseste Gesetz der KG und präsentieren dieses im PL.

Modul 4	Kriminell

A1a In KG sprechen die S über die Fragen und erzählen, wenn sie die Fragen positiv beantworten, welche Krimis sie lesen/gelesen haben und welche sie sich im Fernsehen ansehen. Weiter sammeln sie im PL, was ihnen an Krimis gut oder nicht gefällt.

A1b Im PL sammelt die Klasse die zentralen Elemente eines Krimis.

🔑 Beispiele: die Tat, der/die Täter/in, das Opfer, der/die Verdächtige/r, der/die Kommissar/in, der/die Detektiv/in, der Tatort, die Tatzeit, das Alibi, das Motiv, das Gute und das Böse, die Spannung, die Ermittlung, der Beweis, die Spur, der Zeuge / die Zeugin, die Überführung des Täters

> **B** Bei Gruppen, die wenig zu dem Thema sagen, können Sie noch einmal auf die Wortschatzseiten im ÜB verweisen und so in das Thema einsteigen. Sollten Sie dies schon in Modul 1 oder 2 gemacht haben, dann lassen Sie es hier weg.

Ü1 Die S ergänzen in PA die Wörter. Vergleich im PL.

> **E** Wiederholung Wortschatz für stärkere Lerner: Schreiben Sie die gesuchten Wörter und evtl. ein paar in A1c genannte Wörter auf Kärtchen und verteilen Sie sie in der Klasse. Die S schreiben in PA Definitionen zu ein bis zwei Wörtern, anschließend müssen diese Definitionen im PL den Wörtern zugeordnet werden.

A2a–b S lesen Text und notieren sich in Stichpunkten Informationen zu den beiden Themen. In PA sprechen sie anhand ihrer Notizen und ergänzen ggf. die Informationen.

🔑 Entwicklung der Krimiliteratur: vor 25 Jahren überschaubares Angebot (wenige Autoren) – heute jede Woche Neuerscheinungen von Krimis – allein Skandinavien brachte in den letzten Jahren so viele Autoren hervor, dass man kaum den Überblick behält – in der Schweiz seit zwei Jahren Krimiboom
Gründe für die Beliebtheit von Krimis: wir brauchen als Gegensatz zum Leben wohldosiertes Erschauern – wir wollen uns nicht mit dem unterhalten, was der Alltag bringt – Kick durch Menschen in Extremsituationen – Nervenkitzel/Spannung – die Bösen werden bestraft – am Ende Happy End, deshalb können wir es ertragen – manche Leser wollen das Rätsel / den Fall lösen – unendliche Vielfalt an Themen – meist wird Krimi erst durch Füllsel (Menschen und Schauplätze, Psychologie) richtig interessant – Krimi als Ergänzung zum Reiseführer, gibt Einblicke in Gesellschaft und Sitten – Regionalkrimis → Sehnsucht nach Heimat

> **V** Die S lesen im PL die Einleitung von Zeile 1–16. Sprechen Sie dann kurz in der Klasse über das Thema des Textes. Dann arbeiten die S zu viert zusammen und jede/r liest einen Abschnitt und macht sich Notizen zu den Themen. S finden in Abschnitt Z. 17 – Z. 52 etwas zum Thema der Entwicklung und in den anderen drei Abschnitten (Z. 53 – Z. 74, Z. 75 – Z. 92, Z. 93 – Z. 125) etwas zum Thema der Beliebtheit. Austausch in der KG und Ergänzen der Themen.

A2c In PA mithilfe des Textes bearbeiten.

Mögliche Lösung:
1. Während es früher eher wenig Auswahl für Krimileser gab, gibt es heute einen regelrechten Krimiboom.
2. Viele Autoren schreiben Krimis, weil man das Schreiben eines Krimis lernen kann und die Form leicht handhabbar ist.
3. Für die Beliebtheit der Krimis bei den Lesern gibt es mehrere Gründe, z. B. die Spannung und der Nervenkitzel mit einem Happy End oder das Ausbrechen aus dem Alltag.
4. Regionalkrimis sind unter anderem so populär, weil es eine stärkere Sehnsucht nach Heimat in Zeiten der Globalisierung gibt.

STRATEGIE Im PL lesen. Eventuell wichtige Stichworte an der Tafel festhalten.

A2d In EA schreiben S mit den Redemitteln eine Zusammenfassung des Artikels. Auch als HA geeignet. Austausch der Zusammenfassungen in PA. Der Partner / Die Partnerin liest den Text und achtet auf die Punkte der Strategie: eigene Wörter verwendet? – Verknüpfungen sinnvoll? – schlüssiger Text?

Ü2a–c Die S lesen den Auszug aus einem Roman als HA. Am nächsten Unterrichtstag fassen sie in der Klasse in KG die Situation zusammen und sprechen darüber, welche Regeln bei dem Spiel „Erebos" beachtet werden müssen. Anschließend sprechen sie darüber, wie ihnen der Auszug gefallen hat und ob sie nun Lust hätten, das Buch zu lesen. Warum (nicht)?
Machen Sie im PL eine Klassenabfrage mit Handzeichen, wer das Buch gerne lesen würde und wer nicht. Lassen Sie ein paar S Gründe nennen.

Ü2d Als HA geeignet.

A3 Die S hören das Krimi-Hörspiel in Abschnitten.
Abschnitt 1: S vergleichen ihre Lösungen in PA. Dann vermuten sie in KG, wie die Geschichte weitergehen könnte. S halten ihre Vermutungen fest und überprüfen sie anschließend mit dem Gehörten.

a ist vorbestraft und während der Nachtschicht eingeschlafen → Personalchef will ihn entlassen
b ungehalten, es ist ihm egal, er sei kein Sozialverein und braucht Petersen nicht
c mit den Schmuggelgeschäften im großen Stil, die Fossner betreibt → Petersen will an die Presse gehen

Abschnitt 2: In KG lösen die S die Aufgabe und stellen nun Vermutungen an, was Petersen vorhat. Auch diese Vermutungen werden festgehalten, um sie nachher mit dem Verlauf der Geschichte vergleichen zu können.

e aus Angst, sein skrupelloser Chef könnte einen Mord arrangieren, der wie ein „Unfall" aussieht

Abschnitt 3:
g ein Freund und ehemaliger Mithäftling
h Petersen hat alles über die Schmuggelgeschäfte aufgeschrieben und gibt seine Notizen Jahnke; er vertraut Jahnke
i Jahnke hat Fossner mit Holzmann in einer Kneipe gesehen; Holzmann ist ein gewalttätiger Krimineller, der für Geld Menschen einschüchtert oder beseitigt, Fossner und Holzmann kennen sich aus einer früheren Zusammenarbeit in einem Boxstudio

Recht so!

Abschnitt 4:
j Holzmann
k er hat Angst, bringt kein Wort heraus, ist fassungslos, Hände zittern, Schweiß auf der Stirn

Die S notieren Hypothesen, was die drei Personen nun tun werden, und vergleichen sie dann mit dem Originalende nach dem Hören von Abschnitt 5.

Abschnitt 5: Die S hören Abschnitt 5, klären das Ende und erzählen im PL, welchen Ausgang sie vermutet hatten. Weiterführende Fragen: Wie findet ihr das Originalende im Vergleich zu eurem Ende? Was hat euch überrascht? Hat es euch überzeugt? Warum (nicht)?
Anschließend suchen die S in KG einen Titel für das Hörspiel. Alle Titel werden zusammengetragen und die Klasse entscheidet sich mit Begründung für einen Titel.

m um ihm zu sagen, dass er alles aufgeschrieben hat, und dass seine Aufzeichnungen der Polizei übergeben werden, wenn ihm etwas passiert – Fossner versucht Holzmann anzurufen
n Jahnke hat die Cola von Holzmann mit der Cola von Petersen vertauscht, deshalb hat Holzmann das Gift getrunken, das er in Petersens Cola gegeben hat, und ist so gestorben
o Titelbeispiele: Wer zuletzt lacht ... / Gift und Cola / Schwein gehabt / Erpressung mit Happy End

> Bei schwächeren Gruppen stoppen Sie nach Abschnitt 3, damit die S ihre Ergebnisse in PA vergleichen können. **B**

A4 In KG denken sich S ein eigenes Krimi-Hörspiel aus. Hilfe finden sie, wenn sie wollen in den Textanfängen im KB. Sie schreiben den Text und die Dialoge, verteilen die Rollen und überlegen sich, wie sie eine Krimiatmosphäre erzeugen können (Geräusche, Stimmen etc.). Die S proben ihr Hörspiel und spielen es anschließend in der Klasse vor oder nehmen es auf.
Bei Zeitknappheit im Unterricht können S auch als HA eine Geschichte schreiben und evtl. selbst aufnehmen. Ein paar Geschichten/Hörspiele werden dann im Unterricht vorgelesen, bzw. vorgespielt. Das Gute an einer Aufnahme ist, dass das Hörspiel in Abschnitten oder öfter gehört werden kann und dass sich die S selber hören.

> Kurz vor dem Ende stoppen die S und das Publikum rät, wie das Hörspiel ausgeht oder wer der Täter ist. Dann spielen die S weiter. Hat jemand den Ausgang erraten? **V**

Erweitern Sie die A4 zu einem Projekt, indem Sie an ihrer Schule einen Krimi-Abend veranstalten. Ihre S wählen, ob sie ein Hörspiel aufnehmen oder eine kleine Krimi-Szene vorspielen wollen oder ob sie einen Krimi vorstellen möchten. Die S finden sich in Gruppen zusammen und bereiten ihr Projekt vor. Laden Sie zu dem Abend andere Deutschklassen ein und in verschiedenen Räumen stellen die S ihre Ergebnisse vor.

Hier bieten sich Anknüpfungspunkte zum fächerübergreifenden Unterricht an, z. B. Muttersprache, andere Fremdsprachen; die an demselben Abend ihre Ergebnisse in ihrer Sprache vorstellen. Und die S können sich so die Sprachen ansehen/anhören, die sie verstehen.

Ü3 Zur Vorbereitung auf A5 bietet sich Ü3 an. In PA bearbeiten.

A5 Diese Aufgabe entspricht dem Prüfungsformat Sprechen Teil 2 der Prüfung Goethe Zertifikat C1.
P Weitere Informationen zum Goethe Zertifikat C1 finden Sie ab S. 164.
GI Gemeinsames Lesen der Aufgabe im PL. Weisen Sie auf die angegebenen Redemittel hin und dass S sie wirklich im Gespräch verwenden. Geben Sie den S eine Zeitangabe, z. B. fünf bis sechs Minuten, damit sie ein Gefühl dafür bekommen, wie lange sie ungefähr sprechen müssen. Dazu können Sie auch, wenn es möglich ist, eine rückwärtslaufende Uhr an der Tafel projizieren. Gehen Sie von PA zu PA und hören Sie zu, machen Sie sich Notizen zu Verknüpfungen, Redemitteln, Aktivität, sodass sie anschließend Feedback geben können.

Die S arbeiten in Vierergruppen zusammen. Zwei S diskutieren und zwei S beobachten diese unter bestimmten Aspekten für das Feedback. Anschließend geben sich die S Feedback und dann wird gewechselt. Schreiben Sie Aspekte an die Tafel, z. B. Benutzung der Redemittel – ausgewogene Aktivität beider Partner/innen und Eingehen auf den Partner / die Partnerin – Verbpositionen o. Ä. Geben Sie nicht zu viele Punkte vor, damit sich S auf alle konzentrieren können.

Aussprache Lange Komposita

Lange Komposita bereiten vielen S Schwierigkeiten, weil sie die Wortgrenzen nicht erkennen und die Hauptbetonung nicht kennen.

Ü1a Die S hören zuerst die Bestandteile der folgenden Komposita und machen sich noch einmal die Aussprache und Betonung der einzelnen Wörter bewusst. Ein Nachsprechen ist nicht nötig.
S hören die Wörter und markieren die Wortakzente.

Ü1b Nun werden die Wörter aus 1a zu Komposita zusammengefügt. Wie den S bereits bekannt, wird ein Wort besonders betont, das andere rückt in den Hintergrund. S hören und schreiben die Wörter und markieren die betonten Wörter.

Ü1c Vorgehen wie beschrieben.

Ü1d S hören die Wörter und ergänzen die Regel. Sprechen Sie die Wörter noch einmal von hinten nach vorne vor und lassen Sie die S nachsprechen. Wiederholen Sie ggf. einmal. Die S sollen beim zweiten Hören genau auf die Veränderung in der Betonung achten. Erst dann ergänzen die S in PA die Regel.

Ü1e Vorgehen wie beschrieben. Unterstützen Sie bei phonetischen Schwierigkeiten durch Vorsprechen und Nachsprechen, ggf. wieder vom Einzelwort zum mehrteiligen Kompositum.

Ü1f In PA schreiben S eigene Komposita aus mehreren Nomen und üben die Aussprache. Sie stellen ihre Komposita mit der korrekten Aussprache der Klasse vor und die Klasse wählt das schönste oder längste Kompositum.

Film Computer vor Gericht

A1 Die S sehen sich das Foto an, lesen die Arbeitsanweisung und sprechen im PL.

A2a Titel an der Tafel notieren und im PL darüber sprechen.

A2b S sehen den Film und erklären in KG den Titel des Films. Kurzer Vergleich im PL und mit den Hypothesen aus A2a.

In dem Film geht es um autonome Geräte und um die Frage, wen man für Schäden haftbar machen kann und wie dies juristisch aussehen könnte.

A2c–d S ordnen die Ausdrücke zu und ergänzen diese in den Sätzen. Vergleich im PL.

A2c:
1 E – 2 C – 3 A – 4 F – 5 D – 6 B

A2d:
1. Fehlentscheidungen – 2. auf den Plan rief – 3. eine rechtliche Grauzone – 4. nachjustiert

101

Recht so! 7

A3a S sehen die erste Filmsequenz und machen sich Notizen. Vergleich im PL.

Mögliche Lösung:
autonome Fahrzeuge, z. B. mit Einparkhilfe → Problem: Wer übernimmt die Haftung bei Schäden, die die Maschine verursacht? – Elektrorollstuhl, der selbstständig ein programmiertes Ziel erreichen kann → Problem: Als was wird er für die Zulassung deklariert und versichert (letztendlich als Moped)? – internetfähiger Kühlschrank → Problem: Wer muss bezahlen, wenn dieser eigenständig Pizzen bestellt?

A3b S notieren Antwort aus dem Film.

Man muss prüfen, ob derjenige, der ihn aufgestellt hat, oder der Programmierer oder der Hersteller in Haftung genommen werden kann.

Gespräch im PL. Wer sollte eurer Meinung nach bezahlen, wenn der Kühlschrank das Essen bestellt?

A4a S sehen die zweite Filmsequenz und ergänzen die Sätze.

1. … autonome Autos manipulieren und so Unfälle verursachen.
2. … ein Auto von außen her bremsen.

A4b In KG Vorgehen wie beschrieben. Damit nicht alle S zu denselben technischen Geräten Situationen skizzieren, schreiben Sie die Geräte auf Kärtchen, lassen Sie ggf. die S weitere Geräte nennen und schreiben Sie auch diese auf Kärtchen. Dann zieht jedes Paar / jede Gruppe zwei bis drei Karten und beschäftigt sich mit diesen Geräten.

A4c Die S lesen die Zeitungsmeldung im Buch. Lassen Sie diese im PL noch einmal kurz in eigenen Worten zusammenfassen. Anschließend bilden Sie neue PA und die S wählen eine skizzierte Situation und schreiben zu dieser Situation eine Zeitungsmeldung. Die Zeitungsmeldungen werden aufgehängt.
Alle Texte werden gelesen, anschließendes Gespräch darüber, welche Szenarien die S für realistisch halten und welche nicht.

Kapiteltests
Kapiteltests zu jedem Kapitel finden Sie unter www.klett-sprachen.de/aspekte-junior im Bereich „Tests".
Der Zugangscode lautet: asP!jr3

Du bist, was du bist — 8

Themen Das Kapitel 8 dreht sich um verschiedene Aspekte der Forschung zur Psychologie.

Auftakt Durch das Lied „Lieblingsmensch" von Namika überlegen die S, was für sie ein Lieblingsmensch ist und welche Eigenschaften ihn ausmachen könnten.
Modul 1 Modul 1 beschäftigt sich mit interessanten Studien aus der Alltagsforschung.
Modul 2 Modul 2 thematisiert das Thema „Glück" und was uns glücklich macht.
Modul 3 In Modul 3 geht um Mobbing in der Schule.
Modul 4 Den Abschluss bildet das Modul 4 mit Beispielen und Erfahrungen zu dem Thema „Grenzen überwinden".
Film Der Film behandelt das Thema „Intuition".

Lernziele

Ihr lernt
Modul 1 | Ergebnisse von Experimenten aus der Alltagsforschung zusammenfassen
Modul 2 | Einen Vortrag zum Thema „Glück" verstehen und einen Forumsbeitrag verfassen
Modul 3 | Eine Radiosendung zum Thema „Mobbing" verstehen und Vermutungen äußern
Modul 4 | Berichte über ungewöhnliche Erlebnisse und positive/negative Erfahrungen verstehen
Einen Vortrag zu einem kontroversen Thema vorbereiten und halten

Grammatik
Modul 1 | Subjektive Modalverben: Behauptungen ausdrücken
Modul 3 | Subjektive Modalverben: Vermutungen ausdrücken

Auftakt	Du bist, was du bist
Ü1a	In PA lösen.
Ü1b	Als HA bearbeiten.

> Zur weiteren Übung: Die S schreiben in KG die Adjektive auf Kärtchen. Anschließend fragen sich die S gegenseitig: Ein/e S liest das Adjektiv und der/die andere nennt das Nomen mit dem richtigen Artikel und/oder bildet einen Satz mit dem Nomen.

Ü2	In PA bearbeiten.
A1a	Die KB sind geschlossen. Die S hören das Lied und beschreiben in KG die Stimmung des Liedes und warum sie die Stimmung so empfinden.

> **Informationen zu „Lieblingsmensch" von Namika (siehe auch Porträt)**
> Namika (* 23. August 1991 in Frankfurt am Main; bürgerlich Hanan Hamdi) ist eine deutsche Sängerin und Rapperin. Das Lied „Lieblingsmensch" machte sie im Jahr 2015 einem breiten Publikum bekannt.
> Ihr erstes Album „Nador" kam am 21. Juli 2015 heraus. Auf diesem ist auch die erste Single „Lieblingsmensch" enthalten. Das Album stieg Ende Juli 2015 auf Platz 13 der deutschen Albumcharts. Die Single „Lieblingsmensch" stieg auf Platz 27 der deutschen Singlecharts und konnte sich bis in Woche acht auf Rang eins verbessern.

A1b	Das Lied wird noch einmal gehört, die S lesen den Text mit und schreiben auf, was Namika über ihren „Lieblingsmensch" sagt. Austausch im PL.
🗝	Lieblingsmensch: Strophe 1: mit ihm vergeht die Zeit schnell – man versteht sich ohne Worte – Refrain: ein Mensch, der sie gut kennt – bei ihm kann sie verträumt, verrückt sein – Strophe 2: sie kann ihm alle Geheimnisse anvertrauen – man verzeiht sich schnell – durch ihn wird der Alltag leichter – Strophe 3: wenn man sich nach langer Zeit wiedersieht, dann ist es wie immer

Du bist, was du bist

> Bei Interesse arbeiten Sie mit dem Porträt von Namika auf der letzten Seite des Kapitels, indem Sie z. B. die Fragen und die Antworten einzeln kopieren und die S müssen sie zuordnen. Oder Sie notieren die Schlüsselwörter aus den Antworten und die S formulieren anhand dieser Wörter die Antworten von Namika. Danach lesen sie dann das Interview von ihr.

Hier bieten sich Anknüpfungspunkte zum fächerübergreifenden Unterricht an, z. B. Musik.

Ü3–4 Als HA geeignet.

A2a In KG sprechen die S über die angegebene Frage. Lassen Sie ggf. auch begründen, warum sie diese Menschen zu ihren Lieblingsmenschen zählen.

A2b In PA notieren S Adjektive, die zu einem Lieblingsmenschen passen. Sammeln Sie die Adjektive an der Tafel.

Beispiele: zuverlässig, verschwiegen, lustig, offen, ehrlich, empathisch, verständnisvoll, humorvoll, kritisch, verrückt, verträumt, ermutigend, lebenslustig, lebhaft, hilfsbereit, …

> Die S wählen in EA aus allen gesammelten Adjektiven fünf, die für sie am wichtigsten für ihren Lieblingsmenschen sind. Dann setzen sie sich in KG zusammen und müssen sich auf drei Adjektive für die Gruppe einigen. Dazu können Sie auch noch einmal auf die Diskussions-Redemittel im Anhang verweisen.
> Die Adjektive werden im PL vorgestellt und eine Klassenstatistik angelegt. Welche Adjektive sind in dieser Klasse am wichtigsten?

A2c In PA schreiben die S eine Definition für das Wort. Dann setzen sich zwei Paare zusammen und schreiben aus beiden Definitionen eine. Diese wird anschließend vorgelesen. Die S entscheiden sich im PL für eine Definition und begründen, warum sie sie gewählt haben.

In EA recherchieren die S Hintergründe und Informationen zu ihrem/ihrer Lieblingssänger/in oder Lieblingsband oder Lieblingslied. Sie erstellen ein Plakat mit den wichtigsten Informationen und gestalten es ansprechend. Sie „bringen das Lied mit", am besten auf einem mp3-Player mit Kopfhörern. In KG stellen die S ihre Plakate und die Lieder dazu vor. Dann werden die KG noch einmal gewechselt.
Gespräch im PL: Welche Lieder waren neu für euch? Was hat euch an der Auswahl überrascht?
In Kapitel 9 gibt es ein ähnliches Projekt zu einem Buch, das den S gefallen hat. Entscheiden Sie ggf., welches von beiden Sie bearbeiten wollen.

Hier bieten sich Anknüpfungspunkte zum fächerübergreifenden Unterricht an, z. B. Kunst.

Modul 1 Wusstet ihr schon …?

A1a S einigen sich in KG auf die vier Sätze, die sie für richtig halten. Vergleich im PL.

A1b Anschließend lesen S die Texte und vergleichen mit ihren Vermutungen. Welche Sätze hatten die S richtig getippt, welche nicht?

A 6 – B 3 – C 1 – D 5

Ü1 Als HA geeignet.

A1c		In Vierer-KG wählt jede/r S einen Text und erklärt den anderen die Studie mit eigenen Worten genauer anhand der gestellten W-Fragen.
	🔄	Hier bieten sich Anknüpfungspunkte zum fächerübergreifenden Unterricht an, z. B. Naturwissenschaften.
Ü2		S hören den Text einmal. Geben Sie ihnen vor dem Hören Zeit, den Text zu lesen und wichtige Schlüsselwörter zu markieren, damit sie die Stellen beim Hören schneller identifizieren können. Vergleich im PL und Gespräch über Schwierigkeiten bei diesem Hörverstehen.
A2a		In EA ordnen S den Sätzen die Bedeutung zu.

🔑 A 2 – B 1

A2b   In EA notieren und ergänzen S die Regel im Heft, dann Vergleich im PL.

🔑   Die Probanden mit rotem Teller **sollen** weniger gegessen haben: Ein Sprecher gibt wieder, was er gelesen oder gehört hat.
Die Probanden mit rotem Teller **wollen** weniger gegessen haben: Ein Sprecher gibt wieder, was jemand von sich selbst sagt.

A2c   In PA Vorgehen wir beschrieben. Vergleich und Lesen im PL.

🔑   **Aktiv**:   objektiv: Der Kranke hat Suppe essen sollen.
          subjektiv: Von roten Tellern sollen die Probanden weniger gegessen haben.
Passiv: objektiv: Die Suppe hat gegessen werden sollen.
          subjektiv: Von roten Tellern soll weniger gegessen worden sein.
In der **Vergangenheit** unterscheiden sich die Formen von subjektiven und objektiven Modalverben. In der **objektiven** Form wird das Hilfsverb *haben* konjugiert, in der **subjektiven** Form wird das Modalverb *sollen* oder *wollen* konjugiert.

👆 Hinweise, wie das Tafelbild im Unterricht eingesetzt werden kann, können über das Tafelbild im Lehrwerk digital direkt aufgerufen werden. Beschreibungen zu allen Tafelbildern finden Sie auch online als Gesamt-PDF unter www.klett-sprachen.de/aspekte-junior/lehrerhandreichungC1.

Ü3   Direkt im Anschluss zum Üben in PA bearbeiten.

Ü4a–b   Als HA geeignet.

Ü5   In PA schreiben die S Dialoge wie im Beispiel, die anschließend in der KG verglichen werden.

> Die S sammeln weiteres Vokabular / weitere Redemittel für Gerüchte an der Tafel, z. B.: Hast du schon gehört, dass … / Wusstest du, dass … / Das gibt's doch nicht! / Nein, so etwas! / Was? / Tatsächlich? / etc.   **E**
> Die Aufgabe ist, aus einer Geschichte ein Gerücht zu machen: In KG suchen sich die S ein Thema aus der Ü aus und schreiben einen Dialog, der noch relativ nahe „an der Wahrheit" ist. Dann wird das Blatt einer anderen Gruppe gegeben. Diese Gruppe schmückt den Dialog weiter aus und übertreibt. Dann wird dieser Text an eine dritte Gruppe gegeben, die den Dialog weiter ausschmückt. Danach werden die Texte aufgehängt und gelesen.

Ü6   Als HA geeignet.

Du bist, was du bist

A3 In PA bearbeiten. Vergleich im PL.

🗝 2. Seine letzte Studie soll ein großer Erfolg gewesen sein.
3. Er will viele Forschungsaufträge bekommen.
4. Er soll schon zwei Dissertationen geschrieben haben.

> Schneiden Sie Fotos von berühmten Personen aus. In KG legen die S ihnen Sätze in den Mund oder schreiben etwas über die Person (wie in A3). Anschließend wird rotiert und die anderen S notieren Sätze mit *wollen/sollen*. **E**

A4 In PA oder in KG recherchieren die S als HA zwei bis drei interessante Erkenntnisse aus der Wissenschaft im Internet. Sie setzen sich in der Klasse mit ihren Informationen zusammen und formulieren Behauptungen mit *wollen* und *sollen*, die sie anschließend im PL vorstellen.
Die anderen S hören zu und notieren sich wichtige Stichpunkte und Fragen. Daraus kann sich im Anschluss eine Diskussion ergeben.

Modul 2 Vom Glück

A1a Die S arbeiten in KG und erklären sich die Aussagen gegenseitig.

🗝 Mögliche Lösung:
A: wenn jemand viel Glück hat und ihm alles gelingt – B: man soll sich nicht immer wieder mit dem beschäftigen, was man nicht ändern kann – C: oft gelingen jdm. Dinge, weil er Glück hat und nicht weil er so intelligent ist – D: gute Gesundheit, damit man noch viel machen kann und schlechtes Gedächtnis, damit man alle seine Fehler/Peinlichkeiten vergessen kann – E: auch viel Geld garantiert nicht, dass man glücklich ist – F: jeder ist für sein eigenes Glück verantwortlich

> Schreiben Sie die Aussagen auf Karten und jede/r S bekommt eine Aussage. Die S gehen herum und treffen eine/n andere/n S. Sie lesen ihre Aussagen vor und erklären sie, dann Wechsel. Anschließend tauschen die beiden S ihre Karten und suchen sich einen neuen Partner / eine neue Partnerin. **V**

A1b In KG sprechen. Interessante Punkte werden am Ende im PL erzählt und an der Tafel festgehalten, so können Sie in A2b besser hierauf zurückgreifen.

Ü1a Als HA bearbeiten.

Ü1b Die Ergebnisse aus Ü1a in der Klasse vergleichen, auch mit den eigenen Sprachen der S vergleichen und ggf. Wörter aus den Sprachen sammeln.

Ü1c In KG sprechen S über die angegebenen Fragen im ÜB. Dann Vergleich im PL.

> Als HA können die S einen kleinen Text zu dem Cartoon schreiben und genauer beschreiben, was die Ministerien machen würden. → **Portfolio** **E**

A2a Diese Aufgabe entspricht dem Prüfungsformat Hörverstehen Teil 3 der Prüfung DSD II. Weitere Informationen zum DSD II finden Sie ab S. 170.
P Vorgehen wie beschrieben.
DSD

🗝 1c – 2a – 3a – 4b – 5a – 6a – 7b – 8a

	Zum Üben dieser Höraufgabe hören die S den Vortrag einmal und notieren ihre Antworten. Dann vergleichen sie in KG und achten beim zweiten Hören vor allem auf die Items, bei deren Lösung sich die KG nicht einig war. Das erleichtert das Hörverstehen.
A2b	Die S vergleichen in KG ihre eigene Sammlung aus A1b mit den Informationen aus dem Vortrag.
A2c	S überlegen sich erst in EA, welche Informationen für sie besonders wichtig/überraschend waren. Hier können sie auch auf die von ihnen genannten Argumente aus A1 zurückgreifen. Dann einigen sie sich in KG auf drei Informationen. Anschließend stellt eine KG ihre drei Informationen dem PL mit Begründung vor und notiert sie an der Tafel. Die nächste KG präsentiert und notiert neue Informationen an der Tafel oder macht einen Strich bei einer schon genannten Information, sodass am Ende für alle eine Gewichtung der Informationen sichtbar wird. Gespräch im PL darüber.
Ü2	Als HA geeignet. Kontrolle in der Klasse in KG, dann werden offene Fragen im PL geklärt. Weiter kann besprochen werden, welche Typen von Fehlern die S identifiziert haben. Welche waren leicht zu finden, welche schwerer, welche halten die S für sich persönlich für typisch? Wie kann man diese Fehler vermeiden (Zeit zur Korrektur bei eigenen Texten einplanen, detailliert Satz für Satz lesen, sich auf bestimmte Fehlertypen besonders konzentrieren, …)?
A3a	S lesen die Forumsbeiträge und sprechen kurz in KG, welchen jede/r S persönlich zustimmt, welchen nicht und aus welchem Grund.
Ü3a	In PA Vorgehen wie beschrieben. Vergleich im PL.
	Teilen Sie die S in drei Gruppen. Jede Gruppe erstellt einen Redemittelkasten zu einer der angegebenen Rubriken. Evtl. werden eigene Redemittel von den S ergänzt. Dann werden die Kästen vorgestellt, evtl. erweitert und für alle kopiert. In A3b können diese Redemittel direkt angewendet werden.
	TIPP Auf Forumsbeiträge reagieren Die S lesen den Tipp im PL und wiederholen noch einmal, was alles zur Netiquette gehört und wie man Höflichkeit, Sachlichkeit und Toleranz ausdrücken kann.
Ü3b–c	In EA beenden S die Sätze. Anschließend einigen sie sich in PA auf die fünf besten Aussagen und stellen diese in KG / im PL vor.
A3b–d	S schreiben in EA einen eigenen Beitrag auf ein Blatt ohne Namen und hängen dieses in der Klasse auf. S gehen durch den Raum, lesen und vergleichen die Beiträge und nehmen sich einen Beitrag, der ihrem ähnlich ist. Wenn jede/r S einen Beitrag hat, werden die Beiträge laut vorgelesen und dann vermutet zuerst der/die Vorleser/in, wer diesen Beitrag geschrieben haben könnte und warum, dann auch die anderen in der Klasse. → **Portfolio**
	Nach dem Lesen der Beiträge überlegen sich S, auf welchen Beitrag sie antworten möchten. Jede/r S wählt einen anderen Beitrag aus und antwortet schriftlich. Nach dem Schreiben werden die Beiträge auf den Tischen verteilt und die S gehen herum und antworten auf die Beiträge, dabei achten sie auf Redemittel und Netiquette. Geben Sie ihnen eine Zeit vor, in dieser Zeit können sie auf so viele Beiträge antworten, wie sie wollen. Zum Schluss bekommt jede/r seinen/ihren Beitrag wieder, liest die Kommentare und evtl. werden ein paar im PL vorgestellt.

Du bist, was du bist

Modul 3 Wo ist das Problem?

A1a Die S arbeiten erst in PA und tauschen sich über die Sprichwörter aus. Nachdem sie sich fünf Minuten in PA mit den Sprichwörtern beschäftigt haben, wird das Gespräch in der Klasse geführt.

A1b Im PL suchen die S Alltagsbeispiele für die Sprichwörter.

A2a Die S hören den ersten Teil des Radiobeitrags und machen sich Notizen zu Phillip.

🗝 Phillip:
- Eltern machten sich große Sorgen
- war einer der besten der Klasse
- Lieblingsfach Mathe
- plötzlich ließ er in der Schule nach, vergaß Hausaufgaben, was unkonzentriert, hatte keine Lust mehr zu lernen → schlechte Noten
- aß weniger, schlief schlecht → tagsüber müde und aggressiv, zog sich in sich zurück
- Eltern dachten: ihr Sohn hat ernsthafte Probleme, Phillip wollte aber nicht darüber sprechen

A2b In KG diskutieren die S über die Frage unter Verwendung der Redemittel. Im Anschluss werden interessante Punkte der Diskussion im PL vorgestellt (z. B.: Wo waren sich die S einig/uneinig?).

Ü1a In PA sortieren die S die Modalwörter in die Tabelle.

> Zur Verknüpfung des Haptischen mit dem Visuellen bietet es sich hier an, dass Sie die Modalwörter auf Kärtchen schreiben und die S sie in KG auf den Tischen anordnen. Anschließend gehen die S von Tisch zu Tisch und vergleichen die Lösung der anderen mit ihrer eigenen. Gespräch im PL. **V**

Ü1b In PA bearbeiten. Die Sätze werden vorgelesen.

> Geben Sie den S eine Zeit vor, z. B. 10 Minuten. Die PA arbeiten nach ihrem Tempo und haben am Ende zu allen Bildern Sätze geschrieben oder nur zu ein bis zwei. In KG lesen sich die S ihre Sätze gegenseitig vor. **B**

A2c Vorgehen wie beschrieben. Vergleich in PA.

🗝 2. – 4. – 5.

A2d Die S hören den letzten Teil, beantworten die Fragen und vergleichen sie in KG.
Zum Abschluss des Hörverstehens werden evtl. offene Fragen im PL geklärt.

🗝
1. Schulangst oder Angst, in die Arbeit zu gehen, Leistungsabfall, psychosomatische Erkrankungen, Isolation und schwindendes Selbstbewusstsein, langfristig kann eine Depression entstehen
2. um alle Vorfälle zu dokumentieren: wer hat wann was wo und wie gesagt oder gemacht. Sammeln von Nachrichten ist wichtig → Nachweis des Mobbings (ist sehr schwierig)
3. Opfer muss sich an andere Personen wenden, die helfen können; Kontakt zu anderen Mobbingopfern kann hilfreich sein
4. Lehrende: einen klaren Standpunkt beziehen, den Zuschauern und dem Täter ermöglichen, sich in die Rolle des Opfers zu versetzen und ihnen die psychischen Folgen klar machen; Schüler ermutigen, über Mobbing-Vorfälle zu berichten. Opfer müssen geschützt und unterstützt werden, Täter zur Rede stellen und aktiv in die Lösung mit einbeziehen → Klassenregeln für einen fairen Umgang miteinander

5. Eltern: Warnsignale kennen; Kind ernst nehmen, wenn es z. B. nicht mehr in die Schule gehen will, morgens plötzlich Magenschmerzen hat, viel krank ist oder Schulsachen beschädigt nach Hause bringt. Bei Mobbing-Verdacht nicht vorschnell mit dem Täter Kontakt aufnehmen, sondern die Schule informieren und fordern, dass gehandelt wird.

Hier bieten sich Anknüpfungspunkte zum fächerübergreifenden Unterricht an, z. B. Ethik, Philosophie, Religion, Sprachen.

Ü2 Als HA geeignet.

SPRACHE IM ALLTAG
Im PL lesen und klären. Sprachvergleich: Kurzes Gespräch im PL, welche Ausdrücke es für Problemsituationen in den Muttersprachen der S gibt.

A2e In PA ordnen S die Verben zu und notieren die kompletten Ausdrücke ins Heft. Vergleich im PL.

1 d – 2 e – 3 a – 4 b – 5 f – 6 c

> Zur Wiederholung und Festigung der Ausdrücke. Notieren Sie die nummerierten Ausdrücke und die Verben auf Kärtchen. S ordnen sie in der nächsten Stunde noch einmal zu, ohne ins Buch zu sehen, und formulieren dann Sätze mit diesen Ausdrücken. **E**

A3 In PA formulieren die S die Sätze aus der Tabelle mithilfe der Ausdrücke aus A2b um. Vergleich im PL. Verweisen Sie auch auf die Grammatik-Rückschau.

Mögliche Lösung:
Ich bin sicher, dass Phillip keine Probleme mit anderen Mitschülern hat.
Wahrscheinlich hat Phillip gleich mehrere Probleme.
Es sieht so aus, als ob Phillip gemobbt wird.
Es ist denkbar, dass Phillip krank ist.

Hinweis: Mit den Modalverben werden verschiedene modale Bedeutungen bezeichnet, d. h., wie ist das Verhältnis zwischen dem Subjekt des Satzes und der im Infinitiv ausgedrückten Handlung. Es gibt objektive oder subjektive Bedeutungen. Die objektiven Bedeutungen der Modalverben sind Möglichkeit, Notwendigkeit, Erlaubnis, Verbot, Fähigkeit, Gelegenheit, Absicht und Wunsch. Man kann Modalverben auch subjektiv benutzen und mit ihnen verdeutlichen, für wie wahrscheinlich man einen Sachverhalt hält (Überzeugung, Vermutung, fremde Behauptung s. a. Modul 1).

> Kopieren Sie die Tabelle von **KV 15/1** auf S. 154 und schneiden Sie die Kärtchen von **KV 15/2** auf S. 155 aus. S legen in Gruppen die Kärtchen in die Tabelle. Vergleich im PL.
> Nach der Zuordnung verteilen Sie **KV 15/3** von S. 156 mit den Sätzen. S arbeiten in KG und formen jeweils den zweiten Satz in einen Satz mit Modalverb oder in einen Satz mit Umschreibung ohne Modalverb um. Hilfe bieten ihnen dabei die Kärtchen in der Tabelle, die sie zuvor zugeordnet haben Vergleich im PL. **V**

Ü3 In PA bearbeiten.

Ü4 Als HA geeignet. Vergleich in der Klasse.

Ü5 Die S schreiben Vermutungen mit Modalverb für die Bilder aus Ü1b.
Dabei können sie auf die schon geschriebenen Sätze zurückgreifen und diese umwandeln oder ganz neue Sätze schreiben.

Du bist, was du bist

A4 In PA formulieren S mindestens zwei Vermutungen mit Modalverb.

🗝 Mögliche Lösung:
2. Der Sportclub der Schüler dürfte gewonnen haben. / Sie dürften die Prüfung gut bestanden haben.
3. Der Schüler kann Schwierigkeiten beim Lernen haben. / Der Schüler dürfte keine Lust zum Lernen haben.
4. Ein Mädchen kann etwas falsch gemacht haben. / Die Mädchen dürften einen Streit haben.

> Die S bilden in PA Sätze mit und ohne Modalverben. Sie geben diese an eine andere Gruppe weiter, die sie jeweils umwandelt. **B**

Modul 4 Grenzen überwinden

A1a Vorgehen wie beschrieben.

🗝 etwas Neues auszuprobieren

A1b Gespräch im PL über die angegebenen Fragen.
Weiterführende Frage: Was von dem Erzählten findet ihr spannend? Warum?

> Falls die S Schwierigkeiten haben, zu entscheiden, was unter „etwas Besonderes" zu verstehen ist, lassen Sie vor der A1b Aktivitäten/Ideen im PL sammeln. **B**

> Gespräch als Sprechmühle gestalten wie in Kapitel 1, Modul 3 A1 beschrieben. **V**

Ü1a Diese Übung entspricht dem Prüfungsformat Lesen Teil 3 der Prüfung Goethe-Zertifikat C1. Weitere
P Informationen zum Goethe-Zertifikat C1 finden Sie ab S. 164.
GI Dieses Übungsformat kennen die S schon aus Kapitel 1, Modul 2. Sie bearbeiten es in EA und haben dazu 15 Minuten Zeit. Vergleich in PA. Fragen werden im PL geklärt.

Ü1b Als HA geeignet.

A2a In KG sprechen die S über die Fotos und die Überschriften. Sie überlegen auch, welche Tätigkeiten man dort wohl machen muss und was schwierig sein könnte. Außerdem begründen sie ihre Entscheidung, was sie gerne ausprobieren möchten.
Im PL lassen sie ein paar S ihre Wahl vorstellen und begründen.

> Im Anschluss an das KG-Gespräch machen Sie eine Klassenabfrage. Sie zeigen die Fotos und fragen, wer was machen möchte und notieren die Anzahl der S zu den Fotos, sodass sich eine Klassenstatistik ergibt. **E**

A2b In PA überlegen S, was wohin passen könnte. Die Aussagen können ggf. auch zu mehreren Fotos passen. Vergleich im PL.

🗝
1. b – d – e
2. b – c – d – f
3. a – c – d – e – g
4. d – h

A2c Vorgehen wie beschrieben, jede/r wählt eine Person. Achten Sie darauf, dass sich zu jeder Person S finden. Die S zeichnen eine Tabelle ins Heft und ergänzen dort die Informationen zu ihrer Person. Vor dem 2. Hören setzen sich alle S, die auf dieselbe Person achten, zusammen und vergleichen ihre Notizen. Dann wird noch einmal gehört – hier brauchen sie nur den Track 3.8 für die Details zu hören – danach besprechen die S in diesen Gruppen wieder ihre Notizen. Der Austausch über die Personen mit den anderen S erfolgt in A2e.

	Gründe für die Teilnahme	**Positive Erfahrungen**	**Negative Erfahrungen**	**Fazit**
Sofia Astronautentraining	Geschenk vom Vater	sie fand es fantastisch, man spürt kein Gewicht mehr; hat gemerkt, wie spannend Naturwissenschaften sein können	zu Beginn etwas Angst; schwierig: gleichzeitige Konzentration auf die Aufgabe und den Partner; erst lustig, dann anstrengend	hatte viel Spaß und nun mehr Interesse an Naturwissenschaften
Erno Radiomoderation	ausprobieren, ob er eine Moderation alleine schafft, manchmal hat er Probleme, vor anderen zu sprechen	Technik war kein Problem, Leute im Studio halfen ihm; hatte sich einen Plan gemacht mit den wichtigsten Fragen	schwierig: Interviews → man muss spontan reagieren und die wichtigsten Fragen stellen, es darf keine Pausen geben; er kam einmal total aus dem Konzept und stotterte	enttäuscht, dass er nicht alles gut hinbekommen hat, aber Sendung wurde gesendet → stolz; kann es nur empfehlen
Fritz Blind die Welt ertasten	Cousine mit Sehbehinderung hatte die Idee, ihr Wohnheim hat den Kurs angeboten	Sinne wurden extrem geschärft, er hörte mehr, tastete intensiver und roch mehr, Situation war manchmal lustig	zu Beginn total irritiert, keine Orientierung; Situation manchmal schockierend, ohne Kontrolle → Panik	würde er immer wieder machen, Neues erkennen und erfahren
Emma Survivalcamp	Angebot vom Naturschutz-Verein: sie fand es spannend, aufregend und konnte es sich nicht richtig vorstellen	man muss den ganzen Tag etwas tun (Dach bauen, Holz holen, Feuer machen, Essen suchen, Wasser holen); hatte Spaß, hat viel gelernt und es gab keinen Regen	man bekommt ohne Handy nichts mehr mit; Angst in der Dunkelheit (viele Geräusche); Überwindung beim Essen (Insekten)	man könnte es in der Schule mal machen → in der Projektwoche eine Nacht im Wald

A2d In KG lesen die S die Redemittel und klären sie ggf. untereinander. Nur Redemittel, die für alle aus der KG unbekannt sind, werden im PL geklärt. Dann ergänzen sie pro Kategorie mindestens zwei weitere. Diese werden im PL an der Tafel gesammelt.

Beispiele:
über Emotionen berichten: Ich bekam Angst. / Ich war total aufgeregt.
positive Erfahrungen: Was ich positiv fand: … / Mich hat überrascht, … / Ich würde es immer wieder machen.

Du bist, was du bist

negative Erfahrungen:
Da hatte ich echt Panik. / Ich hatte viel Spaß, obwohl … / Alles war okay, nur … Ich war völlig orientierungslos. / Ich bin komplett aus dem Konzept gekommen.

A2e Die S suchen sich drei andere S, die auf die anderen Personen geachtet haben und berichten sich gegenseitig mithilfe der Redemittel von ihren Person und deren Erfahrungen.

> Kopieren Sie die **KV 16** auf S. 157 für je drei KG in drei verschiedenen Farben und schneiden Sie die Kärtchen aus. Sortieren Sie die Kartensätze anschließend so, dass die drei Kategorien pro KG unterschiedliche Farben haben. Bringen Sie leere Farbkarten mit, damit die neu gesammelten Redemittel der S auch aufgeschrieben werden können. Die Redemittel werden offen auf die Tische gelegt und wenn die S in KG sprechen, drehen sie immer das Redemittel, das sie benutzt haben, um. Wenn die Redemittel von einer Kategorie aufgebraucht sind und es werden weitere benötigt, werden alle wieder offen hingelegt. **V**

A2f Gespräch im PL zu der angegebenen Frage im KB.

Ü2a–b Als HA bearbeiten.

> Wenn ihre Klasse Bewegung braucht: Sie kopieren den Text aus Ü2a und teilen ihn in der Mitte. Den Kasten mit den Ausdrücken notieren Sie auf beide Teile. Dann hängen Sie die Teile an unterschiedliche Punkte im Klassenzimmer. Die Klasse schreibt ein Laufdiktat, in dem zusätzlich die Redemittel ergänzt werden müssen: die S arbeiten in PA, zuerst läuft Person A zu dem Text, muss sich Teile merken und ggf. Redemittel ergänzen, läuft zurück und diktiert Person B den Textteil. Wenn Person A den kompletten ersten Teil diktiert hat, wechseln die beiden. Anschließend kontrollieren sie die Rechtschreibung im ÜB und die Ausdrücke im PL. **E**

A3 In EA schreiben S den Text. Die Texte werden ausgetauscht und der/die nächste S markiert alle Redemittel, die der/die Verfasser/in benutzt hat. → **Portfolio**

Ü3 Ü3 eignet sich auch als Ersatz von A3, wenn Sie das Thema in A3 nicht mehr vertiefen möchten. Die S bearbeiten die Übung in PA und sammeln Stichpunkte und Ideen. Dann schreiben sie einen Text. Das kann auch als HA gemacht werden. → **Portfolio**

A4–5
P
DSD
In A4 bis A5 trainieren S das Prüfungsformat Sprechen Teil 2 der Prüfung DSD II. Weitere Informationen zur Prüfung DSD II finden Sie ab S. 170.
In A4 finden S Informationen zur Prüfung, wählen Themen (A4a) und erstellen eine Materialsammlung (A4b–e). In A5 werden Redemittel erarbeitet (A5a–b), arbeiten die S die Präsentation aus (A5c) und halten sie anschließend (A5d). Nach der Präsentation erfolgt eine Frage- und Feedbackrunde (A5e).

A4a Lesen der Aufgabe und der Beispiele im PL. Die S entscheiden sich für eines der vier Themen, dann setzen sie sich in diesen Gruppen zusammen und sammeln weitere Ideen und Aspekte.

A4b Im PL lesen Sie den Informationskasten und die Aufgabe, v.a. die Stichpunkte, wie das Material sein soll.
S recherchieren als HA und im Unterricht Informationen zu ihrem Thema. Sagen Sie den S, dass sie ihr Material mit in die Prüfung nehmen dürfen. Lassen Sie als Hilfe die S ihre Materialien mitbringen und geben Sie ihnen Zeit, ihr Material in KG vorzustellen. Die S geben sich gegenseitig Feedback, ob zu allen Aspekten Material vorliegt. Ebenso ergänzen sie ggf. weitere Ideen zum Thema
Alle ihre Informationen sammeln S in einer Materialmappe.

A4c In EA lesen S sich ihr Material durch, markieren Schlüsselwörter und erstellen in einem Extra-Heft eine Wortliste und klären mit dem Wörterbuch, untereinander oder im PL unbekannte Begriffe.

A4d	S ordnen den Inhalt ihrer Materialien. Beispiele, wie eine sinnvolle Ordnung aussehen könnte, finden Sie in dem Informationskasten, den Sie im PL lesen sollten. Jede/r S sortiert sein/ihr eigenes Material, aber die S unterstützen sich gegenseitig.
A4e	Aus ihrem Material notieren S Stichpunkte und überlegen, wie sie ihre Informationen präsentieren wollen. Auch das kann in PA geschehen, sodass sich immer zwei S füreinander zuständig fühlen.
A5a	Lesen Sie im PL den Informationskasten. In PA ordnen S zu und notieren die gesamte Tabelle ins Heft. Vergleich im PL.

Einleitung	Hauptteil	Schluss
E Struktur der Präsentation vorstellen F die Wahl des Themas begründen	B Pro- und Contra-Argumente erläutern C Informationen mit Zahlen belegen und dann bewerten	A um Reaktionen bitten D die Präsentation zusammenfassen

A5b	S erstellen eine Tabelle mit Redemitteln, die sie den drei Hauptpunkten zuordnen. Weisen Sie auch noch einmal auf den Redemittelanhang im KB hin.

Einleitung	Hauptteil	Schluss
In meiner Präsentation beschäftige ich mich mit … Ich werde Ihnen heute … vorstellen.	Ich will Ihnen das anhand … verdeutlichen Damit komme ich zur Frage … Darauf werde ich nun genauer eingehen. Dieses Bild / Diese Grafik zeigt deutlich … Nachdem ich … kurz skizziert habe, will ich … Das will ich mit … verdeutlichen. Auf … möchte ich im Folgenden eingehen. Ich wende mich jetzt … zu. Anhand des Beispiels kann man sehen, dass … Um Ihnen … zu erklären, habe ich … vorbereitet.	Am Ende möchte ich noch einmal das Gesagte zusammenfassen. Am Ende möchte ich noch mal unterstreichen, dass … Zusammenfassend lässt sich also feststellen, dass …

	Hinweise, wie das Tafelbild im Unterricht eingesetzt werden kann, können über das Tafelbild im Lehrwerk digital direkt aufgerufen werden. Beschreibungen zu allen Tafelbildern finden Sie auch online als Gesamt-PDF unter www.klett-sprachen.de/aspekte-junior/lehrerhandreichungC1.
A5c	Geben Sie den S Zeit, im Unterricht ihre Präsentation vorzubereiten, sodass zumindest das Grundgerüst steht bzw. der Anfang gemacht ist und die S wissen, wie sie zu Hause evtl. weiter vorgehen müssen. Verteilen Sie leere Karteikarten, auf die die S Stichpunkte für ihre Präsentation schreiben können. In EA erarbeiten S mithilfe all ihrer Materialien die Präsentation. Lesen Sie die Aufgabe im PL und stehen Sie bei Fragen zur Seite. Erinnern Sie die S immer wieder daran, dass sie keinen ausformulierten Text auf die Karten schreiben.
STRATEGIE	Lesen Sie die Strategie im PL. Üben Sie dies auch immer wieder mit kleinen Texten in der Klasse.
A5d	Hier erfolgt die Präsentation. Lesen der Arbeitsanweisung im PL. Vorgehen wie beschrieben. Bei sehr großen Klassen lassen Sie die Präsentationen in KG halten. Verteilen Sie das Halten der Präsentationen auf mehrere Tage, damit die S konzentriert bleiben.
A5e	Zuerst spricht die Person, die die Präsentation gehalten hat und gibt selbst Feedback anhand der Fragen aus dem KB. Dann geben die anderen S Feedback. Wiederholen Sie vorher noch einmal mit den S, wie man konstruktiv Feedback gibt.

Du bist, was du bist

> Verteilen Sie vor der Präsentation verschiedene Feedback-Punkte an die Zuhörer/innen, sodass diese genau wissen, worauf sie achten sollen. **V**

Aussprache Imperativ und Intonation

Ü1a S hören die Aufforderungen und notieren je ein passendes Adjektiv. Danach vergleichen sie in PA.

Ü1b–c Zweites Hören und S markieren die Steigerung. Überprüfung der Ergebnisse in der Klasse. Wie wird eine Steigerung bei Aufforderungen in den Muttersprachen der S umgesetzt? Ähnlich? Anders? Anschließend hören sie noch einmal, sprechen nach und übertreiben dabei.

TIPP Bevor S in Ü2 gegenseitig das Sprechen üben, lesen sie im PL den Tipp.

Ü2 In PA wählen S zwei Anfänge und schreiben wie im Beispiel verschiedene Varianten. Dann sprechen sie sie gegenseitig mit unterschiedlichen Emotionen und der/die andere gibt Feedback.

Film Intuition – das schlaue Gefühl

A1 Die S sprechen in KG über die angegebenen Fragen. Lenken Sie die Aufmerksamkeit der S sowohl auf den privaten Bereich (z. B. Einkauf, Freizeitgestaltung, Wahl der Freunde/Partner) als auch auf öffentliche Situationen (z. B. Schule, Studium, Prüfungssituationen, Wettbewerbe). Weiterführende Frage: Warum denkt und handelt ihr manchmal auch intuitiv (nicht bewusst/rational)?
Kurze Sammlung in der Klasse.

A2a Die S sehen den Film und notieren alles, was für eine Definition von Intuition wichtig ist.

Hinweis: Sagen Sie den S, dass sie an dieser Stelle noch keine medizinischen Details notieren sollen. Dies erfolgt in Aufgabe 5.

- Wiedererkennungsintuition: bei einer Entscheidung (z. B. Aussagen über Qualität, Kaufentscheidung) setzt man auf das, was man kennt/wiedererkennt – früher aufgenommene Informationen bleiben im Gedächtnis haften und können dann intuitiv abgerufen werden
- Eindrücke aus der Umwelt und viele Gedächtnisinhalte werden gleichzeitig miteinander verglichen
- Menschen vermuten ihre Intuition – ihre „innere Stimme" – im Bauch → beeinflusst unser Handeln → Entscheidungsfindung: Zusammenspiel aus Kopf und Bauch, die Entscheidung findet aber im Kopf statt
- Intuition hat jede/r → stellt sich meist ein, wenn der Verstand ruht und das Gehirn mit etwas anderem beschäftigt ist
- Intuition kann man trainieren → wir beziehen unsere Informationen aus der realen Welt um uns herum
- unbewusster Lernprozess; das Gelernte steht plötzlich und unerklärlich zur Verfügung
- Kernpunkt der Intuition: Reduktion aufs Wesentliche → aus den vielen Informationen werden die wichtigen herausgegriffen

A2b Mithilfe ihrer Notizen formulieren S in PA eine Definition. Dann setzen sie sich mit einem anderen Paar zusammen und formulieren aus den zwei Definitionen eine. Anschließend lesen die KG ihre Definitionen in der Klasse vor.

Mögliche Definition: Unter Intuition versteht man die „innere Stimme" eines jeden Menschen, mit der man in bestimmten Situationen entscheidet. Diese Entscheidungen sind eher aus dem Bauch heraus als rational begründet und basieren auf Informationen, die man zu einem früheren Zeitpunkt im Gedächtnis abgespeichert hat.

8

A3a Die S sehen die erste Sequenz und beschreiben das Experiment unter Berücksichtigung der Vorkenntnisse der Testpersonen und deren Entscheidungsfindung.

🔑 Die Testpersonen sollen entscheiden, welches Unternehmen die höhere Marktkapitalisierung (die größere Menge an Geldumläufen) hat. Die Personen entscheiden sich für das Unternehmen, das ihnen allen bekannt ist: die Deutsche Post (eine der Personen kennt die Firma Linde nicht).

A3b In KG vorgehen wie beschrieben.

🔑 Mögliche Lösung:
Aus dem Experiment „Wiedererkennungsintuition" kann man ableiten, dass z. B. ein Produkt, das viel beworben wird oder über das in verschiedenen Situationen gesprochen wird (da es vielleicht gerade im Trend liegt), eher gekauft wird als ein unbekanntes, obwohl der Bekanntheitsgrad des Produkts beispielsweise nichts über dessen Qualität aussagt.

A4a Lesen Sie das Experiment im PL und klären Sie ggf. den Ablauf. Dann führen die S in Vierergruppen das Experiment durch. Achten Sie hier wenn möglich darauf, dass die KGs intern keine Konflikte miteinander haben.

A4b–c S zeigen in den Gruppen ihre Prozentzahlen und besprechen, wer sich aus welchem Grund für seinen Prozentsatz entschieden hat und wie lange die S für ihre Entscheidung gebraucht haben. Steht diese Dauer im Verhältnis zu den Prozentzahlen? Wurden diese noch einmal geändert bei längerem Nachdenken?
Dann lesen S die Ergebnisse der Harvard-Wissenschaftler und vergleichen sie mit den eigenen Ergebnissen.

A5a Nun sehen die S die zweite Sequenz und notieren, wie Intuition aus medizinischer Sicht erklärt wird. Zusammentragen im PL.

🔑
- Menschen vermuten die Intuition – die innere Stimme – im Bauch (im Magen/Darm)
- Der Darm ist mehr als Verdauungsorgan – hat die meisten Nervenzellen außerhalb des Gehirns.
- Aus den 100 Millionen Nervenzellen werden ständig Informationen an das Gehirn geschickt.
- Das limbische System im Gehirn, auf der linken Gehirnseite, nimmt die emotionalen Signale wahr und ist Entstehungsort für unsere Gefühle.
- Die meisten Verarbeitungsprozesse im Gehirn nehmen wir nicht wahr.
- Intuition kann körperlich spürbar sein, z. B. Grummeln im Bauch, schwitzen

A5b Im PL sammeln S Redewendungen zur Intuition in ihrer eigenen Sprache und klären sie in der Klasse.

A6a Die S sehen die dritte Sequenz und machen sich zur angegebenen Frage Notizen.

🔑 Intuitives Verhalten begünstigen und trainieren:
- Distanz von der Alltagshektik, Stille und Entspannung, Rückzug
- Der Verstand soll ruhen, das Gehirn soll mit etwas anderem beschäftigt sein.
- aber auch Kontakt; Mimik, Gestik, Gefühle wahrnehmen

> Diskussion in KG, ob die S eher Bauch- und Kopfmenschen sind und warum, dies kann auch als Vorentlastung für den Text in A6b helfen. **E**

A6b S wählen eine Situation und schreiben einen kurzen Text. Auch als HA geeignet.

Kapiteltests
Kapiteltests zu jedem Kapitel finden Sie unter www.klett-sprachen.de/aspekte-junior im Bereich „Tests".
Der Zugangscode lautet: asP!jr3

Die schöne Welt der Künste

Themen Kapitel 9 behandelt Aspekte von Kunst und Kultur.

Auftakt Den Auftakt macht die Frage: „Was ist Kunst?"
Modul 1 In Modul 1 geht es um das Thema „Kreativität und Kreativitätstechniken".
Modul 2 Modul 2 beschäftigt sich mit neuen deutschsprachigen Filmen und der Frage, wie und wo die Deutschen gerne Filme sehen.
Modul 3 In Modul 3 dreht sich alles um die Schwierigkeiten, von der Kunst leben zu können.
Modul 4 Modul 4 ist ganz dem Thema „Leseratten" gewidmet. Wer liest gerne? Was für Bücher und warum?
Film Im Film geht es um den Klassiker „Der Schimmelreiter" von Theodor Storm.

Lernziele

> **Ihr lernt**
> **Modul 1** | Ein Fazit aus Texten zu Methoden der Kreativität ziehen
> **Modul 2** | Filmbeschreibungen zusammenfassen und über eine Grafik zum Thema „Medien" schreiben
> **Modul 3** | Einen Artikel über das Leben als Künstler kommentieren und Ratschläge geben
> **Modul 4** | Einen autobiografischen Text verstehen und über Lesegewohnheiten sprechen
> Einen Text über das Thema „Bücher und Leseverhalten" schreiben und ein Buch vorstellen
>
> **Grammatik**
> **Modul 1** | Nominalisierung und Verbalisierung von Präpositionalergänzungen
> **Modul 3** | Konnektoren *(allerdings, mittlerweile, vielmehr …)*

Auftakt   Die schöne Welt der Künste

A1a S sehen die Bilder an und sprechen in KG, was für sie Kunst ist und warum. Weisen Sie hier noch einmal auf den Redemittelanhang hin und geben Sie den S Zeit für den Austausch. Präsentation von überraschenden Ergebnissen aus den KG im PL.

> **Informationen zu den Bildern**
> **Bild A**
> unbekanntes Tattoo
> **Bild B**
> Straßenmusik: hat vor allem in den letzten Jahrzehnten des 20. Jahrhunderts zugenommen, obwohl sie in vielen verschiedenen Formen schon länger existiert. Sie ist eine Form der Kleinkunst und es gibt auch Studierende und Schüler/innen, die sich damit z. B. Reisekosten finanzieren.
> **Bild C**
> Kinderzeichnung
> **Bild D**
> Design von TALBOT RUNHOF: deutsches Modelabel mit Sitz in München. Johnny Talbot und Adrian Runhof gründeten es 1992 als „All About Eve" und nannten es im Jahr 2000 in *Talbot Runhof* um. Sie entwerfen und produzieren Damenmode und Accessoires. Viele berühmte Personen tragen ihre Abendmode (z. B. Julia Roberts, Lady Gaga)
> **Bild E**
> Graffiti in Berlin: Viele Wände in Berlin werden immer wieder mit Graffiti besprüht. Ein interessantes Projekt ist der Mauerpark, in dem ein Stück der Berliner Mauer aus der Zeit vor 1989 enthalten ist, das man von der Parkseite her mit Graffiti besprühen darf.

> **Bild F**
> Medienhafen: Auf dem Foto ist der Gebäudekomplex „Neuer Zollhof" vom kanadisch-US-amerikanischen Architekten Frank Gehry zu sehen, der 1998/1999 fertiggestellt wurde. Im Medienhafen findet man verschiedene Unternehmen die zur Medienwirtschaft zählen, aber auch Modelabels, Beraterfirmen, Gastronomie usw.
> **Bild G:**
> Hip-Hop-Tänzer: Hip-Hop ist eine Musikrichtung, die aus der afrikanischen Funk- und Soul-Musik entstanden ist. Der Gesang ist ein Sprechgesang. Der Tanz ist eine Art Street dance mit breakdance-Anteilen
> **Bild H**
> Katharina Grosse: Deutsche Künstlerin (1961 geboren), die heute in Berlin lebt und arbeitet und viele Preise gewonnen hat. Seit 2010 ist sie Professorin an der Kunstakademie Düsseldorf. Sie arbeitet mit Spraytechnik und ist bekannt für ihre Installationen.
> **Bild I**
> Konstantin Grcic: geboren 1965 ist ein deutscher Industriedesigner mit serbischer Abstammung. Er nutzt Materialien und Produktionstechniken auf neue Weise und hat schon viele Preise gewonnen.

> Schreiben Sie die Frage „Ist das Kunst?" an die Tafel. Zeigen Sie jeweils ein Foto aus dem KB mit der Benennung, was es ist. Dann sprechen S über die Frage: „Ist das Kunst?" **E**
> Suchen und zeigen Sie auch weitere Fotos (z. B. Foto von einem Gericht eines Drei-Sterne-Kochs, Fotografie eines Reiseprospekts, Foto von einem preisgekrönten Kurzfilm, Foto von einem Werbefilm, Foto, das Sie selbst gemacht haben) und notieren auch dazu, was es darstellt. S sprechen in KG.
> Anschließend überlegen sich S in KG: Was sind für uns Kriterien für Kunst?

A1b	S lesen den Satz und sprechen direkt im Anschluss an ihre eigene Diskussion im PL darüber.
A1c	Die KG werden neu gemischt und S sprechen über die angegebene Frage und notieren die Gebiete, für die in ihrer Gruppe Interesse / kein Interesse herrscht. Kurze Vorstellung im PL.
Ü1–3	Als HA geeignet.
A2	Rechercheaufgabe: S suchen als HA im Internet Informationen zu einem Künstler / einer Künstlerin ihrer Wahl. Am nächsten Unterrichtstag Vorstellung in KG. Sagen Sie ihnen, dass sie mindestens ein Foto von einer Arbeit des Künstlers / der Künstlerin mitbringen sollen, um die Vorstellung anschaulicher zu gestalten.

> Sie können die Recherche auch lenken, indem Sie den S Künstler/innen vorgeben. **V**

Hier bieten sich Anknüpfungspunkte zum fächerübergreifenden Unterricht an, z. B. Kunst.

Modul 1 Kreativ

A1	Die S überlegen sich in KG, in welchen Situationen sie kreativ sein müssen, z. B. bei der Lösung eines Problems (Teamarbeit in einem Projekt), bei einer Präsentation für die Schule, Essen (z. B. Essen angebrannt / man muss alleine kochen / Zutat fehlt …), Familie (nicht genug Zeit am Computer, Diskussion mit Eltern / Unterschiedliche Meinungen bei Freizeitwünschen …), im Alltag (Bus verpasst, Hausaufgaben nicht gemacht), bei Zeitdruck (alltäglicher Gegenstand ist kaputt gegangen, z. B. Reißverschluss an Jacke). Anschließend vergleichen sie im PL ihre Ideen. Waren die Ideen der einzelnen KG ähnlich oder gab es große Unterschiede?

Die schöne Welt der Künste

> Nach dem Einstieg schreiben die S zu einer Situation aus A1, in der Kreativität von ihnen gefragt war, einen Zeitungstitel auf ein großes Blatt. Sie können gerne übertreiben oder ihn auch reißerisch formulieren. Die Gruppe steht sich in zwei Reihen gegenüber. Die S der Reihe A halten ihre Titel hoch und jeweils der/die gegenüberstehende S der Reihe B ist der/die Interviewer/in und stellt Fragen, um herauszufinden, was genau passiert ist. Nach zwei bis drei Minuten geben Sie ein Zeichen und die Rollen von A und B werden gewechselt.

A2a Die S lesen die Thesen A–D und sprechen in KG darüber, welcher sie zustimmen und welcher nicht. Kurzer Austausch im PL.

A2b Im Anschluss daran lesen sie die Texte und notieren in EA, welche These zu welchem Text passt und warum. Vergleich im PL.

🔑 1 C – 2 D – 3 B – 4 A

A2c Im PL überlegen die S, ob die Thesen in den Texten bestätigt oder widerlegt werden.

🔑
A Text 4: wird widerlegt (Z. 3–6; Z. 8)
B Text 3: wird widerlegt (Z. 5–7; Z. 12–13)
C Text 1: wird widerlegt (Z. 9–16)
D Text 2: wird bestätigt (Z. 1–2; Z. 21–26)

A2d In KG formulieren S zu den Texten Tipps. Austausch im PL und Kommentierung, ob sie selbst diese Tipps schon angewendet haben oder nicht.

🔑 Mögliche Lösung:
Tipp zu Text 2: Wenn man mit der Lösung eines Problems bei den Hausaufgaben nicht weiterkommt, dann sollte man eine andere Tätigkeit ausüben, z. B. sich einen Tee kochen, joggen gehen, das Fahrrad putzen. Dadurch wird der Kopf frei und man ist offener für eine Lösung.
Tipp zu Text 3: Man sollte sich nicht immer auf alte Gewohnheiten verlassen, sondern etwas Neues ausprobieren. Dadurch bekommt man auch neue Ideen.
Tipp zu Text 4: Wenn es einem schlecht geht, ist man weniger kreativ. Man sollte sich an kleinen Dingen freuen (Sonnenschein, einen guten Kaffee/Tee etc.), das verbessert die Stimmung und trägt zur Kreativität bei.

> Wirbelgruppenaktivität zu A2b–A2d:
> Kopieren Sie die einzelnen Texte auf unterschiedlich farbiges Papier. In KG lesen die S zusammen einen Text, klären untereinander schwierige Wörter oder Dinge, die sie nicht verstanden haben. Dann setzen sie sich mit je einem/einer S der anderen drei Gruppen zusammen (geben Sie die Anweisung, dass sich jede/r drei Personen mit Texten unterschiedlicher Farbe suchen muss) Die S informieren sich gegenseitig über ihre Texte und ordnen die Thesen zu. Sie bearbeiten in diesen KG auch A2c und A2d und sprechen über die Aussagen in den Texten und die Tipps, die sie daraus ableiten. Anschließend gehen die S in ihre Ausgangsgruppen zurück und vergleichen ihre Tipps mit den anderen der Gruppe.

Ü1 Als HA geeignet.

Ü2 In KG lesen die S die Übungen und entscheiden sich für mind. zwei von a–e, die sie bearbeiten möchten. Geben Sie ihnen genügend Zeit, dann stellen S im PL ihre Resultate vor.

A3a	In PA schreiben S die Präpositionen + Kasus zu den Verben ins Heft. Vergleich im PL.

2. helfen bei + D – 3. beitragen zu + D – 4. Angst haben vor + D – 5. überzeugen von + D – 6. glauben an + A – 7. sich lösen von + D – 8. einsetzen für + A – 9. spezialisiert sein auf + A – 10. raten zu + D – 11. führen zu + D. – 12. sich freuen auf/über + A

A3b	Die S arbeiten in PA wie im Buch beschrieben.
A3c	In PA teilen sich S die Texte aus A2b auf und suchen Beispielsätze für die Verben aus A3a. In Text 3 kommen die meisten Verben mit Präpositionen vor, geben Sie diesen Text und einen weiteren an die stärkeren Paare. Anschließend formulieren S in PA die Sätze in Verbalform mithilfe der Tabelle um und vergleichen dann mit einem anderen Paar. Wenn die Paare unterschiedliche Sätze herausgesucht haben, kontrolliert das andere Paar, ob sie es auch so umformuliert hätten.

Text 1: (Z. 1) einsetzen für + A, (Z. 4) basieren auf + D, (Z. 11/12) Angst haben vor + D
Text 2: (Z. 21) raten zu + D, (Z. 24) helfen bei + D, (Z. 27/28) überzeugen von + D
Text 3: (Z. 1) spezialisiert sein auf + A, (Z. 5/6) führen zu + D., (Z. 10 und Z. 12) sich lösen von + D, (Z. 13) sich freuen auf/über + A
Text 4: (Z. 2) glauben an + A, (Z. 8) beitragen zu + D

Text 1:
- Diese beliebte Kreativtechnik basiert darauf, dass man folgende Regeln anwendet: …
- Manch einer hat Angst davor, sich zu blamieren.

Text 2:
- Kreativitätstrainer raten dazu, sich gedanklich von Problemen loszulösen.
- Besonders monotone Tätigkeiten wie … helfen dabei, kreative Ideen zu finden.
- Doch kann man seine Eltern wirklich davon überzeugen, dass eine Radtour eine positive Wirkung hat?

Text 3:
- Nur wer darauf spezialisiert ist, Werbung zu machen, kann …
- Eine große Menge an Wissen und Erfahrungen führt oft dazu, auf Altbewährtes zurückzugreifen.
- Sie können sich nur schwer davon lösen, jahrelang eingeübte Spielzüge zu verwenden/benutzen/ machen und …
- Euer Umfeld wird sich darüber freuen, dass ihr kreativ seid.

Text 4:
- Viele Menschen glauben daran, dass sich die Kreativität in Lebenskrisen steigert.
- Gute Laune trägt dazu bei, dass Menschen kreativ sind/werden.

A3d	Im PL die Regel ergänzen, lesen und ins Heft schreiben lassen.

Nominalisierung und Verbalisierung von Präpositionalergänzungen
Präpositionalergänzungen können in einen *dass*-Satz oder **Infinitivsatz** umgeformt werden. Bei der Umformung wird die Präposition zu einem Präpositionaladverb im **Hauptsatz**. Bei viele Verben kann das Präpositionaladverb weggelassen werden: Euer Umfeld wird sich (darüber) freuen, dass ihr kreativ seid.

Hinweise, wie das Tafelbild im Unterricht eingesetzt werden kann, können über das Tafelbild im Lehrwerk digital direkt aufgerufen werden. Beschreibungen zu allen Tafelbildern finden Sie auch online als Gesamt-PDF unter www.klett-sprachen.de/aspekte-junior/lehrerhandreichungC1.

Ü3a–c	In PA bearbeiten. Austausch mit einem anderen Paar bei Ü3c. Vergleich und ggf. Korrektur. Fragen werden notiert und im PL anschließend besprochen.

Die schöne Welt der Künste

Ü4–5 Als HA geeignet. S geben die Sätze ab und diese werden korrigiert.

> Ü5 als Reihenübung: In KG zu dritt/viert beenden die S je einen Satz mit dem angegebenen Satzanfang aus Ü5. Die anderen kontrollieren und korrigieren. **V**

> Für schnellere KG: Sie können auch alle anderen Verben mit Präpositionen aus A3a benutzen. **B**

Ü6 Als HA bearbeiten. Vergleich in der Klasse.

A4 Vorgehen wie beschrieben. Hier bietet sich der Rückgriff auf die Probleme aus A1 an, sodass S für diese kreative Lösungen finden. Oder S überlegen sich in KG weitere Probleme.
Präsentationsmöglichkeiten für die Lösungen:
- Die S erstellen ein Plakat, auf dem sie ihre Lösung illustrieren (z. B. zu Problem 1: Assoziogramm mit Lösungsvorschlägen, zu Problem 2: Sie erstellen eine Werbekampagne, …).
- S spielen einen kleinen Dialog mit dem Problem und der Lösung.
- Marktstandprinzip: Eine Person aus der KG bleibt an dem Tisch mit der Gruppenlösung stehen, die anderen gehen von Tisch zu Tisch und hören sich alle anderen Lösungen an. Dann Wechsel.

> Die S suchen sich einen Partner / eine Partnerin. In PA präsentiert S1 sein/ihr Problem und S2 muss drei Minuten lang so viele Ideen zum Problem nennen, wie ihm/ihr einfallen, dann Wechsel.
> Im Anschluss suchen sich S noch einen neuen Partner / eine neue Partnerin und wiederholen das Vorgehen.
> Am Ende werden die kreativsten Lösungen im PL genannt. **V**

Ü7 Interview hören und Fragen beantworten. Nach dem ersten Hören Vergleich in PA, ggf. nochmaliges Hören, dann Vergleich im PL.

Ü8 Als HA bearbeiten.

Modul 2 Film ab!

A1a In KG sprechen – anschließend werden die Titel der Filme an der Tafel gesammelt.

🔑 **Filmbeispiele:**
Lola rennt, Goodbye Lenin, Jenseits der Stille, Das Leben der anderen, Almanya, Fack ju Göthe, Der Medicus, Soul Kitchen, Rubinrot/Saphirblau/Smaragdgrün, Rico, Oscar und die Tieferschatten, Ostwind, Pünktchen und Anton
Beispiele für Schauspieler und Schauspielerinnen:
Martina Gedeck, Elyas M'Barek, Katja Riemann, Karoline Herfurth, Til Schweiger, Moritz Bleibtreu, Jan Josef Liefers, Daniel Brühl, Alexander Fehling, Sibel Kekilli, Nora Tschirner, Ana Maria Lara, Nadja Uhl, Franka Potente, August Diehl

> Falls Ihre S alle schon einmal einen deutschen Film gesehen haben, können Sie auch folgendermaßen vorgehen: S laufen durch den Raum, treffen sich zu zweit und sprechen über einen deutschsprachigen Film, den sie gesehen haben. Wenn ein anderer / eine andere S diesen Film auch gesehen hat, dann gehen sie gemeinsam weiter. Am Ende werden die Filme gesammelt und kurz vorgestellt. **V**

9

A1b–c Wirbelgruppen. Geben Sie den S jeder KG eine Nummer (z. B. Zählen Sie von 1 bis 4, wenn es Vierer-KG sind). Die S versuchen zuerst, die Ausdrücke in ihrer Gruppe zu klären. Danach setzen sich alle S mit der Zahl 1, mit der Zahl 2 etc. zusammen und fragen nach den Ausdrücken, die in der Ausgangsgruppe unklar blieben. Geben Sie ihnen dazu fünf bis zehn Minuten. Sollten am Schluss noch Wörter unbekannt sein, werden diese im PL geklärt.

A2a S schreiben die Zahlen 1–10 untereinander ins Heft, dann Radiosendung hören und S notieren den passenden Buchstaben zu den Aussagen. Vergleich in KG, dann im PL.

🔑 1 C – 2 B – 3 B, C – 4 B, C – 5 B, C – 6 A – 7 A, C – 8 A, C – 9 B – 10 C – 11 A

A2b Gespräch im PL.

> Drei-Ecken-Gespräch: Kopieren Sie die Fotos der Filme groß und hängen Sie sie in drei Ecken des Klassenraums. S entscheiden sich für einen der Filme, den sie gerne sehen möchten und stellen sich in die Ecke und sprechen in der KG. Weisen Sie die S auf die Verwendung von Redemitteln hin. Nach fünf bis zehn Minuten resümieren S kurz für das PL, was sie zu „ihrem Film" besprochen haben. **V**

> Filme raten: Wenn Sie Zeit in der Klasse haben und unter Ihren Schülern viele Kinofans sind: S überlegen sich einen Film – dies muss kein deutscher Film sein, sondern kann ein Klassiker oder auch ein aktueller Film aus anderen Ländern sein – und notieren in EA: Titel (auf Deutsch), Schauspieler/innen, Regisseur/in und kurze Stichpunkte zum Inhalt.
> Die S stellen in KG einer Person Fragen, um den gewählten Film zu erraten und diese darf nur mit Ja/Nein antworten.
> Alternative: Eine Person erzählt in KG die Handlung des Films ohne den Titel zu nennen und die anderen erraten ihn. **E**

A3a Die S schreiben die Tabelle ins Heft und ergänzen und schreiben in PA die passenden Redemittel zu den Kategorien.

🔑

Unterschiede hervorheben
Ganz anders stellt sich … dar.
Anders als früher, …
… und … unterscheiden sich klar/deutlich voneinander.
Überraschendes nennen
Überraschend ist die Tatsache, dass …
Völlig neu war/ist für mich, dass …
Die Ergebnisse von/aus … sind für mich sehr überraschend.
Auf Ähnlichkeiten verweisen
Fast übereinstimmend/gleich ist die Nutzung von …
Genauso verhält es sich auch bei …
Ungefähr vergleichbar ist die Nutzung von …

A3b
P
GI

Diese Aufgabe entspricht dem Prüfungsformat Schreiben Teil 1 der Prüfung Goethe Zertifikat C1. Weitere Informationen zum Goethe Zertifikat C1 finden Sie ab S. 164.
Im PL wird die gesamte Aufgabe gelesen, auch die Hinweise zur Bewertung. Geben Sie den S als Zeitvorgabe 65 Minuten, in denen sie den Text geschrieben haben sollen. Lesen Sie schon hier mit ihren S die Strategie aus Modul 3 A4, in der es darum geht, einen Text abwechslungsreich zu gestalten. Weisen Sie die S auch darauf hin, dass sie unbedingt Zeit einplanen sollen, um sich den Text noch einmal durchzulesen und so Flüchtigkeitsfehler korrigieren zu können.

Die schöne Welt der Künste

Die S schreiben nun den Text, dazu notieren sie sich zuerst Ideen zu den einzelnen Punkten und ggf. wichtige/passende Redemittel, dann überlegen sie sich eine logische Reihenfolge und schreiben den Text.
Sie korrigieren die Texte. Um die Bewertung für die S transparenter zu gestalten, nummerieren Sie die Inhaltspunkte und notieren Sie am Rand des Textes, was zu welchem Punkt gehört.
Wenn die S z. B. immer mit dem Subjekt begonnen haben, markieren Sie auch das, um den S deutlich zu machen, warum Sie Punkte abgezogen haben. Schreiben Sie unter jeden Text einen Ratschlag, was dieser/diese S noch üben kann, worauf er/sie achten soll. → **Portfolio**

> Wenn die S bei der Schreibaufgabe noch unsicher sind, dürfen sich die S in PA zu den einzelnen Punkten Notizen machen und sich passende Redemittel aus A3a oder dem Anhang notieren. Danach schreiben sie den Text wie oben vorgegeben. **B**

Hier bieten sich Anknüpfungspunkte zum fächerübergreifenden Unterricht an, z. B. andere Fremdsprachen, die Muttersprache.

Ü1 Diese Übung entspricht dem Prüfungsformat Lesen Teil 2 der Prüfung Goethe Zertifikat C1. Weitere Informationen zum Goethe Zertifikat C1 finden Sie ab S. 164.
Wenn Sie viele S haben, die an der Prüfung teilnehmen möchten, bearbeiten Sie diese Übung in der Klasse, da das Format nicht ganz einfach ist. In der Prüfung haben S für diese Aufgabe 30 Minuten Zeit. Geben Sie Ihren S auch 30 Minuten Zeit und verlängern Sie die Bearbeitungszeit evtl., wenn viele S noch nicht fertig sind. Vergleich im PL und Gespräch über Schwierigkeiten.

Modul 3 Ein Leben für die Kunst

A1 Die S diskutieren die Frage im PL.

Beispiele: Talent, Durchhaltevermögen, Disziplin, Kritikfähigkeit, …

> **SPRACHE IM ALLTAG**
> In KG Kasten lesen und versuchen, die Bedeutung anhand der Wörter, die sie kennen, zu erschließen. Klärung im PL.

> Die S suchen in PA weitere Redewendungen/Sprichwörter / berühmte Sätze / Zitate zu „Kunst" auf Deutsch oder auch in ihren eigenen Sprachen im Internet, die sie dann auf Deutsch wiedergeben. Dazu geben Sie in die Suchmaschine am besten „Sprichwörter Kunst" ein. **E**
> Dann schreiben sie entweder kleine Dialoge, die die Bedeutung des Sprichwortes / der Redewendung ausdrücken oder sie interpretieren die Sprichwörter und Sätze, die sie gefunden haben und diskutieren darüber.
> Beispiele für Redewendungen: „mit seiner Kunst am Ende sein"; „Kunst besteht, Reichtum zergeht", „Kunst und Lehr', bringt manchen zur Ehr."
> Beispiele für Zitate: „Ein Kompromiss, das ist die Kunst, einen Kuchen so zu teilen, dass jeder meint, er habe das größte Stück bekommen." (Ludwig Erhard); „Kunst wäscht den Staub des Alltags von der Seele." (Pablo Picasso); „Die Kunst ist eine Vermittlerin des Unaussprechlichen." (Johann Wolfgang von Goethe); „Die Kunst ist, einmal mehr aufzustehen, als man umgeworfen wird." (Winston Churchill)
> „Zufrieden sein ist große Kunst, zufrieden scheinen bloßer Dunst, zufrieden werden großes Glück, zufrieden bleiben Meisterstück." (Sprichwort)

A2a Die S lesen den Artikel und ergänzen die beiden Assoziogramme. Anschließend Austausch in KG.

🔑 Bedingungen für den künstlerischen Erfolg:
Talent und Handwerk, Schaffen eines Netzwerks, unbändiger künstlerischer Drang, Durchhaltevermögen, Glauben an sich selbst, sich nicht entmutigen lassen und es immer wieder versuchen, Durchsetzungsvermögen
Künstleralltag:
harte Arbeit, unsicherer Weg, Konkurrenz groß, Erwartungen hoch, keine festen Arbeitszeiten, finanzielle Unsicherheit, zweites Standbein zum (finanziellen) Überleben nötig

> **V** Bilden Sie drei Gruppen. Jede Gruppe liest einen Text (Gruppe A: Ein Leben für die Kunst – Gruppe B: Fabian Könnek – Gruppe C: Isabella Wellman), v. a. im Hinblick auf die zu sammelnden Informationen. Anschließend setzen sich je ein/e S aus den verschiedenen Gruppen zu Dreier-Gruppen zusammen und ergänzen ihre Informationen.

A2b In KG diskutieren die S, ob sie als Künstler/in leben und arbeiten könnten: Warum (nicht)? Interessante Diskussionspunkte werden im PL vorgestellt.

> **E** WS-Wiederholung zum Text: In zwei KG notieren S fünf bis sieben Wörter aus dem Artikel, die sie wiederholen möchten. Dann gehen sie mit einem/einer S aus der anderen KG zusammen und müssen sich Fragen stellen, um so die Wörter zu finden, die der/die andere S notiert hat. Das können offene Fragen oder ja/nein-Fragen sein. Geben Sie den Hinweis, dass die S im Bezug zum Text Fragen stellen sollen.
> Beispiel: S notiert „Bühne" – mögliche Fragen: Hat der Begriff etwas mit Kunst zu tun? (ja) Mit welchem Bereich der Kunst hat er zu tun? (Mit Tanz und Theater) Wer braucht/benutzt diesen Begriff? (Tänzer/in, Sänger/in etc.) etc.

A3a Die S schreiben die Tabelle ins Heft und ordnen dann die Konnektoren den Bedeutungen zu. Bei Problemen lesen die S die Texte noch einmal und versuchen, die Bedeutung aus dem Kontext zu erschließen.

🔑

Gegensatz	Einschränkung	Zeit
dagegen, demgegenüber, stattdessen, vielmehr	allerdings	bis dahin, daraufhin, gleichzeitig, inzwischen, mittlerweile, währenddessen

Ü1 In PA bearbeiten.

Ü2–3 Als HA bearbeiten.

A3b In PA bearbeiten. Vergleich mit anderem Paar. Eventuelle Fragen werden notiert und im PL geklärt.

A3c S notieren insgesamt sechs Sätze wie angegeben auf sechs Kärtchen. Austausch in PA und Sätze ergänzen.

> **V** Bei wenig Zeit kopieren Sie die Satzkarten von **KV 17** auf S. 158 und verteilen Sie diese an die S. Sie können die Satzkarten ohne Konnektor in einer Farbe und die mit Konnektor in einer anderen Farbe kopieren, sodass die S immer abwechselnd eine Karte nehmen können. Dann Vorgehen wie in A3c beschrieben: S ergänzen einen passenden Satz (entweder mit oder ohne Konnektor) und tauschen sich über ihre Lösungen in PA aus.
> Dies kann auch mündlich geschehen.

Ü4 Bevor S A4 bearbeiten, lösen S in PA Ü4. Vergleich im PL.

Die schöne Welt der Künste

STRATEGIE | Im PL lesen. Sammeln Sie zu jedem Punkt Beispiele in der Klasse.

A4 In der Klasse oder als HA schreiben die S eine Antwort. Anschließend tauschen die S ihre Texte untereinander aus und korrigieren sie gegenseitig (Verbposition, Rechtschreibung, Kommasetzung etc.). Wer von den S möchte, kann Ihnen zum Schluss den Text zur Korrektur geben. → **Portfolio**

> **E** Nachdem die S den Text geschrieben haben, geben sie ihn einer anderen Gruppe, die nun als Elisa antwortet, wozu sie sich nach den Ratschlägen entschieden hat. Dann werden die Texte wieder zurückgegeben und gelesen. Welche Argumente waren hilfreich oder ausschlaggebend?

Modul 4 — Leseratten

A1a Die S überlegen im PL, welche Wörter es in ihren Sprachen gibt.

A1b In KG sprechen die S über ihre Vorlieben bzgl. Büchern und Texten und begründen sie.

A2a Die S lesen den Text und beantworten die Fragen in PA. Vergleich im PL.

1. Z. 1–10: Eltern waren Leseratten, kein Fernseher, abends lasen die Eltern → sie auch
2. Z. 11–18: lag lesend auf dem Sofa – tauchte in die Welt der Geschichten ein („erlebte" die Geschichten)
3. Z. 23–25: die Filme sind i.d.R. enttäuschend, weil die eigene Fantasie immer schöner ist
4. Z. 26–27: erst die Jugendwelt ihres Vaters, dann die Jugendbücher ihrer Mutter
5. Z. 32–35: Vorlesen begeistert sie, weil man der Geschichte zum Leben verhilft und sie teilen kann.
6. Z. 40–43: Lesen hat sie nicht mehr losgelassen / Lesen ist wie Atmen für sie.
7. Z. 43–48: dass das Buch sie nicht loslässt – bis über die letzte Seite hinaus

A2b Gespräch in KG.

> **V** Skalenabfrage: Die S zeigen ihre Meinung, indem sie sich auf eine unsichtbare Skala von 1–10 im Raum stellen, an der Tafel ist z. B. 1 („Mit der Aussage bin ich gar nicht einverstanden.") und am anderen Ende des Raumes ist 10 („Ich stimme total mit der Aussage überein."). Schreiben Sie nacheinander Aussagen an die Tafel. Die S stellen sich auf und kommentieren kurz, welche Zahl sie gewählt haben und warum.
> Aussagen an der Tafel: Ich sehe lieber den Film, als das Buch zu lesen. – Ich lese normalerweise zuerst das Buch, bevor ich mir den Film ansehe.
> Weitere Aussagen: Ich habe öfter mehrere Bücher, die ich gleichzeitig/parallel lese. – Ich lese nur ein Buch, wenn ich länger Zeit habe, z. B. am Wochenende oder im Urlaub. – Ich lese ein Buch von vorne bis hinten durch, auch wenn ich es langweilig finde. – Ich überfliege manchmal die Seiten und lese nur das Interessanteste.

Ü1a–b In PA bearbeiten. S erzählen mit den passenden Ausdrücken und Wendungen die Kurzbiografie von Cornelia Funke in eigenen Worten. Sie arbeiten zu zweit. Person A erzählt die erste Hälfte der Biografie und Person B die zweite Hälfte. Der zuhörende Teil ergänzt wichtige Aspekte, falls nötig.

TIPP | Im PL lesen und ggf. Fragen klären.

Ü2 Als HA bearbeiten. → **Portfolio**

A3a	In PA bearbeiten. Vergleich im PL.
🔑	2. vorlesen – 3. auslesen – 4. verlesen – 5. durchlesen – 6. ablesen – 7. lesen
A3b	S teilen sich in PA die Redewendungen auf und recherchieren sie im Internet. Am nächsten Tag Austausch der Informationen.

🔑 Mögliche Lösung:

Redewendung	Bedeutung	Herkunft
1. Das kann doch kein Schwein lesen!	Etwas ist sehr unleserlich geschrieben, sodass niemand es lesen kann	Im 17. Jahrhundert soll es eine norddeutsche Gelehrtenfamilie namens „Swyn" gegeben haben, die den Bauern beim Lesen von Urkunden etc. halfen. Wenn selbst sie es nicht lesen konnten, sagte man „Dat kann keen Swyn lesen". Swyn bedeutet auch „Schwein".
2. Er ist ein Buch mit sieben Siegeln.	Jemand ist ein Rätsel für andere, also eine undurchschaubare Person	Das Sprichwort ist aus der Bibel und bezieht sich auf die Offenbarung des Johannes im Neuen Testament. Dort wird von einem Buch mit sieben Siegeln erzählt, das niemand öffnen kann, nur Jesus Christus. Wird das Buch geöffnet, beginnt die Apokalypse, der Kampf zwischen Gut und Böse, das Ende der Welt.
3. Dem werde ich die Leviten lesen!	mit jemandem schimpfen, jemanden ermahnen	Die Redewendung geht auf die Bibel zurück, auf das dritte Buch Mose: das Buch „Levitikus". In den Texten stehen v. a. Verhaltensregeln für Mönche. Früher wurden viele Lesungen aus diesem Buch genommen und im Anschluss daran folgten häufig Mahn- und Strafpredigten.
4. Sie lügt wie gedruckt!	jemand schmückt Lügen weiter aus und verstärkt sie	Die Redensart ist im 15. Jh. entstanden und bezieht sich auf das Misstrauen gegenüber Druckerzeugnissen. Man kennt den Autor nicht und er ist nicht zugegen. So kann man den Wahrheitsgehalt der Aussagen weniger gut beurteilen.
5. Er redet wie ein Buch.	ununterbrochen reden	Diese Redensart ist entstanden, weil man aus einem Buch ohne Pausen vorlesen kann (und auch ohne zu überlegen).
6. Hier muss man zwischen den Zeilen lesen.	die Andeutungen eines Textes verstehen	Die Redensart stammt aus dem 19. Jahrhundert. Mit „Zeilen" ist „Brief" gemeint (Vielen Dank für Ihre freundlichen Zeilen). Da ein Brief auch in die falschen Hände geraten kann, werden häufig Andeutungen gemacht, die nicht für jeden verständlich sein sollen.

V Verteilen Sie die sechs Redewendungen auf mehrere S in der Klasse, sodass immer mehr als ein/e S für diese Redewendung zuständig ist. Am nächsten Unterrichtstag wird im PL berichtet, was die Redewendung bedeutet. Ein/e S beginnt und andere, die auch dafür zuständig waren, ergänzen. So können Sie sich sicher sein, dass alle Redewendungen erklärt werden.

A4a	S hören den Radiobeitrag und machen sich Notizen im Heft. Erst Austausch in KG, dann evtl. nochmaliges Hören und Vergleich im PL.

Die schöne Welt der Künste

1. 83 Jungen und Mädchen – 2. sie findet es ein überraschendes und erfreuliches Ergebnis (24 der Jugendlichen lesen viel, 53 manchmal und nur 6 gar nicht) – 3. a) Fantasy-Geschichten, Zeitung auf Smartphone, Kurznachrichten, Hinweise in verschiedenen Computerspielen, recherchiert oft im Internet für Hobby, Schule; b) Magazine: Musikmagazine und Modehefte (online), Bücher nur für die Schule; c) Bücher, nicht so oft E-Books: Abenteuerromane, Fantasy, historische Romane, Krimis, Liebesgeschichten …, Zeitung selten, Kurznachrichten – d) Nachrichten auf Handy, Studienunterlagen, Nachrichten-App, manchmal Comic – e) Roman, Fantasy-Geschichten im Urlaub, sonst zur Informationsbeschaffung

A4b Vorgehen wie beschrieben. Bei großen Gruppen sprechen die S in KG und bringen dann ihre Ergebnisse ins PL.

> **STRATEGIE** Lesen Sie die Strategie im PL. Nachdem die S den Text aus A5 gelesen und sich die Grafik angesehen haben, können Sie bei unsicheren Gruppen die wichtigsten Punkte in KG sammeln lassen und noch einmal auf die Redemittel im Anhang hinweisen.

A5 Diese Aufgabe entspricht dem Prüfungsformat Schriftlicher Ausdruck der Prüfung DSD II. Weitere Informationen zum DSD II finden Sie ab S. 170.
S lesen den Text und sehen sich die Grafik an. Sie notieren sich in EA oder auch in PA die wichtigsten Aussagen aus dem Text. Je nachdem, ob die S die Prüfung ablegen möchten, kann dies auch als HA geschehen. Geben Sie den S die Zeitvorgabe wie in der Prüfung. → **Portfolio**
Korrigieren Sie die Texte anhand der Bewertungskriterien der DSD-Prüfung.

Wichtige Aussagen aus dem Text:
Leseverhalten der Jugendlichen sehr unterschiedlich – fast jede/r Fünfte der 15-Jährigen hat Probleme mit sinnerfassendem Lesen (nach europäischen Kompetenzprüfungen), Problem Schulabbrüche, daher Förderung der Lesekompetenz für mehr Erfolg im Beruf / in der Ausbildung in den Mittelpunkt rücken – digitale Medien sind ständige Begleiter, folglich lesen Jugendliche ständig – hohe Eigenleistung, um Texte und Bilder in Zusammenhang zu bringen – wichtig: Lesen von gedruckten und digitalen Inhalten fördern – bei Förderung der Lesekompetenz: auf dem neuesten Stand sein; wissen, was Jugendliche interessiert
Wichtigste Informationen aus der Grafik:
Mädchen lesen mehr als Jungen – Lesen nimmt im Alter von 14 bis 17 Jahren ab, steigt dann wieder, Gymnasiasten lesen mehr als Haupt-/Realschüler – Jugendliche, die nie lesen: ca. ein Viertel der Haupt-/Realschüler, ca. 10 Prozent der Gymnasiasten

A6a In KG notieren S die im Buch abgedruckte Mindmap auf ein Plakat und ergänzen sie. Die Mindmaps werden gegenseitig präsentiert. Gibt es etwas, das euch komplett überrascht hat?

A6b Lesen der Redemittel im PL. S präsentieren in KG ein Buch, das ihnen gefallen hat. Dazu haben die S vorher fünf bis zehn Minuten Zeit, sich ein Buch zu überlegen, den Titel auf Deutsch (falls es ihn auf Deutsch gibt) zu recherchieren und sich kurze Notizen zu machen.
Kurzes Gespräch im PL: Welches Buch hat euer Interesse geweckt? Welches Buch kanntet ihr schon?

Hinweise, wie das Tafelbild im Unterricht eingesetzt werden kann, können über das Tafelbild im Lehrwerk digital direkt aufgerufen werden. Beschreibungen zu allen Tafelbildern finden Sie auch online als Gesamt-PDF unter www.klett-sprachen.de/aspekte-junior/lehrerhandreichungC1.

> Kopieren Sie die **KV 18** auf S. 159 und zerschneiden Sie die Kärtchen, sodass die S in KG arbeiten können. Die S sortieren die Redemittel den Kategorien zu. Sie finden hier mehr Redemittel als im Buch.
> Während der Präsentation ihres Buches, legen sie immer das Redemittel, das sie verwendet haben, zur Seite.
> Nach der Präsentation Vorgehen wie oben beschrieben.

Buchvorstellungsprojekt: Die S entscheiden sich für ein Buch. Die S recherchieren, wenn möglich, den Titel auf Deutsch und notieren diesen sowie eine kurze verständliche Inhaltszusammenfassung. S suchen sich außerdem eine Textstelle aus dem Buch, die sie vorlesen möchten. Das kann auch als HA geschehen.
Die S bringen ihre Bücher mit und diese werden im Klassenraum zusammen mit den Inhaltszusammenfassungen ausgestellt. Die S gehen herum und lesen sich die verschiedenen Zusammenfassungen durch. Dann bilden sie verschiedene KG, in denen die einzelnen S ihre Textstellen vorlesen und begründen, warum sie diese gewählt haben.
Kurzes Gespräch im PL: Welches Buch hat euer Interesse geweckt? Welches Buch kanntet ihr schon?

Hier bieten sich Anknüpfungspunkte zum fächerübergreifenden Unterricht an, z. B. andere Fremdsprachen, die Muttersprache.

Aussprache   Aussagen durch Betonung verbinden

Ü1a   Die S machen sich mit dem Text vertraut, den sie nun gleich hören werden. Was wohl die Markierungen bedeuten könnten? Haben die S schon eine Idee?

Ü1b   Vorgehen wie beschrieben.

Ü1c   S hören den 2. Teil und markieren die betonten Verbindungen.

Ü1d   In PA lesen S die Abschnitte und achten auf die Betonung. Feedback durch den/die jeweils andere/n. S sollten zuerst übertrieben betonen, um deutlich zu machen, was betont wird.
Zum Abschluss bietet sich ein Gespräch an, wozu wir gezielt Betonungen, also lauteres, langsames, mit Pausen versehenes Sprechen von Wörtern oder Phrasen einsetzen: Informationen hervorheben (*das*), Kontraste markieren (*aber*) Abläufe signalisieren (*Nach dem Abitur – doch bald – aber dann*) und generell die Aufmerksamkeit der Zuhörer/innen steuern und wecken. Gibt es Ähnlichkeiten zu den Muttersprachen der S?

Film   Der Schimmelreiter

A1a   In KG einigen sich S auf fünf Adjektive, die für sie zu den Fotos passen. Vorstellung mit Begründung im PL.

> Bevor Sie A1a bearbeiten, schreiben Sie die Adjektive auf Karten, verteilen sie und geben den S drei Minuten Zeit, die Bedeutung des Wortes mithilfe eines Wörterbuchs zu klären, falls sie es nicht wissen. Dann stehen alle S auf und gehen im Raum herum. Sie kommen in PA zusammen, zeigen ihr Wort und erklären es. Dann tauschen sie Karten und gehen zu einem neuen Partner / einer neuen Partnerin. Die S sollen in ca. 10 Minuten mit so vielen Personen sprechen, wie sie können. **B**

A1b   In Dreier-KG überlegen sich S eine Geschichte, die zu den Fotos passen könnte und stellen die Geschichte in der Klasse vor.

> Als HA können die S diese Geschichte ausformulieren. Machen Sie dies, bevor Sie das Video gesehen haben. **E**

A1c   S sehen die erste Sequenz und notieren sich, was sie alles über die Novelle erfahren. Vergleich in KG, dann im PL.
Anschließend Vergleich mit den eigenen Geschichten. Sie können den Vergleich auch nach A2 anbieten, da die S dann noch mehr über die Geschichte erfahren haben.

Die schöne Welt der Künste 9

🔑   eine der bekanntesten Novellen Storms
Ort: Norddeutschland
Reisender trifft Schimmelreiter; dieser zieht vorüber, um sich in die Nordsee zu stürzen.
Reisender kehrt in einen Gasthof ein und erzählt von der Begegnung.
Diese Geschichte ist auch heute noch wichtig für die Menschen. Der Schimmelreiter ist die Symbolisierung des ewigen Kampfes des Menschen mit der Natur.

A1d   In PA ordnen S die Wörter den Fotos zu, im PL werden unbekannte Wörter geklärt.

🔑   A 6 – B 4 – C 3 – D 1 – E 2 – F 5

A2   Sehen der 2. Sequenz und S machen sich Notizen. Vergleich in KG.

🔑
1. Hauptperson: Hauke Haien, Deichgraf
2. Neuentwicklung: Hauke baut neue Deiche, die zur See flacher abfallen
3. Dorfbewohner: diese Deiche gefallen ihnen nicht; sie halten Hauke für eine Spukgestalt mit einem verhexten Schimmel
4. Pferd: verhext, Hauke kaufte es krank und verwahrlost und nun sieht es toll aus; Verwandlung nicht möglich; eher Teufel als Pferd
5. Sturmflut: Dorfbewohner wollen Haukes Deich zerstören; er schafft es, ihn zu retten
6. Ende: er verliert Frau und Tochter in den Fluten

A3   Dritte Sequenz sehen und S beantworten die Fragen. Vergleich erst in KG, dann im PL.

🔑
1. Husum
2. Heute ein Museum
3. Gedichte, Novellen
4. Schauermärchen, Gruselgeschichten (Dämonisches und Unheimliches) und norddeutsche Erzählungen

A4   Lesen der Aufgabe im PL. In KG lesen und klären S die angegebenen Zitate. Dann einigen sie sich auf eines, das für ihre Gruppe steht und suchen Beispiele dazu, warum es passt.
Entweder Vorstellen im PL oder wirbeln und sie finden sich mit je einer Person aus den anderen Gruppen zusammen und stellen sich „ihr" Zitat gegenseitig vor.

Die S präsentieren diese Region Deutschlands. Bilden Sie drei Gruppen. Jede Gruppe sucht nach einem anderen Thema: die Hallig, Husum, das Wattenmeer
Sie recherchieren wichtige Informationen und Besonderheiten (Lage, Größe, Einwohner, Alter, Wandel, Wichtigkeit etc.) und erstellen eine kleine digitale Präsentation in den Gruppen oder laden ihre Informationen in einen Blog hoch. Die anderen S hören die Präsentation und müssen zu ihr entweder mindestens eine Frage stellen oder den Blogbeitrag kommentieren.

Hier bieten sich Anknüpfungspunkte zum fächerübergreifenden Unterricht an, z. B. Geografie, Biologie, Wirtschaft, Sprachen.

Kapiteltests
Kapiteltests zu jedem Kapitel finden Sie unter www.klett-sprachen.de/aspekte-junior im Bereich „Tests".
Der Zugangscode lautet: asP!jr3

Erinnerungen 10

Themen In Kapitel 10 geht es um verschiedene Aspekte des Erinnerns und Vergessens.

Auftakt Hier geht es um Gegenstände, Gerüche, an denen Erinnerungen hängen.
Modul 1 In Modul 1 ist unser Gehirn das Thema: Wann erinnern wir uns und wann vergessen wir schnell?
Modul 2 In Modul 2 dreht sich alles um falsche Erinnerungen und darum, wie sie entstehen.
Modul 3 Modul 3 beschäftigt sich mit dem Störungsbild der Prosopagnosie, d. h. mit dem Phänomen, dass Menschen Gesichter nur mit Mühe wiedererkennen können
Modul 4 Das Modul 4 bildet den Abschluss mit einem Ausschnitt aus dem Buch „Der Geschmack von Apfelkernen" und Erinnerungen an frühere Zeiten.
Film Im Film dreht sich alles um die Brüder Grimm und ihre Märchen sowie die deutsche Sprache.

Lernziele

Ihr lernt
Modul 1 | Informationen zu Texten über die Funktion des Gedächtnisses geben
Modul 2 | Einen Forumsbeitrag zu einer Radiosendung zum Thema „Falsche Erinnerungen" schreiben
Modul 3 | Ein Gespräch verstehen und Fragen zu einem Artikel über Gesichtsblindheit stellen und beantworten
Modul 4 | Einen literarischen Text über Erinnerungen lesen und Vermutungen über die Beweggründe der Personen im Text äußern
Einen Kurzvortrag halten

Grammatik
Modul 1 | Besonderheiten von Konditionalsätzen
Modul 3 | Modalitätsverben

Auftakt Erinnerungen

Ü1a–b Entweder als Einstieg in das Kapitel passend oder vor Modul 1, in dem es um „Erinnern und Vergessen" geht und dieser Wortschatz nützlich sein kann: In KG ordnen die S die Wörter und Wendungen zu.

> Um den Wortschatz während des ganzen Kapitels vor Augen zu haben, notieren die S die Wörter auf Plakate, die an die Wand gehängt werden. **E**

A1a Zeigen Sie, wenn möglich, zuerst nur die Fotos und die S sprechen in KG, was diese Dinge mit Erinnerungen zu tun haben könnten.
Danach lesen die S die Texte und ordnen sie den Fotos zu.

🔑 1 F – 2 B – 3 D – 4 E – 5 A – 6 C

> Kopieren Sie die Bilder und die Texte und schneiden Sie sie aus. Verteilen Sie dann die Bilder und die Texte an die S, sodass einige ein Foto und andere einen Text haben. Die S gehen herum und die S mit dem Text lesen den Text vor, wenn sie ein passendes Bild gefunden haben, bleiben die beiden S zusammen. Anschließend werden die Texte vorgelesen und die Fotos dazu gezeigt. **V**

> Die S schreiben in PA zu einem der Fotos einen kleinen Text. Die Texte werden ausgehängt oder in KG vorgelesen und die anderen sagen, zu welchem Foto der Text passt. → **Portfolio** **E**

Erinnerungen

A1b — Die Bücher werden geschlossen und die S arbeiten in PA und geben abwechselnd die Texte der Jugendlichen wieder.

A1c — Lesen Sie die Aufgabe im PL vor. Geben Sie dann den S ein paar Minuten Zeit, dass sie sich Gedanken machen können. Anschließend sprechen die S in KG. Im PL nennt jede/r S eine Erinnerung eines/einer anderen S und was diese Erinnerung hervorruft.

Ü2–3 — Als HA bearbeiten.

Ü4a — In PA bearbeiten.

> In PA suchen sich die S eine Illustration aus und beginnen zu dieser eine Geschichte zu schreiben. Nach zehn Minuten wird die Geschichte nach rechts weitergegeben und das nächste Paar schreibt weiter. Insgesamt dreimal wechseln. Am Ende werden die Geschichten gelesen. Wie hat sich die eigene Geschichte verändert? **V**

Ü4b — S lesen ihre Geschichten in der Klasse vor. Vorher haben sie die Aussprache und Betonung geübt. Es gibt verschiedene Kategorien (die lustigste / die mit dem überraschendsten Ende / die am besten erzählte) und für jede Kategorie wird eine Geschichte gewählt.

Modul 1 — Erinnern und Vergessen

A1 — Als Einstieg in das Modul berichten sich die S in KG gegenseitig von Erinnerungen an die vergangenen Schuljahre. Im PL: Gibt es Motive/Punkte, die in allen Gruppen vorgekommen sind?

> **SPRACHE IM ALLTAG**
> Ausdrücke im PL lesen. Fragen Sie die S, ob es ähnliche Ausdrücke in ihren eigenen Sprachen gibt oder ob sie solche Ausdrücke aus anderen Sprachen kennen. Lassen Sie ein paar nennen und ggf. auf Deutsch übersetzen. Ergänzend bietet sich hier die Ü1 von den Auftaktseiten an, falls sie noch nicht gemacht wurde.

> Schreiben Sie aus mehreren „Sprache im Alltag"-Kästen Sätze, die Sie zeigen können. Entweder auf ein Flipchart oder auf Folie oder das IWB. Oder Sie notieren die Sätze auf DIN A3-Papier, sodass Sie sie hochhalten können. Wiederholen Sie ggf. die Sätze vor der Aktivität. Impro-Dialoge: Die S stehen im Kreis. Ein Satz wird gezeigt. Zwei S gehen spontan in den Kreis und improvisieren einen kleinen Dialog, bei dem der gezeigte Satz den Abschluss bildet. **E**

A2a — Die S lesen den Text und geben den drei Teilen Überschriften.

🗝 Mögliche Lösung:
1: Wie funktioniert unser Gedächtnis? / Das Rätsel des Gedächtnisses
2: Die Hauptsysteme unseres Gedächtnisses / Was speichern wir wo?
3: Computer oder Puzzlespiel? / Theorien des Vergessens

> Stärkere S können schon Ü1 bearbeiten, während andere S noch lesen. **B**

A2b — In Dreier-KG lesen S nun jede/r einen Teil und beantwortet „seine/ihre" Frage. Anschließend Austausch in den KG. Offene Fragen werden im PL beantwortet.

🗝 Text 1: Beim Lernen von etwas Neuem werden die Verbindungen zwischen bestimmten Neuronen verstärkt und je öfter sich das Ereignis wiederholt, desto leichter erinnern wir es.

Text 2: sensorisches Gedächtnis (eintreffende Reize, Kurzzeitgedächtnis) – Langzeitgedächtnis (kann man nochmals unterteilen: episodisches Gedächtnis = Speicherung der Lebensgeschichte – semantisches Gedächtnis für Faktenwissen zuständig) – prozedurales Gedächtnis (automatisierte Bewegungsabläufe)
Text 3: Erinnerungen sind nicht sehr detailliert, wir speichern, das, was uns an einem Erlebnis interessiert, restliche Details ergänzen wir durch Raten
Erste Theorie des Vergessens: gespeicherte Erinnerungen im Gedächtnis verblassen mit der Zeit und verschwinden → Konsequenz: wir müssten umso mehr vergessen, je mehr Zeit vergeht, das ist bisher aber nicht bewiesen
Zweite Theorie des Vergessens (schlüssiger): Vergessen von bestimmten Dingen, weil andere Erinnerungen wichtiger/neuer sind → ältere Informationen lassen sich schwerer finden.

Ü1 In PA zur Textverständnissicherung bearbeiten. Abgleich im PL.

Ü2a–c Als HA bearbeiten.

Ü3a Interview hören und zuerst nur die Teilthemen markieren.

Ü3b Hören und S machen sich Notizen zu den angegebenen Punkten, dann Vergleich in KG. Ggf. noch einmal hören und danach im PL vergleichen.

> Bei stärkeren Gruppen können die Teilaufgaben a und b zusammengefasst werden. Stärkere S können schon beim ersten Hören auch auf die Punkte in Ü3b achten und Notizen machen.

A3 Die S notieren die Beispielsätze und die Regel im Heft und ergänzen sie in PA. Vergleich im PL.

Konditionalsatz mit *wenn*: Das Verb steht **am Ende**.
Konditionalsatz ohne *wenn*: Das Verb steht **auf Position 1**.

Ü4a–b In PA bearbeiten.

A4a–b Die S schreiben die Sätze ins Heft und unterstreichen dort die Hauptsätze. Anschließend Lesen der Regel im PL und dann formulieren S in PA die Sätze um.

1. Unser Hirn besteht, grob geschätzt, aus etwa 100 Milliarden Nervenzellen.
   Wenn man es grob schätzt, besteht …
2. Die Nervenzelle „feuert", bildlich ausgedrückt, auf ihre Nachbarzelle.
   Wenn man es bildlich ausdrückt, „feuert" …
3. Unser Gedächtnis besteht, ganz genau genommen, aus drei Hauptsystemen.
   Wenn man es ganz genau nimmt, besteht …
4. Genau betrachtet, kann das Langzeitgedächtnis noch weiter unterteilt werden.
   Wenn man es genau betrachtet, kann …

> In schwächeren Gruppen markieren S vor der Umwandlung in Konditionalsätze auch noch das Partizip, damit sie wissen, was sie umwandeln müssen.

Ü5a–b In PA bearbeiten.

Ü6–7 Als HA bearbeiten.

A5 Die S recherchieren zum Thema „Gedächtnistraining" als HA. In der nächsten Unterrichtsstunde setzen sie sich mit den Informationen in KG zusammen und überlegen sich verschiedene Aufgaben für die Klasse, die dann vorgestellt werden.

Erinnerungen

Hier bieten sich Anknüpfungspunkte zum fächerübergreifenden Unterricht an, z. B. Mathematik, Biologie, andere Fremdsprachen, Muttersprache.

> Kopieren Sie die Gedächtnisübungen von **KV 19** auf S. 160–162. Schneiden Sie die einzelnen Übungen auseinander und legen Sie sie zusätzlich zu den Übungen, die die S recherchiert haben, im Raum aus. Die S arbeiten in PA, haben 30 Minuten Zeit, um in dieser Zeit die Übungen zu bearbeiten, die sie möchten.
> Wenn ein/e S eine Übung recherchiert hat, die im PL bearbeitet werden muss, beginnen Sie mit dieser Übung.
> Danach kurze Reflexion im PL. Welche Übung war einfach/schwer? Welche Übung hat Spaß gemacht / keinen Spaß gemacht?
> Fragen Sie auch nach Strategien, die die S angewendet haben, z. B.: Wie haben sich die S die Dinge gemerkt? Sprechen Sie dann auch über weitere Strategien.
> Beispiele für Lernstrategien / Training zur Erinnerung von Dingen:
> - aus den Dingen, die man sich merken will, eine Geschichte machen, je absurder desto einprägsamer
> - Dinge, die man sich merken will, mit einem Bild verbinden
> - Dinge, die man sich merken will, mit Gefühlen verbinden
> - Wörter in den Texten markieren und dann noch einmal aufschreiben
> - Wörter kombinieren und einen Satz formulieren
> - Wörter mehrmals laut lesen
> - Kleine Zettel in der Wohnung aufhängen mit schwierigen Wörtern/Fakten etc.

Die S führen das Konzentrationstraining der KV durch. Dann entwickeln sie in Gruppen eigene Aufgaben. Wenn Sie dies mit Lehrenden anderer Fächern durchführen, dann bilden sich Gruppen zu den verschiedenen Spezialgebieten. Geben Sie den S ein bis zwei Wochen Zeit, um weitere Gedächtnisübungen zu recherchieren und zu erstellen. Das können Sie auf Plakaten, Papier, mit Fotos etc. oder auch digital machen (Audio, Video etc.). Sie sollen, wenn möglich, eine Lösung dazu angeben und diese in einen Briefumschlag stecken. Nach der besprochenen Zeit werden mit den Übungen Lernstationen gebildet. Geben Sie eine bestimmte Anzahl an Stationen vor, die die S durchlaufen müssen. Die S bilden Paare. Geben Sie den S einen Laufzettel, indem die S die Stationen notieren und auch aufschreiben, wie lange sie gebraucht haben und wie schwierig sie es fanden. Abschlussrunde und Reflexion nach einer vorgegebenen Zeit im PL.

Hinweise, wie das Tafelbild im Unterricht eingesetzt werden kann, können über das Tafelbild im Lehrwerk digital direkt aufgerufen werden. Beschreibungen zu allen Tafelbildern finden Sie auch online als Gesamt-PDF unter www.klett-sprachen.de/aspekte-junior/lehrerhandreichungC1.

Modul 2   Falsche Erinnerungen

A1a Vorgehen wie beschrieben

> Sie können diese Aufgabe auch als Sprechmühle gestalten, wie in Kapitel 1, Modul 3 beschrieben.

A1b Knüpfen Sie anschließend im PL an die Fragen und Antworten an und stellen sie die Reflexionsfrage aus A1b.

A1c Die S hören das Gespräch und notieren, was passiert.

🔑 Die beiden Mädchen waren vor zwei Jahren auf derselben Party, haben aber ganz unterschiedliche Erinnerungen daran.

A1d	Gespräch in KG und dann Sammlung der Ergebnisse an der Tafel.
A2a P GI	Diese Aufgabe entspricht dem Prüfungsformat Hören Teil 2 der Prüfung Goethe-Zertifikat C1. Weitere Informationen zum Goethe-Zertifikat C1 finden Sie ab S. 164. Die S hören den Hörtext erst einmal ganz, dann ein zweites Mal in Abschnitten und markieren die richtige Lösung.
🔑	1 b – 2 a – 3 a – 4 b – 5 b – 6 a – 7 c – 8 a – 9 c – 10 a
A2b	S notieren sich in EA drei für sie wichtige Aussagen aus dem Interview. Gespräch und Vergleich mit Begründung ihrer Wahl in KG.
Ü1–2	Als HA geeignet.
Ü3–4	In PA bearbeiten.
A3a	Die S lesen den Forumseintrag und fassen das Problem in PA kurz zusammen. Die Zusammenfassungen werden zusammengetragen und verglichen. Dann sprechen die S in KG darüber, ob ihnen auch schon einmal so etwas passiert ist.
🔑	Mögliche Lösung: Kristin und ihre Schwester erinnern sich beide an einen Jungen, der in der Nachbarschaft gewohnt hat. Allerdings stimmen ihre Erinnerungen nicht überein. (Kristin erinnert sich, dass er keine Schwester hatte, aber ihre Schwester, sagt, sie sei mit der Schwester von diesem Jungen befreundet gewesen.)
A3b	Die S klären die angegebenen Redemittel. Dann schreiben sie in PA einen Forumseintrag zu Kristins Problem und beziehen den Radiobeitrag mit ein. Die Einträge werden auf die Tische gelegt. Die S gehen herum, lesen die Texte und kommentieren sie schriftlich, als handle es sich um ein Forum. Es darf dabei nicht gesprochen werden. → **Portfolio**

> Bei kleineren Klassen: Die S arbeiten in Gruppen. Kopieren Sie die Karten von **KV 20** auf S. 163. [E]
> Jede/r S zieht eine Karte und erzählt der Gruppe seine Erinnerung daran. Die anderen hören zu, **dürfen aber nichts notieren**.
> Im Anschluss daran werden die S neu in PA gemischt und jede/r muss eine Erinnerung von einer Person aus seiner Gruppe erzählen. Der Partner / Die Partnerin, der/die zuhört, macht sich Notizen. Dann Wechsel. Anschließend müssen die S im PL die gehörte Geschichte noch einmal wiedergeben und es wird verglichen, ob sich die Erinnerungen verändert haben.
> Bei größeren Klassen: Die Schüler arbeiten in PA. Kopieren Sie die Karten von **KV 20** auf S. 163. Jede/r S zieht eine Karte und erzählt seinem Partner / seiner Partnerin seine Erinnerung daran. Der/Die andere hört zu, **darf aber nichts notieren**.
> Anschließend wechseln zwei Paare untereinander jeweils den Partner / die Partnerin und jede/r berichtet über die gehörte Erinnerung. Der/Die andere macht Notizen. Danach gehen die beiden Paare zu viert zusammen und die gehörten Geschichten werden anhand der Notizen wiedergegeben und mit der Ausgangsgeschichte verglichen.

Ü5a–b	In PA bearbeiten. S entscheiden sich für eine Geschichte, schreiben diese und lesen dann die Geschichte ihres Partners. → **Portfolio**

> Damit die S die andere Geschichte nicht vorher sehen, kopieren Sie die Seite aus dem ÜB und schneiden Sie sie in der Mitte durch. Verteilen Sie paarweise Geschichte A und B. [V]

Erinnerungen

Modul 3	Kennen wir uns …?

A1 — Die S steigen direkt mit dem Hörtext in das Modul ein. Sie notieren das Problem und die mögliche Erklärung.

🗝 Ella hat einen Mitschüler getroffen, der seit fünf Wochen in ihrer Klasse ist und mit dem sie sich gut versteht. Aber er hat sie nicht erkannt.
Mögliche Erklärungen: er hat nicht erwartet, sie dort zu treffen, Stress, Müdigkeit, Verwirrung, …

A2a — Die S lesen in PA die Modalitätsverben und schreiben die Sätze und die Buchstaben ins Heft.
Zur besseren Festigung können die S auch die ganzen Sätze mit den passenden Modalitätsverben ins Heft schreiben. Zur Kontrolle kann das Gespräch noch einmal gehört werden. Lesen der Regel im PL.

🗝 1. B scheint … zu handeln, 2. G versteht … zu bringen, 3. F braucht … zu lächeln, 4. D hat … zu entschuldigen, 5. A ist … aufzuklären, 6. C droht … kaputtzugehen, 7. E ist … nicht zu unterschätzen

A2b — In PA bearbeiten.

🗝 4. Er muss sich einfach entschuldigen.
5. Das Missverständnis kann bestimmt schnell aufgeklärt werden.

Regel: Modalitätsverb *haben* + *zu* + Infinitiv: Umschreibung im Aktiv
Modalitätsverb *sein* + *zu* + Infinitiv: Umschreibung im Passiv

A2c — In PA schriftlich bearbeiten. Vergleich in der KG, dann im PL.

🗝 1. Er scheint ein Problem zu haben., 2. Das Problem ist schnell zu lösen., 3. Das ist nicht zu ignorieren., 4. Unsere Freundschaft droht zu scheitern., 5. Das Problem ist bestimmt zu lösen.

> Für schwächere S verweisen Sie auf die Grammatikseite und beginnen vor A2c mit Ü1.
> Stärkere S können A2c auch mündlich bearbeiten. **B**

Ü1 — In PA oder als HA bearbeiten.

Ü2 — Als HA bearbeiten.

Ü3 — In EA bearbeiten in der Klasse. Anschließend Vergleich in PA und offene Fragen im PL klären.

A3a–c — Die S stellen in KG Vermutungen an, was die Erklärung für das Problem in A1 sein könnte. Austausch der Vermutungen im PL.
Dann lesen sie den Text und formulieren in EA oder PA fünf Fragen zum Text.
Zum Abschluss stellen sie sich gegenseitig ihre Fragen und beantworten die des Partners / der Partnerin.

🗝 Beispiele für Fragen: Was ist Prosopagnosie? Wie ist das Beispiel von Bill Choisser? Was macht Martina Grüter? Wie viele Menschen leiden schätzungsweise an der Störung? Was ist der Unterschied zwischen Kindern und Erwachsenen? etc.

> Gestalten Sie die Frage-Aufgabe als Spiel: Die Fragen werden auf Kärtchen geschrieben, dann setzen sich die S in KG zusammen. Ein S zieht eine Karte und beantwortet sie. Ist die Antwort richtig, darf er die Karte behalten, wenn nicht, muss er die Karte abgeben. Gewinner ist, wer am Schluss die meisten Karten hat. **V**

Hier bieten sich Anknüpfungspunkte zum fächerübergreifenden Unterricht an, z. B. Naturwissenschaften.

Modul 4 Vergangene Tage

A1 In KG steigen S in das Thema ein und sprechen über Filme und Bücher wie in der Aufgabe beschrieben. Dann einigen sie sich auf ein bis zwei Titel und präsentieren diese im PL und erzählen dazu kurz die Handlung.
Sollten Ihren S wenig Buch- und Filmtitel einfallen, können Sie ein paar Titel nennen und fragen, wer diese Romane kennt. Bücher, die von Familiengeschichten/Kindheitserinnerungen handeln, sind z. B.: Die roten Matrosen, Mit dem Rücken zur Wand, Der erste Frühling (Klaus Kordon), Rubinrot, Saphirblau, Smaragdgrün (Kerstin Gier), Zartbittertod (Elisabeth Hermann), Wundertüte (Nina Schindler), Hundert Jahre Einsamkeit (Gabriel García Márquez), Die Buddenbrooks (Thomas Mann), die Brüder Karamasow (Fjodor Dostojewski), Jenseits von Eden (John Steinbeck), Das Geisterhaus (Isabel Allende), Schloss aus Glas (Jeanette Walls)
Filme: Das Leben ist schön, Charlie und die Schokoladenfabrik, Harry Potter, …

A2a S lesen den Text und erstellen in PA ein Schema. Danach tauschen sie sich mit einem anderen Paar aus. Auch als HA geeignet. Dann erfolgt nur der Austausch in der Klasse.

Schwester: Anna   Bertha und Hinnerk

Töchter: Harriet – Inga – Christa ——— lebt mit Mann und Tochter in Süddeutschland

Tochter: Rosmarie, gest. mit 16 J.   Tochter: Iris, Bibliothekarin

Cousinen:
Als Kinder Sommerferien bei Oma Bertha
Spielgefährten: Mira und jüngerer Bruder Max

Hinweise, wie das Tafelbild im Unterricht eingesetzt werden kann, können über das Tafelbild im Lehrwerk digital direkt aufgerufen werden. Beschreibungen zu allen Tafelbildern finden Sie auch online als Gesamt-PDF unter www.klett-sprachen.de/aspekte-junior/lehrerhandreichungC1.

A2b Text lesen und S machen sich Notizen. Austausch im PL.

Erzählerin: Die Enkelin von Bertha
Informationen über sie: wohnt in Freiburg, liebte das Haus ihrer Großmutter, müde von der Reise, traurig, hat Schuldgefühle
Informationen über Orte: es geht um das Haus der Großmutter, liegt in einem Dorf
Informationen über die Situation: Großmutter ist gestorben

STRATEGIE Vor der Bearbeitung der A2c lesen S die Strategie im PL.

A2c In EA bearbeiten die S die Aufgabe und wenden dabei die Strategie an.

1. Zeile 1–5, 2. Zeile 6–7, 3. Zeile 10–11, 4. Zeile 11–12

A2d In KG bearbeiten.

Mögliche Lösung:
Sie will das Haus nicht, weil es alt ist und dunkle Erinnerungen in sich trägt. / Sie will die Erinnerungen, die am Haus hängen, nicht haben.

Erinnerungen

A3a In EA lesen, dann in PA in eigenen Worten erzählen, was passiert.

> Bei schwächeren Gruppen halten Sie den Handlungsstrang nach den PA-Gesprächen an der Tafel fest. **B**
>
> Mögliche Lösung:
> Rosmarie, Mira und die Ich-Erzählerin Iris verbringen einen Nachmittag zusammen.
> Rosmaries Idee: Sprung von einer Brücke ins Wasser
> Unten am Wasser sitzen Miras Bruder und ein Freund.
> Mira will nicht springen, sie setzte sich aufs Geländer.
> Rosmarie und Iris kitzeln Mira, sodass sie vom Geländer fällt.
> Sie taucht nicht wieder aus dem Wasser auf.

A3b In PA bearbeiten. Evtl. an der Tafel festhalten.

Mögliche Lösung:
Rosmarie ist die Anführerin, die anderen beiden folgen ihr; sie sagt, was gemacht werden soll.
Sie verbündet sich mal mit Mira und mal mit Iris. Zuerst hat sie zusammen mit Mira Iris ausgelacht.
Danach wendet sie sich gegen Mira und verbündet sich mit Iris. (Z. 49–51)
Iris scheint Rosmarie zu bewundern (Zeile 31: Dankbar ergriff ich sie).

A3c Lesen der Wörter im Kasten und ggf. Klärung im PL. S lesen weiter und sortieren die Gefühle den Charakteren zu und begründen dies in KG.
Sprechen Sie in der Klasse über Vermutungen, warum die beiden Mädchen lachen.

Mögliche Lösung:
Rosmarie: Erleichterung, Hysterie, Sprachlosigkeit; Iris: Trauer, Reue; Mira: Hass, Hysterie, Panik, Schock; Max: Hass, Verachtung, Wut

> Rechts-links-Dialog: S arbeiten in KG. Alle S brauchen einen Zettel und einen Stift. Sie schreiben einen Dialog zwischen Mira und Max am Nachmittag nach der Rettung. Alle S beginnen mit einem Satz von Max. Dann geben sie den Zettel nach rechts weiter. Alle S antworten nun als Mira, dann geben sie den Zettel nach links zurück und antworten nun wieder als Max. Geben Sie den S ca. 7–10 Minuten Zeit für ihre Dialoge. Anschließend werden die Dialoge in den Gruppen korrigiert und aus jeder Gruppe eine/r ausgewählt, der/die im PL vorgetragen wird. **E**

A4a S lesen den Epilog und sprechen über das Ende des Buches in KG und darüber, was nach Berthas Tod in Iris' Leben passiert ist.

Mögliche Lösung:
- sie hat Max geheiratet und einen Sohn bekommen
- sie hat Mira seit ihrer Kindheit nicht mehr wiedergesehen
- ab und zu telefoniert sie mit Mira, aber sie sprechen nicht über Rosmarie, wollen die Vergangenheit ruhen lassen
- Iris' Eltern werden auch in das Haus einziehen

A4b S vermuten, warum Iris das Haus doch behalten hat.

Mögliche Lösung:
- sie hat erkannt, dass die Erinnerung und das Haus ein Teil ihres Lebens sind und zu ihr gehören
- sie hat sich dort auch wohlgefühlt
- um die Erinnerung an Rosmarie nicht zu verlieren

Ü1a S sehen sich die Fotos und die Schlagwörter an, ggf. Vokabular klären. Dann wählen sie ein Thema, recherchieren und erstellen ein kleines Plakat zum Thema, das sie in fünf Minuten am nächsten Unterrichtstag vorstellen.

10

Ü1b S hören die Personen und notieren Stichwörter. Dann besprechen sie in KG, zu welchem Jahrzehnt und welchem Aspekt die Personen sprechen. Vergleich und Sammlung im PL.

Ü1c Als HA geeignet. Vergleich in PA.

Ü1d Vorgehen wie beschrieben. → **Portfolio**

A5
P
DSD

Diese Aufgabe entspricht dem Prüfungsformat Sprechen Teil 1 der Prüfung DSD II. Weitere Informationen zum DSD II finden Sie ab S. 170.
Stellen Sie den S für diese Aufgabe auch Kärtchen, Papier, Stifte, Folien zur Verfügung.
Lesen Sie die komplette Aufgabenstellung (Schritte 1–5) im PL. Ebenso wie den blauen Beispielkasten und die Redemittel, damit Fragen geklärt werden können. Lassen Sie die Schritte 1–5 dann noch einmal von den S zusammenfassen und notieren Sie sie kurzgefasst an der Tafel.
Die S arbeiten in PA. Jede/r wählt eines der beiden Themen und mindestens drei der angegebenen Stichwörter. S können das Thema durch weitere Stichwörter, die ihnen wichtig erscheinen, erweitern. Planen Sie für diese Aufgabe mindestens eine Unterrichtseinheit ein. Die S halten ihre Kurzvorträge in PA: S1 spricht und S2 gibt Feedback, dann umgekehrt.
Zur weiteren Übung werden nach dem ersten Halten des Kurzvortrags die Paare neu gemischt und die S halten ihre Vorträge noch einmal, indem sie nun auch auf die Punkte achten, die ihnen als Feedback gegeben wurden.

Ü2 Bevor die S den Vortrag halten, bearbeiten sie in EA Ü2 und notieren Redemittel, die sie verwenden möchten.

Aussprache Einen literarischen Text laut lesen

Ü1a–b S lesen den Auszug aus dem Märchen und nennen den Namen des Märchens im PL. Die Illustration hilft. Anschließend sammeln sie in PA, welche Mittel der Aussprache und Betonung sie nutzen, um Geschichten spannend und lebendig vorzulesen.

Ü1c S hören und ergänzen von der Erzählerin verwendete erzählerische Mittel, die in Ü1b noch nicht genannt wurden.
Hier finden die S auch bereits ein Modell, wie sie ein Märchen in Aufgabe 4 der nachfolgenden Filmseiten im KB erzählen könnten.

Ü2 Vorgehen wie beschrieben. Auch als HA geeignet. Am Ende tragen S die Texte in PA oder KG vor.

Film Es war einmal

A1a Die S lesen die Titel der Märchen und erzählen im PL kurz, worum es geht. Es geht hier nicht um eine Nacherzählung der Märchen, sondern darum, den Handlungskern herauszuarbeiten.

🔑 Beispiel: „Aschenputtel": Aschenputtel wächst bei ihrem Vater und der Stiefmutter mit zwei Stiefschwestern auf. Der Vater stirbt und die Stiefmutter und die Schwestern behandeln Aschenputtel schlecht. Sie muss die harten Arbeiten im Haus erledigen. Der Königssohn sucht eine Braut und die Stiefschwestern wollen ihn heiraten, doch mit magischer Hilfe gelingt es Aschenputtel, auch am Ball des Königs teilzunehmen. Der Königssohn verliebt sich in sie, aber sie muss um 12 Uhr Mitternacht gehen, weil sich dann der Zauber auflöst. Auf der Treppe verliert sie ihren Schuh. Der Königssohn lässt alle Frauen im Königreich diesen Schuh anprobieren, um sie zu finden. Die Stiefschwestern unternehmen einiges, um in diesen Schuh zu passen, aber am Ende ist es nur Aschenputtel der dieser Schuh passt und der Königssohn und sie heiraten.

> Bei Interesse der S auch für die unbekannten Märchen, lassen Sie ein paar davon recherchieren und beim nächsten Mal kurz zusammenfassen. E

Erinnerungen

A1b Zur Vorbereitung notieren S im PL zu Märchen generell typische Gegenstände, Orte, Tiere und Personen, an denen man diese erkennen kann. So wird der Wortschatz vorentlastet. Dann in KG üben: ein S nennt typische Gegenstände etc. zu einem bestimmten Märchen und die anderen raten.

Charakteristische Gegenstände Tiere oder Personen in den Märchen – Beispiele:
„Aschenputtel": Schüssel mit Erbsen und Linsen, Haselnüsse, Tanzschuh(e), Tauben (beim Anprobieren des Tanzschuhs)
„Dornröschen": die 13. Fee, die nicht eingeladen wurde; Turm; Spinnrad; Rosenhecke
„Der Froschkönig": goldene Kugel; Brunnen, in den die Kugel gefallen ist; der Frosch = verzauberter Prinz
„Der gestiefelte Kater": ein sprechender und aufrecht gehender Kater; Stiefel
„Frau Holle": Apfelbaum; Backofen; Tor, aus dem es Gold oder Pech regnet
„Hans im Glück": Dinge, die Hans tauscht: einen Klumpen Gold → ein Pferd → eine Kuh → ein Schwein → eine Gans → ein Schleifstein (oder auch Wetzstein); der Brunnen, in den der Stein zum Schluss fällt
„Hänsel und Gretel": Pfefferkuchenhaus; Knochen (den Hänsel durch das Gitter steckt); Backofen (der Hexe)
„Rumpelstilzchen": Stroh, das die Müllerstochter zu Gold spinnen soll; ein Halsband; ein Ring und das erste Kind der jungen Königin, das sie dem Männchen (Rumpelstilzchen) zur Belohnung gibt bzw. geben soll; der Bote, der überall im Land nach ungewöhnlichen Namen suchen soll
„Schneewittchen": Apfel (in einer Hälfte vergiftet); Kamm; Gürtel; Spiegel (der bösen Königin); Sarg aus Glas (für Schneewittchen)
„Das tapfere Schneiderlein": Pflaumenmus; ein Stück Käse; ein Gürtel mit den Worten „Sieben auf einen Streich"; ein Vogel; ein Riese

A1c Die S sehen den Film und nennen drei Schwerpunkte.

Das Grimm-Museum in Kassel wird vorgestellt.
Man erfährt etwas über das Leben und Werk der Brüder Grimm.
Man erfährt, dass die Grimm-Märchen weltweit populär sind, besonders bei Kindern.

A2a–b Vorgehen, wie beschrieben: Die S sammeln im PL. Halten Sie die Informationen an der Tafel fest. Die erste Sequenz des Films wird noch einmal gesehen und die S notieren sich Stichpunkte. Anschließend vergleichen sie die Informationen in PA und mit den schon gesammelten Punkten. Was ist neu hinzugekommen? Gespräch im PL.

Zum Leben der Gebrüder Grimm:
- Jacob Grimm, geboren 1785 in Hanau; Wilhelm Grimm, geboren 1786
- nach dem Tod des Vaters: Umzug zur Tante nach Kassel, dort Gymnasium, Jura-Studium
- nach dem Studium: Beginn der Sammlung von Märchen

Zu den Märchensammlungen:
- wichtige Quelle: Märchenerzählerinnen, aber auch andere Quellen: „Panchatandra" (Indien), „1001 Nacht" (orientalisch), viele europäische, v. a. romanische Überlieferungen
- Märchen als Ausdruck der Poesie, der Seele des Volkes
- Bearbeitung im Stil der Romantik
- Erstausgabe der Märchen (mit handschriftlichen Vermerken) gehört seit 2005 zum Welt-Dokumentenerbe der UNESCO

Weitere Arbeiten der Gebrüder Grimm:
- erforschten die germanische Sprache und die mittelalterliche deutsche Literatur
- zählten zu den führenden europäischen Sprachwissenschaftlern ihrer Zeit
- begründeten die Germanistik
- verfassten ein deutsches Wörterbuch und eine Grammatik

10

A3 Die S sehen den Film noch einmal ganz und achten auf die angegebenen Punkte. Vergleich im PL. Nach der Besprechung der Fragen, kurzes Gespräch im PL: Interessiert euch so ein Museum? Gibt es so ähnliche Museen in eurem Land / eurem Ort?

Exponate im Museum:
- Bilder der Brüder Grimm und deren Aufenthaltsorte
- verschiedene nichteuropäische und europäische, v. a. romanische Märchenbücher
- rundes Relief der Brüder Grimm
- Erstausgabe der „Kinder- und Hausmärchen"
- Schreibtisch
- Grimms Wörterbuch
- Grimms Grammatik
- Märchenbücher in verschiedenen Sprachen
- Plakate von Theaterinszenierungen

für Kinder:
- Raum mit Märchenrequisiten (Aschenputtel-Schuh, roter Sessel, Frosch)
- Märchenbilder-Puzzle als Würfel

A4 Die S wählen in EA oder in KG eine Aufgabe aus. Geben Sie ihnen für die Vorbereitung genug Zeit, damit sie z. B. bei A4 A das Erzählen laut üben können, bevor sie das Märchen in der Klasse präsentieren. Machen Sie die S ggf. noch einmal auf die Ausspracheübung 1 im ÜB aufmerksam, die ein Modell für einen lebendigen Märchenvortrag liefert. Anschließende Präsentation in der Klasse.

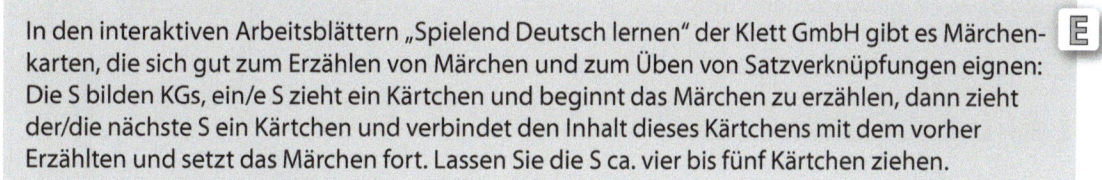

> In den interaktiven Arbeitsblättern „Spielend Deutsch lernen" der Klett GmbH gibt es Märchenkarten, die sich gut zum Erzählen von Märchen und zum Üben von Satzverknüpfungen eignen: Die S bilden KGs, ein/e S zieht ein Kärtchen und beginnt das Märchen zu erzählen, dann zieht der/die nächste S ein Kärtchen und verbindet den Inhalt dieses Kärtchens mit dem vorher Erzählten und setzt das Märchen fort. Lassen Sie die S ca. vier bis fünf Kärtchen ziehen. **E**

A5 S recherchieren weitere Informationen im Internet (z. B. http://www.grimmwelt.de – Bereich „Grimmwelt Kassel"). Sprechmühle: S gehen zu Musik im Klassenraum herum. Wenn Sie die Musik stoppen, sagen Sie eine Zahl und in dieser Anzahl müssen sich die S zusammenfinden und dann darüber berichten, was sie noch herausgefunden haben.

Hier bieten sich Anknüpfungspunkte zum fächerübergreifenden Unterricht an, z. B. andere Sprachen, Muttersprache.

Wenn Sie in Ihrer Schule die Möglichkeit haben, eine Erzähl-/Lesenacht zu veranstalten (oder einen Tag der offenen Tür), können Sie die Märchen auch dafür nutzen. Besprechen Sie mit anderen Lehrkräften der Fremdsprachen- und der Muttersprache, welche Märchen sie erzählen lassen wollen und wie sie den Ablauf organisieren. Ihre S suchen sich ein Märchen aus, üben das Erzählen in KG und präsentieren es dann allen S, die die Erzählnacht besuchen.

Kapiteltests
Kapiteltests zu jedem Kapitel finden Sie unter www.klett-sprachen.de/aspekte-junior im Bereich „Tests".
Der Zugangscode lautet: asP!jr3

Kopiervorlage 1

Auftakt 1

zur Auftaktseite – Einstieg

Arbeitet zu zweit und fragt euch gegenseitig. Notiert die Antworten eures Partners / eurer Partnerin mit der Begründung in Stichpunkten. Bearbeitet mindestens fünf Fragen. Ihr könnt euch auch eigene Fragen ausdenken.

Bist du …?

1. ein Kaffee- oder Teemensch?
2. ein Morgen- oder Abendmensch?
3. ein Land- oder Stadtmensch? 
4. ein Fleisch- oder Gemüsemensch?
5. ein Bade- oder Duschmensch?
6. ein Strand- oder Bergmensch?
7. ein Hund- oder Katzenmensch? 
8. ein Sprachen- oder Naturwissenschaftsmensch?
9. ein Disco- oder Kinomensch?
10. ein Lese- oder Fernsehmensch? 
11. _____
12. _____

© Ernst Klett Sprachen 2019. Vervielfältigung zu Unterrichtszwecken gestattet. Aus *Aspekte | junior C1*, Lehrerhandbuch

Kopiervorlage 2 — Modul 1

zu Aufgabe 3

wenn	falls	außer wenn	es sei denn	sonst
infolgedessen	folglich	demnach	somit	andernfalls

Ich habe mein Handy immer angeschaltet, …

Er schreibt seinem Freund eine Nachricht, …

Sie muss viel lernen, …

Sie möchte auf die Party gehen, …

Mein Bruder macht jeden Tag Sport, …

Ich gehe immer spät ins Bett, …

Meine Mutter steht immer früh auf, …

Ich richte mich nach meiner inneren Uhr, …

Er spielt oft Computerspiele …

Ich lerne für die Prüfung, …

© Ernst Klett Sprachen 2019. Vervielfältigung zu Unterrichtszwecken gestattet. Aus *Aspekte | junior C1*, Lehrerhandbuch

A Interrail: Europa mit dem Zug entdecken

Wer nach dem Schulabschluss etwas erleben will, für den ist Interrail eine gute Möglichkeit, 30 Länder in Europa kennenlernen zu können.

Seit dem Jahr 1972 gibt es Interrail. Es begann damit, dass sich 21 europäische Eisenbahngesellschaften zusammenschlossen, um jungen Leuten eine preisgünstige Möglichkeit zu bieten, Europa zu entdecken. Dabei richtete sich Interrail zu Beginn lediglich an Jugendliche und junge Erwachsene: Zunächst gab es die Tickets daher nur für alle bis 21 Jahre. Aber schon vier Jahre später wurde die Grenze auf 23 Jahre und 1979 auf 25 Jahre erhöht. Und mittlerweile kann man in jedem Alter ein Interrail-Ticket erstehen, aber unter 25 ist es deutlich billiger.

Das Programm hat sich bewährt und läuft heute immer noch mit großen Erfolg und fast 200.000 Reisenden pro Jahr. Man kann zwischen zwei verschiedenen Interrail Ticket-Arten wählen: dem Global Pass und dem One Country Pass. Der Interrail Global Pass gilt in allen 30 Ländern. Reise in die Länder, in die du willst oder konzentriere dich mit dem Interrail One Country Pass auf ein einziges Land. Maßgeschneidert, wie du selbst es am liebsten möchtest!

B Neue Geschäftsidee in New York: Mutter zum Mieten

Wenn man sich in New York als junger Mensch alleine fühlt oder ein Problem hat, kann man Lisa Miller anrufen, die einen berät und tröstet.

Seit kurzer Zeit bietet die Amerikanerin einen Dienst an, der „Mutter zum Mieten" heißt und auf ihrer Webseite beschreibt sie ihre Tätigkeit so: „Wenn du eine Mutter brauchst, nur eben nicht deine eigene."

Wer sich mit ihr trifft, will reden, v. a. über Themen, bei denen es den jungen Leuten nicht leicht fällt, mit der eigenen Mutter zu sprechen, wie Arbeitslosigkeit oder Liebeskummer. Lisa Miller bietet Lebensweisheiten für die jungen New Yorker und ist selbst Mutter von drei Kindern.

Die jungen Leute zahlen vierzig Dollar für eine Stunde Zuhören, ohne den emotionalen Ballast, der mit der eigenen Familie verknüpft ist. Sie haben das Gefühl, dass sie von Lisa vielleicht eine ehrlichere Meinung bekommen, die nicht von der Mutter-Kind-Beziehung geprägt ist. Zurzeit hat Frau Miller noch nicht so viele Kunden, aber durch das große Medieninteresse an ihrer Idee, wächst ihr Kundenstamm gerade rapide.

C Auch in Europa kann der Schüleraustausch spannend sein

Jonas Schuster, Schüleraustauschberater erklärt, warum ein Schüleraustausch innerhalb Europas genauso toll ist, wie einer in den USA oder in Neuseeland.

Er kann die Länder in Europa als Ziele nur wärmstens empfehlen, denn es geht ja vor allem darum, eine andere Kultur kennenzulernen, die Sprache zu verbessern, seinen eigenen Horizont zu erweitern und das gewohnte Leben eine Zeitlang hinter sich zu lassen, um unabhängiger und selbstständiger zu werden. Und dafür muss man nicht Tausende von Kilometern fliegen. Diese wichtigen Erfahrungen kann man auch bei unseren Nachbarn machen.

Carina, 19, verbrachte ein Schuljahr in England

Bei der ersten Begegnung mit meiner Gastmutter, die mich vom Bahnhof abholte, verstand ich kein Wort, da sie unheimlich schnell sprach und einen ausgeprägten südenglischen Akzent hatte. Kein Vergleich mit dem Schulenglisch, das ich gewohnt war. Ich war kurz geschockt, aber genau deshalb war ich ja nach England gekommen: Um den Alltag in einer fremden Sprache zu meistern, ganz ohne Hilfe meiner Familie und die Unterstützung meiner Freunde.

Nach dem ersten Schock habe ich mich rasch eingewöhnt und hatte eine wirklich fantastische Zeit. Und ich habe mich als Mensch weiterentwickelt, bin reifer geworden und selbstständiger. Ich bin sicher, dass auch zukünftige Arbeitgeber es schätzen, wenn man in jungen Jahren den Mut aufgebracht hat, etwas zu machen, von dem man nicht wusste, wie es ausgeht.

Kopiervorlage 4

Modul 2

zu Aufgabe 3

Seht euch die Situationen in Modul 2 Aufgabe 3 an und ordnet ihnen die folgenden Äußerungen zu.

Wählt zu jeder Situation eine der passenden Äußerungen aus. Schreibt einen kurzen Dialog und spielt ihn vor. Achtet beim Vorspielen auf die passende Betonung der Sätze (Ironie, Übertreibung …).

Na klar, wir stehen ja hier zum Spaß.	Auf dem Bahnsteig ist noch jede Menge Platz für Ihren Koffer.
Oh, Entschuldigung, den hatte ich nicht gesehen. Ja, ein Koffer ist wichtiger als ein Mensch. Das ist richtig …	Ja, dann ist es ja gut, dass ich es tragen kann.
Ach ja? Na, wenn du das sagst, muss es ja stimmen.	Wie dumm von mir. Dann suche ich mir jetzt einen Platz in der Gepäckablage.
Nur ein Teil? Dann macht es Ihnen sicher nichts aus, zu warten.	Hallo du Kleiner, hast du keinen Platz? Das tut mir aber leid. Ach so … auch keine Reservierung, ja, das ist Pech.
Na, dann passen wir ja zusammen.	Achtung, Achtung, diese Kundin hat nur ein Teil. Bitte machen Sie Platz. Achtung, Achtung …

© Ernst Klett Sprachen 2019. Vervielfältigung zu Unterrichtszwecken gestattet. Aus *Aspekte | junior C1*, Lehrerhandbuch

Kopiervorlage 5 — Modul 2 — 3

zu Aufgabe 2c

Überlegt euch eure Ausgangsthese zum Thema und Argumente sowie Beispiele dafür. Wählt drei bis vier Redemittel und führt eine Diskussion in der Gruppe. Geht dabei auch auf die anderen Ausbildungsmöglichkeiten ein.

Meine Meinung zum Thema
Eine Ausbildung ist meiner Meinung nach am besten.

RM 1 + Argument 1 + Beispiel 1
Es ist ein großer Vorteil, wenn man Praxis und Theorie verbinden kann. Ein Mechaniker beispielsweise lernt in der Berufsschule die Grundlagen der Steuerungstechnik und kann diese in der Praxis im Betrieb sofort anwenden.

RM 2 + Argument 2
Beispiel 2
…

Resümee
In meinen Augen überwiegen die Vorteile von …

Vor- und Nachteile nennen	
Es ist ein wichtiger Vorteil/Nachteil, wenn …	Es ist ein entscheidender Vorteil/Nachteil, wenn …
Es ist ein großer Vorteil/Nachteil, wenn …	… wird als sehr positiv/negativ angesehen.
Man darf auch nicht vergessen, dass … hilfreich/problematisch sein kann.	Die Tatsache, dass …, spricht dagegen/dafür.
Ein weiterer Aspekt, der für/gegen … spricht, ist …	

Vor- und Nachteile abwägen	
Insgesamt wiegen die Argumente dafür/dagegen schwerer, deshalb …	… hat zu viele Nachteile, deshalb ziehe ich … vor.
In meinen Augen überwiegen die Vorteile/Nachteile von …	Betrachtet man alle Vorteile/Nachteile, fällt … am meisten ins Gewicht.

© Ernst Klett Sprachen 2019. Vervielfältigung zu Unterrichtszwecken gestattet. Aus *Aspekte | junior C1*, Lehrerhandbuch

Kopiervorlage 6 — Modul 3

als Einstieg

1. Arbeitet zu zweit. Eine/r bearbeitet Teil A und der/die andere stoppt die Zeit. Wechselt dann für Teil A. Erst wenn ihr beide Teil A gemacht habt, geht zu Teil B.

Teil A:
Trag in die Tabelle horizontal, also von links nach rechts →, in die erste Zeile die Zahlen von 1-10 ein, danach in die zweite Zeile die Buchstaben von A-J und anschließend in die dritte Zeile die römischen Zahlen von I-X.
Dein Partner / Deine Partnerin stoppt die Zeit.

→	Zahlen 1-10									
→	Buchstaben A-J									
→	römische Z. I-X									

_____ Minuten

Teil B:
Trag in die Tabelle vertikal in die erste Spalte, also von oben nach unten ↓, 1 (Zahl), A (Alphabet) und I (römische Zahl) ein. Fülle dann die weiteren Spalten jeweils von oben nach unten bis zum Ende aus.
Dein Partner / Deine Partnerin stoppt die Zeit.

	↓	↓	↓	↓	↓	↓	↓	↓	↓	↓
Zahlen 1-10										
Buchstaben A-J										
römische Z. I-X										

_____ Minuten

2. Sprecht über folgende Punkte:
   Welche Tabelle habt ihr schneller ausgefüllt? Wie viel Zeitunterschied habt ihr gemessen? Warum ist das wohl so?

© Ernst Klett Sprachen 2019. Vervielfältigung zu Unterrichtszwecken gestattet. Aus *Aspekte | junior C1*, Lehrerhandbuch

Kopiervorlage 7 — Auftakt 4

zur Auftaktseite

Lösungen zum Spiel: Wirtschaftsgipfel

1. Was passiert bei einer „Inflation"?
B: Das Geld verliert an Wert.

2. Was ist ein „Wirtschaftswunder"?
C: Ein unerwartet schnelles und nachhaltiges Wirtschaftswachstum.

3. Was sind „Aktien"?
B: Anteile an einer Firma.

5. Was beschreibt die „Konjunktur"?
A: Wie gut oder schlecht sich die Wirtschaft entwickelt.

6. Was ist ein „wirtschaftlicher Abschwung"?
B: Eine Phase, in der sich die wirtschaftliche Lage verschlechtert (mehr Arbeitslose, weniger Umsätze …).

8. Was versteht man unter „Export"?
B: Den Verkauf von Waren ins Ausland.

9. Was ist ein Kredit?
B: Geliehenes Geld, für das man Zinsen zahlen muss.

10. Was bedeutet es, wenn eine Firma „zahlungsunfähig" ist?
A: Die Firma kann keine Rechnungen begleichen oder Gehälter auszahlen.

12. Was ist eine Fusion?
A: Der Zusammenschluss von Firmen.

13. Was bedeutet der Begriff „Umsatz"?
A: Alle Einnahmen einer Firma in einem bestimmten Zeitraum.

15. Was versteht man unter Personalkosten?
B: Kosten für alle Mitarbeiter in einer Firma.

16. Was sind Produktionskosten?
C: Alle Kosten, die bei der Produktion eines Produktes anfallen (Material-, Personal-, Betriebskosten usw.).

17. Was ist ein Wirtschaftszweig?
B: Ein wirtschaftlicher Bereich, in dem die Anbieter ähnliche Ziele verfolgen.

© Ernst Klett Sprachen 2019. Vervielfältigung zu Unterrichtszwecken gestattet. Aus *Aspekte | junior C1*, Lehrerhandbuch

Kopiervorlage 8 — Modul 4

zu Aufgabe 5d

Bewertungsbogen für die Projekte: Sieh dir die anderen Projekte an und bewerte sie anhand dieser Kriterien.

Kriterien	Projekt _____	Projekt _____
Ist der Titel interessant und aussagekräftig?		
Ist das Projekt verständlich und klar beschrieben? Gibt es Fragen zum Projekt, ist etwas unklar geblieben?		
Wird deutlich, was das Besondere an dem Projekt ist?		
Wie stellen sich die Personen vor? Wirken sie authentisch, kompetent, sympathisch?		
Ist der Zeitrahmen nachvollziehbar, realistisch und plausibel?		
Erscheint die benötigte Geldsumme realistisch?		
Gibt es interessante und attraktive „Geschenke", wenn das Projekt erfolgreich ist?		
Ist sonst etwas an der Projektbeschreibung auffallend positiv oder weniger positiv?		
Sind das Plakat und der Werbetext ansprechend gestaltet?		
Hat das Projekt dein Interesse geweckt? Begründe.		

© Ernst Klett Sprachen 2019. Vervielfältigung zu Unterrichtszwecken gestattet. Aus *Aspekte | junior C1*, Lehrerhandbuch

Kopiervorlage 9 — Modul 1 / 5

zu Aufgabe 1b

Finde eine Person, die …

Geht in der Klasse herum und fragt euch gegenseitig. Wer eine Frage mit „Ja." beantwortet, darf unterschreiben. Pro Person dürft ihr zwei Unterschriften sammeln, dann müsst ihr weiterfragen.
Ruft „Stop", wenn ihr alle Unterschriften gesammelt habt.

Finde eine Person, die …	Unterschrift
… oft Fotos auf Instagram postet.	
… einen eigenen Blog hat.	
… schon einmal einen unfreundlichen Kommentar geschrieben hat.	
… schon einmal einen unfreundlichen Kommentar bekommen hat.	
… viel über soziale Netzwerke chattet.	
… mehr als 100 Instagram-Kontakte hat.	
… bei Youtube Videos kommentiert.	
… lieber Snapchat als Instagram benutzt.	
… mindestens ein privates und ein öffentliches Instagram-Konto hat.	
… schon mehrere Videos im Netz veröffentlicht hat / einen eigenen Youtube-Kanal hat.	
… gerne Kommentare liest.	
… kein Instagram-Konto hat.	

© Ernst Klett Sprachen 2019. Vervielfältigung zu Unterrichtszwecken gestattet. Aus *Aspekte | junior C1*, Lehrerhandbuch

Kopiervorlage 10 — Modul 3 / 5

zu Aufgabe 3–5

Eine Person beginnt, würfelt und setzt ihren Spielstein. Dann formuliert sie mit den Angaben einen Satz. Ist der Satz richtig, bleibt sie stehen. Ist er falsch, muss sie 2 Schritte zurück.

Spielfeld (Verlauf von START zum ZIEL):

1. **START**
2. Am Anfang ist die Motivation hoch. Alle wollen ihre Vorsätze umsetzen. (*zu + Dativ*)
3. Jonas will viele Dinge in seinem Leben ändern. Er nimmt sich immer nur ein Ziel vor. (*obwohl*)
4. Obwohl uns das Restaurant empfohlen wurde, schmeckte das Essen nicht. (*trotz + Genitiv*)
5. Formuliere einen Finalsatz zum Thema „Gesundheit" mit *zu + Dativ*.
6. **Würfel noch einmal.**
7. Ich erreiche ein Etappenziel. Ich belohne mich. (*für + Akkusativ*)
8. Man erreicht nur einen Teil der Ziele. Man darf nicht aufgeben. (*trotzdem*)
9. Du solltest nicht zu lange vor dem Computer sitzen. So vermeidest du Rückenschmerzen. (*zu + Dativ*)
10. Es ist besser, einen Schritt nach dem anderen zu tun. Dann überfordert man sich nicht. (*damit*)
11. Formuliere einen Konzessivsatz zum Thema „Diät" mit *trotzdem*.
12. Tina macht bereits dreimal die Woche Sport. Sie ist gesundheitlich nicht fitter geworden. (*dennoch*)
13. Formuliere einen Finalsatz zum Thema „Genuss" mit *damit*.
14. Formuliere einen Konzessivsatz zum Thema „Selbstvertrauen" mit *obwohl*.
15. Sarah ist stark erkältet. Sie geht zur Schule. (*trotz + Genitiv*)
16. **Gehe 2 Felder vor.**
17. Formuliere einen Finalsatz zum Thema „Veränderung" mit *für + Akkusativ*.
18. Letztes Jahr bin ich an meinen Vorsätzen gescheitert. Aber mein Selbstvertrauen hat nicht gelitten. (*trotz + Genitiv*)
19. Obwohl er hoch motiviert war, mehr Sport zu treiben, hat er es nicht geschafft. (*trotz + Genitiv*)
20. Formuliere einen Konzessivsatz zum Thema „Gewohnheit und Essen" mit *zwar ..., aber*.
21. Formuliere einen Konzessivsatz zum Thema „Bewegung" mit *dennoch*.
22. Andreas hat wochenlang Diät gehalten. Er hat nicht abgenommen. (*zwar ..., aber*)
23. Ich spiele weniger am Computer. Ich sehe meine Freunde öfter. (*damit*)
24. Formuliere einen Konzessivsatz zum Thema „Ernährung" mit *trotz + Genitiv*.
25. **Gehe 2 Felder zurück.**
26. Formuliere einen Finalsatz zum Thema „Gute Vorsätze" mit *um ... zu*.
27. Man braucht Teilziele für das Durchhalten von guten Vorsätzen. (*um ... zu*)
28. Antons Beschwerden wurden immer größer. Er weigerte sich zum Arzt zu gehen. (*trotzdem*)
29. Rauchen schädigt die Gesundheit. Viele Menschen hören nicht damit auf. (*dennoch*)
30. **ZIEL**

© Ernst Klett Sprachen 2019. Vervielfältigung zu Unterrichtszwecken gestattet. Aus *Aspekte | junior C1*, Lehrerhandbuch

Kopiervorlage 11 — Modul 2 — 6

zu Übung 3d

Kriterien für die Bewertung				
	gut nachvollziehbar		Eher ungenau / missverständlich	
Thema der Grafik	genannt	☐	ungenau genannt	☐
			nicht genannt	☐
Wiedergabe des Inhalts	wesentliche Informationen genannt	☐	zu viele Informationen genannt	☐
	interessante Informationen genannt	☐	zu wenige Informationen genannt	☐
			falsche Informationen genannt	☐
Aussagen	klar formuliert	☐	unklar formuliert	☐
	Informationen logisch verbunden (z. B. mehrere Zahlen sinnvoll zusammengefasst oder einen Gegensatz benannt)	☐	Informationen nicht verbunden, nur aufgezählt	☐
Beschreibung der Entwicklung	Unterschiede klar hervorgehoben	☐	Unterschiede fehlten oder waren nicht deutlich	☐
	klar auf Ähnlichkeiten verwiesen	☐	Ähnlichkeiten fehlten oder waren nicht deutlich	☐
eigene Ergänzungen/ Interpretationen	sinnvoll formuliert	☐	falsch dargestellt	☐
			unlogisch dargestellt	☐
			unverständlich dargestellt	☐

Redemittel zum Feedback:
Deine Beschreibung war insgesamt sehr gut / gut / nicht so gut / verständlich.
Du hast … genannt, aber du könntest …
Gut fand ich, …
Bei … hättest du …
Vielleicht könntest du das nächste Mal darauf achten, dass …

© Ernst Klett Sprachen 2019. Vervielfältigung zu Unterrichtszwecken gestattet. Aus *Aspekte | junior C1*, Lehrerhandbuch

Kopiervorlage 12 — Modul 4 — 6

zu Aufgabe A2

Ergänzt die passenden Redemittel aus A2a.

(1) _____ „Castingshows" Stellung nehmen. Ich (2) _____, in dem die Autorin ihre Meinung zur Castingshow „Germanys Next Topmodel" äußert.

Ich (3) _____, _____ viele Castingshows die Realität verzerren. (4) Oft _____, _____ viele diese Shows nur sehen, um mitreden zu können oder sich über die Teilnehmer/innen lustig zu machen, aber ich denke, es gibt auch eine große Zuschauergruppe, die mitfiebert und dort gerne teilnehmen würde.

(5) _____, _____ man sich wünscht berühmt zu werden, (6) _____, _____ in diesen Shows sehr viel abgesprochen (gefakt) ist und die Teilnehmerinnen vor allem oft schlecht gemacht werden.

(7) _____ dieses Konzept sehr geschickt, _____ es verbindet das alltägliche Thema „Mode und Aussehen" mit einem großen Ereignis. (8) Für mich _____, _____ man sich mit den Teilnehmerinnen identifiziert, wenn man jede Woche bei der Show mitfiebert.

(9) _____ an so einer Castingshow teilnehmen. (10) Das _____, dass diese Shows – wie oben schon erwähnt – nicht die Realität widerspiegeln und doch großen Einfluss auf Jugendliche haben.

(11) Meine _____, dass Castingshows aufgrund der Faszination, die sie ausüben, nicht ungefährlich sind.

Lösung: (1) Ich möchte in meinem Kommentar zum Thema; (2) habe einen Text zum Thema gelesen; (3) bin der Meinung/Ansicht/Auffassung, dass; (4) wird zwar gesagt, dass; (5) Auch wenn ich gut nachvollziehen kann, (6) möchte ich doch betonen, dass; (7) In meinen Augen ist …; (8) denn; (9) Ich würde niemals; (10) entscheidende Argument dagegen ist; (11) persönliche Schlussfolgerung ist

© Ernst Klett Sprachen 2019. Vervielfältigung zu Unterrichtszwecken gestattet. Aus *Aspekte | junior C1*, Lehrerhandbuch

Kopiervorlage 13 — Modul 3

zu Aufgabe 3b

Würfel. Wandel die Relativsätze in modale Partizipien um und die modalen Partizipien in Relativsätze.

Spalte 1	Spalte 2	Spalte 3	Spalte 4	Spalte 5
die Zeit, die nicht überschritten werden darf	eine Straße, die repariert werden sollte	Ergebnisse, die ausgewertet werden müssen	ein neu zu beschließendes Gesetz	Material, das nicht einfach bearbeitet werden kann	Würfel noch einmal.
ein leicht zu korrigierender Fehler	zu schneidende Bäume	**Gehe 2 Felder vor.**	eine Tür, die geschlossen werden sollte	die zu zahlenden Gebühren	ein Schloss, dass geöffnet werden muss
ein Buch, das geliefert werden muss	schwer zu lernende Wörter	Argumente, die diskutiert werden können	ein zu beobachtendes Phänomen	**Gehe 3 Felder zurück.**	ein zu fassender Beschluss
eine Person, die bestraft werden muss	ein Urlaub, der schnell geplant werden muss	zu planende Kulturaktivitäten	eine Entscheidung, die getroffen werden muss	eine Präsentation, die gehalten werden muss	eine zu heilende Krankheit
START	schwer einzuhaltende Regeln	Blumen, die eingepflanzt werden müssen	das Formular, das aufgefüllt werden muss	ein zu renovierendes Haus	**ZIEL**

© Ernst Klett Sprachen 2019. Vervielfältigung zu Unterrichtszwecken gestattet. Aus *Aspekte | junior C1*, Lehrerhandbuch

Kopiervorlage 14 — Modul 3 — 7

vor Aufgabe 3c

Ordne die Wörter den Definitionen zu.

der Ausschuss	eine Gruppe von Personen, die aus einer größeren Gruppe ausgewählt wurde, um besondere Aufgaben zu erfüllen
der Bundestag	das direkt gewählte Parlament Deutschlands
der Bundesrat	eine Art Parlament, das nicht direkt gewählt wird, sondern sich aus den Vertretern der Regierungen der einzelnen Bundesländer Deutschlands zusammensetzt
der Entwurf	ein Text, der die wichtigsten Gedanken/Punkte zu einem Thema enthält, der aber noch nicht ganz fertig ist
einen Vorschlag vorlegen	eine Idee / einen Entwurf bekannt machen, damit sie/er bearbeitet werden kann
etw. befürworten	sagen, dass man etwas unterstützt, z. B. einen Vorschlag / eine Idee / ein Gesetz
der Bundeskanzler / die Bundeskanzlerin	Vorsitzende/r der Bundesregierung. Er/Sie wird vom Bundestag gewählt und schlägt Minister/innen vor. Er/Sie bestimmt die politische Linie und trägt dafür die Verantwortung im Bundestag.
der Bundespräsident / die Bundespräsidentin	das Staatsoberhaupt Deutschlands, das vor allem repräsentative Aufgaben erfüllt
gültig sein	etwas entspricht den rechtlichen Vorgaben, wird anerkannt und ist verpflichtend

© Ernst Klett Sprachen 2019. Vervielfältigung zu Unterrichtszwecken gestattet. Aus *Aspekte | junior C1*, Lehrerhandbuch

Kopiervorlage 15/1 — Modul 3 — 8

zu Aufgabe 3

Subjektive Bedeutung der Modalverben: Vermutungen ausdrücken

Legt die Kärtchen in die passende Spalte der Tabelle.

	Etwas ist sicher.	Etwas ist sehr wahrscheinlich.	Etwas ist möglich.
Modalverb + Infinitiv			
Umschreibung ohne Modalverb			

© Ernst Klett Sprachen 2019. Vervielfältigung zu Unterrichtszwecken gestattet. Aus *Aspekte | junior C1*, Lehrerhandbuch

Kopiervorlage 15/2 — Modul 3 — 8

zu Aufgabe 3

Ich bin sicher, dass …	Ich bin überzeugt, dass …	Alles deutet darauf hin, dass …	Alle Anzeichen sprechen dafür, dass …
Bestimmt …	Sicher …	Zweifellos …	Gewiss …
Aller Wahrscheinlichkeit nach …	Wahrscheinlich …	Vermutlich …	Ich vermute, dass …
Ich nehme an, dass …	Ich bin ziemlich sicher, dass …	Es sieht so aus, als ob …	Es ist möglich, dass …
Es ist denkbar, dass …	Es ist nicht ausgeschlossen, dass …	Vielleicht …	Möglicherweise …
Eventuell …	Angeblich …	Es besteht die Möglichkeit, dass …	… lässt darauf schließen, dass …
… lässt vermuten, dass …	müssen	nicht können	dürfen (nur Konj. II)
können	können (nur Konj. II)		

Kopiervorlage 15/3 — Modul 3 — 8

zu Aufgabe 3

Forme jeweils den zweiten Satz in einen Satz mit Modalverb oder in einen Satz mit Umschreibung ohne Modalverb um.

1. Der Regen hat aufgehört. Eventuell wird das Wetter morgen besser.
2. Wir haben nur noch eine halbe Stunde Zeit. Ich vermute, wir werden heute nicht fertig.
3. Eva ist doch eine verantwortungsbewusste Person. Ich bin sicher, dass sie das Fenster nicht offen gelassen hat.
4. Matthias wollte vor einer Stunde hier sein und er ist noch nicht da. Bestimmt steht der Bus im Stau.
5. Warum ist er so komisch? – Es ist möglich, dass er sich über deine Kritik geärgert hat.
6. Anna klang gestern schon erkältet. Vielleicht ist sie heute krank.
7. Ich habe einen Arzttermin, deshalb kann es sein, dass ich morgen nicht komme.
8. Ich habe meine Noten bekommen, aber sie sind viel schlechter als normal. Die Lehrer müssen mich verwechselt haben.
9. Der Unfall ist nach dem Schneeregen passiert. Es dürfte glatt gewesen sein.
10. Sebastian ist in letzter Zeit so blass. Die Erzieher könnten recht haben, dass ihm etwas fehlt.

Mögliche Lösung:

1. Der Regen hat aufgehört. Das Wetter könnte morgen besser werden.
2. Wir haben nur noch eine halbe Stunde Zeit. Wir dürften heute nicht fertig werden. / Es kann sein, dass wir heute nicht fertig werden.
3. Eva ist doch eine verantwortungsbewusste Person. Sie kann das Fenster nicht offen gelassen haben.
4. Matthias wollte vor einer Stunde hier sein und er ist noch nicht da. Der Bus muss im Stau stehen.
5. Warum ist er so komisch? – Er könnte sich über deine Kritik geärgert haben.
6. Anna klang gestern schon erkältet. Sie könnte heute krank sein.
7. Ich habe einen Arzttermin, deshalb komme ich wahrscheinlich morgen nicht.
8. Ich habe meine Noten bekommen, aber sie sind viel schlechter als normal. Die Lehrer haben mich bestimmt verwechselt.
9. Der Unfall ist nach dem Schneeregen passiert. Aller Wahrscheinlichkeit nach war (ist) es glatt (gewesen).
10. Sebastian ist in letzter Zeit so blass. Es ist möglich, dass die Erzieher recht haben, dass ihm etwas fehlt.

Kopiervorlage 16

Modul 4 · 8

zu Aufgabe A2e

über Emotionen berichten	über positive Erfahrungen berichten
Ich hatte viel Spaß …	Ich hätte nicht gedacht, dass ich … kann.
Ich hatte viel Angst …	Ich hätte nicht gedacht, dass ich … schaffe.
Ich habe mich gut gefühlt. …	Ich bin positiv überrascht, dass ich …
Ich habe mich schlecht gefühlt. …	Für mich persönlich war es gut, dass …
Ich fand die Situation lustig, …	
Ich fand die Situation traurig, …	**über negative Erfahrungen berichten**
Ich fand die Situation irritierend, …	Ich war ziemlich enttäuscht als …
Ich fand die Situation beängstigend, …	Ich habe … falsch eingeschätzt.
Ich fand die Situation …	… habe ich mir anders vorgestellt.
Ich habe mich … gefühlt, …	

© Ernst Klett Sprachen 2019. Vervielfältigung zu Unterrichtszwecken gestattet. Aus *Aspekte | junior C1*, Lehrerhandbuch

Kopiervorlage 17 — Modul 3

zu Aufgabe 3c

Sätze ohne Konnektor

Ich sollte für die Aufnahmeprüfung lernen.
Meine Freunde wissen schon alle, was sie studieren möchten.
Sie ist bei ihrem Kunststudium sehr engagiert und glücklich.
Ich möchte gerne Gesang studieren.
Zuerst habe ich Mathematik studiert.
Am Anfang war ich sehr skeptisch bei meinem Studium.
Er wollte immer ins Ausland gehen.
Sie hatte hohe Erwartungen.
Viele Studenten arbeiten neben ihrem Studium.
Schauspielschulen sind sehr beliebt.
Künstler sind kreative Menschen.

Sätze mit Konnektor

Allerdings will ich es später nicht bereuen.
Dagegen habe ich immer gemacht, was ich wollte.
Demgegenüber steht die harte Realität.
Stattdessen male ich nun gar nicht mehr.
Vielmehr lerne ich jetzt Gesang.
Bis dahin werden noch einige Jahre vergehen.
Daraufhin hat sie sich ein Auto gekauft.
Gleichzeitig hört er Musik.
Inzwischen weiß ich genau, was ich will.
Mittlerweile kann ich von der Kunst gut leben.
Währenddessen bin ich um die ganze Welt gereist.

© Ernst Klett Sprachen 2019. Vervielfältigung zu Unterrichtszwecken gestattet. Aus *Aspekte | junior C1*, Lehrerhandbuch

Kopiervorlage 18 — Modul 4 — 9

zu Aufgabe 6

Rubrik/Genre nennen	Inhalt/Handlung zusammenfassen
Man kann das Werk folgender Rubrik zuordnen: …	In dem Buch „…" geht es um Folgendes: …
Das Buch gehört zum Genre …	Es handelt von …
Es ist ein Krimi / eine Fantasy-Geschichte / ein Zukunftsroman / …	Zur Handlung kann man sagen, dass …
Der Autor/ Die Autorin ist …	Im Mittelpunkt (des Geschehens) steht …
Den Autor / Die Autorin kennt man bereits von …	Die Geschichte spielt in …
	Die Hauptpersonen sind …
	Spannung wird dadurch aufgebaut, dass …
	… führt uns in die Welt der …
eine positive Bewertung abgeben	
Das Buch liest sich spannend/kurzweilig/ unterhaltsam/leicht/ …	
Man kann sich auf gute Unterhaltung / Spannung / … freuen.	
Die Vielfalt und Verschiedenartigkeit der Einfälle von … sind immer wieder überraschend.	
Ich halte … für ein sehr lesenswertes/ empfehlenswertes/… Buch.	
Die Geschichte ist unterhaltsam/spannend/ kurzweilig/tiefsinnig/ gut durchdacht / …	
Man merkt / sieht deutlich, dass …	

© Ernst Klett Sprachen 2019. Vervielfältigung zu Unterrichtszwecken gestattet. Aus *Aspekte | junior C1*, Lehrerhandbuch

Kopiervorlage 19/1 — Modul 1 — 10

zu Aufgabe 5

1. Lies die Wörter einmal laut und langsam. Merk dir die Wörter, du hast 2,5 Minuten Zeit. Dreh dann das Blatt um und notiere alle Wörter, die du behalten hast.

der Eindruck	entschlüsseln	die Speicherung
die Erinnerung	das Faktenwissen	unbestechlich
das Gedächtnis	der Gedanke	die Verbindung
die Nervenzelle	die Neurowissenschaft	verblassen
verknüpfen	die Zelle	das Vergessen

2. Decke die Fragen ab und betrachte das Bild 30 Sekunden. Merke dir so viele Details wie möglich. Decke das Bild dann ab und beantworte die Fragen.

1. Wie viele Personen tragen ein gestreiftes Oberteil?
2. Wie viele Personen haben einen Bart?
3. Wie viele Personen haben eine Tasse in der Hand?
4. Wie viele Personen tragen eine Brille?
5. Wie viele Personen tragen eine Uhr?

3. Notiere so viele Wörter wie möglich, die auf „schaft" enden. Du hast fünf Minuten Zeit.

4. Notiere möglichst viele Wörter mit Doppel-M. Du hast fünf Minuten Zeit.

© Ernst Klett Sprachen 2019. Vervielfältigung zu Unterrichtszwecken gestattet. Aus *Aspekte | junior C1*, Lehrerhandbuch

Kopiervorlage 19/2 — Modul 1 — 10

zu Aufgabe 5

✂ ....

5. Schreib mit jedem der angegebenen Buchstaben ein Wort aus dem Text aus Modul 1 auf, an das du dich erinnerst.

A: _____   L: _____
B: _____   M: _____
D: _____   N: _____
E: _____   P: _____
F: _____   R: _____
G: _____   S: _____
H: _____   T: _____
I: _____   Z: _____
K: _____

✂ ....

6. Sieh dir die Bilder an und merke dir die Nummer unter den Bildern. Du hast 2,5 Minuten Zeit. Decke nun die obere Tabelle mit den Bildern ab. Notiere in der Tabelle mit den Bildnummern die richtigen Gegenstände.

1	2	3	4	5
6	7	8	9	10

3	6	9	2	10
7	1	5	8	4

© Ernst Klett Sprachen 2019. Vervielfältigung zu Unterrichtszwecken gestattet. Aus *Aspekte | junior C1*, Lehrerhandbuch

Kopiervorlage 19/3 — Modul 1

zu Aufgabe 5

7. Sudoku: In jeder Zeile und Spalte muss jedes Wort einmal vorkommen: bewusst – Erlebnis – Funktion – Gefühl – Gehirn – Reiz – speichern – unbewusst – Zeit

Rätsel:

unbewusst	Gefühl			Zeit		bewusst		speichern
bewusst		speichern					Reiz	
Reiz	Erlebnis	Zeit			Reiz		Gefühl	
		bewusst	Gefühl			Erlebnis		unbewusst
	speichern			speichern		bewusst		
		Gefühl	Funktion	Erlebnis		Reiz		
Erlebnis			speichern	bewusst	Reiz		Funktion	
		Reiz		Zeit	Gehirn		Zeit	Gefühl
speichern	unbewusst			Gefühl				Gehirn

Lösung:

unbewusst	Reiz	Erlebnis	Zeit	Gefühl	Funktion	Gehirn	bewusst	speichern
Zeit	Gefühl	Funktion	bewusst	speichern	Gehirn	Reiz	unbewusst	Erlebnis
bewusst	Gehirn	speichern	unbewusst	Reiz	Erlebnis	Gefühl	Zeit	Funktion
Reiz	Erlebnis	Zeit	Gefühl	Funktion	bewusst	speichern	Gehirn	unbewusst
Gefühl	Funktion	bewusst	Gehirn	unbewusst	speichern	Erlebnis	Reiz	Zeit
Gehirn	speichern	unbewusst	Reiz	Erlebnis	Zeit	Funktion	Gefühl	bewusst
Erlebnis	Zeit	Gefühl	Funktion	bewusst	unbewusst	Gehirn	speichern	Reiz
Funktion	bewusst	Gehirn	speichern	Zeit	Reiz	unbewusst	Erlebnis	Gefühl
speichern	unbewusst	Reiz	Erlebnis	Gehirn	Gefühl	bewusst	Funktion	Gehirn

© Ernst Klett Sprachen 2019. Vervielfältigung zu Unterrichtszwecken gestattet. Aus *Aspekte | junior C1*, Lehrerhandbuch

Kopiervorlage 20 — Modul 2 — 10

nach Aufgabe 3

dein 12. Geburtstag	eine Party	das letzte Weihnachtsfest
der letzte Urlaub	ein Lieblingsspielzeug als Kind	ein Ausflug
neue Möbel in deinem Zimmer / Zimmer renovieren	dein erster Schultag	ein Film / eine Serie, den/die du gesehen hast
ein Buch, das du gelesen hast	ein Erlebnis im Sommer	ein Hobby, das du ausübst oder ausgeübt hast

© Ernst Klett Sprachen 2019. Vervielfältigung zu Unterrichtszwecken gestattet. Aus *Aspekte | junior C1*, Lehrerhandbuch

Prüfungsformate in *Aspekte | junior C1*

Wie Sie bei Ihrer Arbeit mit *Aspekte | junior C1* feststellen werden, finden sich im Kurs- und Übungsbuch Aufgaben und Übungen, die sich an den Prüfungsformaten des Goethe-Zertifikats C1 und des Deutschen Sprachdiploms II (DSD II) orientieren und auch so markiert sind (GI und DSD). Das heißt Darstellung und Umfang können – oft aus Platz- und Layout-Gründen – leicht von der Darstellung und dem Umfang der authentischen Prüfung abweichen.

Einige S werden ggf. den Wunsch haben, eine C1 Prüfung wie das Goethe-Zertifikat C1 oder das Deutsche Sprachdiplom II abzulegen. Daher bietet *Aspekte | junior C1* sämtliche Aufgaben zu den beiden Prüfungen im Kurs- und Übungsbuch an. Die Aufgabentypen der DSD II-Prüfung haben die S schon in *Aspekte | junior B2* kennengelernt und so kann sich ein Wiedererkennungseffekt ergeben.

Thematisch sind diese Aufgaben und Übungen in die Kapitel- und Modulthemen integriert, sodass sie auch für die S interessant sind, die keine C1-Prüfung ablegen wollen.

In den einzelnen Kapiteln des KB und ÜB finden die S immer wieder Lerntipps und Strategien, die ihnen unter anderem aufzeigen, was sie bei der Prüfung beachten sollen.

Eine Übersicht, wo welche Prüfungsaufgabe steht, finden Sie im Folgenden. Eine passende Modellprüfung zum kostenfreien Download finden Sie nach Eingabe des Zugangscodes dx2ux42 ins Suchfeld auf www.klett-sprachen.de.

Goethe-Zertifikat C1

Mit dem Bestehen des Goethe-Zertifikats C1 haben Lernende nachgewiesen, dass sie ein breites Spektrum anspruchsvoller und längerer Texte verstehen sowie die deutsche Sprache sicher verwenden und sich im privaten, gesellschaftlichen, akademischen und beruflichen Leben adäquat ausdrücken können.

Für die Teilnahme an der Prüfung wird ein Alter ab 16 Jahren empfohlen.

Die Prüfung besteht aus einer schriftlichen Gruppenprüfung zu den Fertigkeiten Lesen, Hören und Schreiben und aus einer mündlichen Prüfung, die normalerweise als Paarprüfung durchgeführt wird, in einzelnen Fällen aber auch als Einzelprüfung abgelegt werden kann.

Lesen: 70 Minuten   Schreiben: 80 Minuten
Hören: 40 Minuten   Sprechen: ca. 15 Minuten (Paar), ca. 10 Minuten (Einzel)

In der Prüfung können 100 Punkte erreicht werden, pro Fertigkeit 25 Punkte. Die einzelnen Fertigkeiten tragen mit 25 % zum Gesamtergebnis bei.

Um die Prüfung zu bestehen, müssen S in der schriftlichen Prüfung (Lesen, Hören und Schreiben) mindestens 60 % der möglichen Punkte erzielt haben, d. h. mindestens 45 Punkte von 75 Punkten. In der mündlichen Prüfung müssen mindestens 15 Punkte von maximal 25 Punkten erreicht werden. Andernfalls gilt die gesamte Prüfung als nicht bestanden.

Die Ergebnisse des schriftlichen und des mündlichen Teils werden addiert. Nach dem Bestehen der gesamten Prüfung erhalten S ein Zeugnis, das vom Prüfungszentrum ausgestellt wird. Die S können die nicht bestandenen Teile der schriftlichen Prüfung auf Antrag einsehen. Die Prüfung kann beliebig oft wiederholt werden, immer als Ganzes.

Punkte	Prädikat
100–90	sehr gut
89,5–80	gut
79,5–70	befriedigend
69,5–60	ausreichend
unter 60	nicht bestanden

Das Goethe-Zertifikat C1 auf einen Blick

	Nr.	Prüfungsziel	Textsorte	Aufgabentyp	Pkt.	*Aspekte | junior C1*
Lesen	1	Entnahme von Hauptaussagen und Einzelheiten	Reportage, Sachbuch u. a.	Lückentext (Summary Cloze)	10	**ÜB** K3 M2 Ü1 **ÜB** K6 M2 Ü2
	2	Erkennen von Meinungen oder Standpunkten	Stellungnahme, Kommentar u. a.	Zuordnung	10	**ÜB** K5 M4 Ü1 **ÜB** K9 M2 Ü1
	3	Syntaktisch und semantisch korrekte Textergänzung	Bericht u. a.	Lückentext (mit viergliedrigen Multiple-Choice-Items)	5	**ÜB** K1 M2 Ü1 **ÜB** K8 M4 Ü1a
Hören	1	Selektive Informationsentnahme	Gespräch	Notizen machen	10	**KB** K3 M2 A3a
	2	Entnahme von Hauptaussagen und Einzelheiten	Radiosendung, Reportagen (z. T. monologisch)	Multiple-Choice (dreigliedrig)	15	**KB** K2 M2 A2a **KB** K10 M2 A2a
Schreiben	1	Produktion: Informationen referieren, etwas berichten/vergleichen, Meinungen äußern	schriftliche Äußerung zu einem Thema	freies Schreiben nach Vorgabe von fünf Leitpunkten	20	**ÜB** K2 M4 Ü4 **KB** K9 M2 A3b
	2	Interaktion: registeradäquate Ausdrucksweise	formelle E-Mail oder formeller Brief	formelle E-Mail oder formeller Brief	5	**ÜB** K4 M4 Ü5 **ÜB** K7 M2 Ü2
Sprechen	1	Produktion: monologisches Sprechen zu einem Thema	Vortrag	Text und fünf Leitpunkte	12,5	**KB** K3 M4 A3
	2	Interaktion: Diskussion der Vor- und Nachteile eines Vorschlags und Aushandeln einer Entscheidung	Gespräch	Situation, Auswahlmöglichkeiten und drei Inhaltspunkte	12,5	**KB** K7 M4 A5

Prüfungsaufbau

Schriftliche Prüfung

Dauer insgesamt ca. 190 Minuten
Die Höchstpunktzahl, die in der schriftlichen Prüfung erreicht werden kann, sind 75 Punkte. Die S müssen in diesem Teil mindestens 45 Punkte erreichen, um zu bestehen.

Prüfungsformate in *Aspekte | junior C1*

TIPP
Weisen Sie die S darauf hin, dass sie in der Prüfung ihre Lösungen zuerst auf den Kandidatenblättern notieren und später auf die Antwortbögen übertragen müssen. Dazu sollten sie pro Teil mind. 5 Minuten einplanen.
Die S dürfen nicht mit Bleistift schreiben.
Wörterbücher und Mobiltelefone dürfen in der Prüfung nicht verwendet werden.
Sagen Sie ihnen, dass es pro Aufgabe immer nur eine richtige Lösung gibt.
S sollen, auch wenn sie sich unsicher sind, auf jeden Fall eine Antwort markieren, da keine Punkte für falsche Antworten abgezogen werden.
Wenn die S sich anhand eines Modelltests auf die Prüfung vorbereiten, sollten sie darauf achten, die hier angegebenen Arbeitszeiten einzuhalten.

LESEN
Dauer insgesamt: 70 Minuten   Höchstpunktzahl: 25
Gliederung: drei Teile zu verschiedenen Textsorten und Lesestrategien

Aufgabe 1: Entnahme von Hauptaussagen und Einzelheiten
Dauer der Aufgabe: 25 Minuten   Höchstpunktzahl: 10
Die S erhalten einen ca. 400 Wörter langen Text mit informativem Charakter und einen dazugehörigen Lückentext, der 10 Lücken enthält und eine Kurzfassung darstellt.

TIPP
Die S müssen den Text genau lesen, um die richtigen Wörter finden zu können, die in die Zusammenfassung eingesetzt werden müssen.
Raten Sie den S, erst den Text gründlich zu lesen und sich dann mit der Zusammenfassung zu beschäftigen.
Die fehlenden Wörter im Lückentext folgen in der Anordnung dem Textaufbau des zugrundeliegenden Textes.
In dieser Aufgabe geht es nicht nur darum, dass die S die richtigen Textstellen finden, sondern auch, dass sie Synonyme verwenden oder Nominalisierungen vornehmen.
Die Lücken müssen nicht unbedingt mit Wörtern aus dem Text gefüllt werden. Wenn die S passende andere Wörter kennen, können auch diese ergänzt werden.
Es kann jede Wortart eingefügt werden (Nomen, Verb, Adjektiv etc.).
Es passt immer nur ein Wort.
Die S müssen auf die Textkongruenz achten: In welchem Kasus wird ein Wort im Lückentext gebraucht? Gibt es Präpositionen, die anzeigen, dass nur bestimmte Verben passen? etc. Es werden nur grammatisch richtige Antworten gewertet.
Die S lösen zuerst alle Lücken, die sie auf Anhieb lösen können. Die anderen Lücken überspringen sie und ergänzen sie im Anschluss.
Weisen Sie die S darauf hin, dass sie in diesem Prüfungsteil Zeit (ca. 5 Minuten) einplanen, um ihre Antworten vom Kandidatenblatt auf die Antwortbögen zu übertragen.

Aufgabe 2: Erkennen von Meinungen oder Standpunkten
Dauer der Aufgabe: 30 Minuten   Höchstpunktzahl: 10
Die S erhalten vier argumentative oder wertende Lesetexte zum einem Thema. Dazu erhalten sie ein Raster mit zehn Items, zu denen sie Informationen aus den Texten in Stichwörtern eintragen müssen.

TIPP
Die S lesen die Themenschwerpunkte im Raster.
Die S legen sich die Aussagen, nach denen sie suchen müssen, neben die Texte und unterstreichen in den Texten die Stichworte, die sie zum jeweiligen Inhaltspunkt finden.
Sie lesen zuerst Text A und tragen alle passenden Informationen, die sie in Text A finden, in das Raster ein. Wenn sie Text A vollständig bearbeitet haben, gehen sie zu Text B, C, D über.
Auf den Antwortbogen schreiben die S nur Stichpunkte oder eine sinnvolle Verkürzung der Textpassage.
Am Schluss kontrollieren die S, ob alle Stichpunkte in der richtigen Zeile stehen, denn es werden nur Antworten berücksichtigt, die richtig zugeordnet sind. Dabei können die S ganze oder halbe Punkte bekommen (richtiger Stichpunkt, richtig zugeordnet: 1 Punkt; halbrichtiger Stichpunkt, richtig zugeordnet: 0,5 Punkte).
Insgesamt sollten die S prüfen, ob sie genau zehn Stichpunkte eingetragen haben.

Aufgabe 3: Syntaktisch und semantisch korrekte Textergänzung
Dauer der Aufgabe: 15 Minuten   Höchstpunktzahl: 5 (pro Lücke, 0,5 Punkte)
Die S bekommen einen mittellangen authentischen Text, bei dem sie zehn Wörter ergänzen müssen. Dazu können sie aus vier Optionen (a, b, c, d) auswählen. Hier dient der Text als Mittler, um sprachliches Wissen im Bereich Wortschatz und Strukturen zu prüfen.

> **TIPP**
> Es gibt pro Lücke immer nur eine Möglichkeit.
> Die S lesen den Text einmal ganz, damit sie wissen, worum es in ihm geht.
> Dann lesen sie den Text noch einmal, achten auf Bezugswörter und notieren zuerst ihre Antworten auf dem Kandidatenblatt.
> Da sie für diese Aufgabe nur 15 Minuten Zeit haben, raten Sie ihnen, sich nicht zu lange mit Zweifelsfällen aufzuhalten, sondern zuerst die Antworten zu notieren, die sie sicher wissen.
> In manchen Fällen kann die Kongruenz der Items Hinweise auf die Lösung geben.
> Die S sollen, auch wenn sie sich unsicher sind, auf jeden Fall eine Antwort ankreuzen, da keine Punkte für falsche Antworten abgezogen werden.
> Die S müssen Zeit zur Übertragung auf den Antwortborgen einplanen.

HÖREN
Dauer insgesamt: ca. 40 Minuten   Höchstpunktzahl: 25
Gliederung: zwei Teile

> **TIPP**
> Weisen Sie die S noch einmal darauf hin, dass sie die Fragen NUR nach den gehörten Texten und nicht nach ihrem eigenen Wissen lösen sollen.
> Die S notieren ihre Lösungen zuerst auf das Aufgabenblatt, das sie erhalten. Am Ende des Prüfungsteils Hören haben sie fünf Minuten Zeit, um diese Antworten sauber und gut lesbar auf den Antwortbogen zu übertragen.
> Die S sollen, auch wenn sie sich unsicher sind, eine Antwort ankreuzen oder etwas in die Lücken schreiben, da keine Punkte für falsche Antworten abgezogen werden.

Aufgabe 1: Selektive Informationsentnahme
Dauer der Aufgabe: ca. 12 Minuten   Höchstpunktzahl: 10
Die S hören ein Gespräch von ca. 3 Minuten Länge mit hohem Informationsgehalt einmal. Das Gespräch, in dem eine Person Informationen erfragt, wird in authentischem Tempo gesprochen. Hierzu vervollständigen die S zehn Items mit angefangenen Sätzen oder antworten auf Fragen. Bevor die S den Text hören, haben sie 90 Sekunden Zeit, um sich die Aufgabenstellung und das Übersichtsblatt anzuschauen.

> **TIPP**
> Die S konzentrieren sich in den 90 Sekunden vor dem Hören v. a. auf die Aufgaben, damit sie während des Hörens gezielt auf die angesprochenen Punkte achten und evtl. schon eine Vorstellung haben, worum es geht.
> Die Sätze auf dem Aufgabenblatt kommen in der gleichen Reihenfolge wie im Hörtext, sodass sich die S während des Hörens an den Sätzen orientieren können.
> Während des Hörens sollten sie sich stichwortartige Notizen zu den einzelnen Punkten machen. Im Anschluss haben sie Zeit, ihre Notizen sauber und gut lesbar auf den Antwortbogen zu übertragen.
> Die Sätze/Antworten können aus einem oder aus mehreren Wörtern bestehen.
> Sollten die S etwas nicht verstehen, raten Sie ihnen, während des Hörens die Lücke auszulassen, um die Konzentration für die folgenden Lücken nicht zu verlieren (was sie Punkte kosten könnte). Eventuell können Sie die Lücke im Anschluss aus dem Kontext des Gesprächs heraus noch lösen.
> Für jede richtige Antwort gibt es einen Punkt, wenn sie ohne inhaltlich entstellende Orthografie- oder Grammatikfehler notiert wurde.

Prüfungsformate in *Aspekte* | *junior C1*

Aufgabe 2: Entnahme von Hauptaussagen und Einzelheiten
Dauer der Aufgabe: 25 Minuten   Höchstpunktzahl: 15 (1,5 Punkte pro richtige Antwort)
Die S hören eine Radiosendung von ca. 10 Minuten Länge. Der Text wird zweimal gehört: einmal ganz und einmal in Abschnitten. Die S bekommen dazu zehn Multiple-Choice-Aufgaben, das bedeutet, sie müssen aus den Antworten a, b und c die richtige Lösung markieren. Es gibt immer nur eine richtige Lösung. Bevor die S den Text hören, haben sie 90 Sekunden Zeit, die Aufgaben zu lesen. Die Einzelaufgaben erscheinen im Text chronologisch. In der Prüfung haben die S nach dem Hören am Ende fünf Minuten Zeit, um ihre Antworten sauber und gut lesbar auf den Antwortbogen zu schreiben.

> **TIPP**
> Die S lesen vor dem Hören die Aufgaben und die Antwortmöglichkeiten, zuerst alle 10, dann beim 2. Hören, die zum Abschnitt passenden.
> Beim Hören müssen die S detailliert die Inhalte verstehen, um zu erkennen, ob der Lösungsvorschlag tatsächlich vollständig mit dem Gesagten übereinstimmt.
> Beim ersten Hören können die S Notizen auf den Kandidatenblättern machen und evtl. schon etwas markieren.
> Beim zweiten Hören markieren sie die Lösungen auf den Kandidatenblättern.
> Raten Sie den S, auf jeden Fall etwas anzukreuzen, da es keinen Punktabzug bei einer falschen Lösung gibt.

SCHREIBEN
Dauer insgesamt: 80 Minuten
Gliederung: zwei Teile   Höchstpunktzahl: 25
In diesem Prüfungsteil sollen die S zeigen, dass sie zwei Texte unterschiedlicher Art anfertigen können. Sie können sich die Zeit für die beiden Teile innerhalb der 80 Minuten selbst einteilen. Die unten genannten Zeitangaben sind die Empfehlungen des Goethe-Instituts.

> **TIPP**
> Am besten ist es, beide Teile des schriftlichen Ausdrucks vorher unabhängig voneinander zu üben, damit die S ungefähr einschätzen können, wie lange sie individuell für den jeweiligen Teil brauchen.

Aufgabe 1: Freies Schreiben
Dauer der Aufgabe: 65 Minuten   Höchstpunktzahl: 20
In Aufgabe 1 wählen S aus zwei Themen ein Thema aus, zu dem sie vom Prüfer / von der Prüferin eine ausführliche Themenbeschreibung (oft mit einer Grafik) und fünf inhaltlichen Leitpunkten bekommen, auf die sie in ihrem Aufsatz eingehen müssen. Die S sollen ungefähr 200 Wörter schreiben, ihr Text sollte also weder zu lang noch zu kurz sein.
Der Text wird nach vier Kriterien bewertet:
inhaltliche Vollständigkeit – Textaufbau und Kohärenz – Ausdrucksfähigkeit – Korrektheit
Wird eines dieser Kriterien mit 0 bewertet, ist die Punktzahl für die gesamte Aufgabe 0 und damit gilt der gesamte Teil „Schreiben" als nicht bestanden.

> **TIPP**
> Die S lesen die Themenbeschreibung, sehen sich die Grafik an und markieren die Punkte, die ihnen besonders auffallen.
> Die S müssen ALLE Leitpunkte bearbeiten.
> Der Text sollte nicht zu kurz sein, weil das zu Punktabzug führen kann. Ist er zu lang, bleibt das bei der Bewertung unberücksichtigt.
> Wichtig ist, dass sich der Text flüssig liest, d. h., die S sollten sich eine gute Verknüpfung ihrer Punkte überlegen und auf Konnektoren und Kohärenz achten.
> Die S sollen sich differenziert und nuanciert ausdrücken können, das gilt auch für den Wortschatz und passende Redemittel.
> Weisen Sie die S darauf hin, dass sie zur Prüfungsvorbereitung noch einmal die Redemittel zur Beschreibung von Grafiken wiederholen (siehe Redemittelanhang im KB).
> S können sich auf einem Konzeptpapier Notizen machen, raten Sie ihnen davon ab, ihren Text vorzuformulieren und übertragen zu wollen, dazu reicht die Zeit nicht aus.

Aufgabe 2: Registeradäquate Ausdrucksweise
Dauer der Aufgabe: 15 Minuten   Höchstpunktzahl: 5
Diese Aufgabe kombiniert das Lesen mit dem gelenkten Schreiben: Die S erhalten eine informelle E-Mail oder einen informellen Brief. Dazu bekommen sie eine formelle E-Mail oder einen formellen Brief, in dem sie zehn Lücken ergänzen müssen. Diese ergänzen sie mithilfe der Informationen aus der informellen E-Mail / dem informellen Brief.

> **TIPP**
> Die S lesen beide E-Mails oder Briefe gründlich.
> Beim Ausfüllen der Lücken nutzen die S die Informationen aus der Vorlage. Dabei geht es darum, sich im formellen Text registeradäquat auszudrücken.
> Beim Ausfüllen der Lücken und den tw. dabei nötigen Umformungen ist es hilfreich, wenn die S auf Wortarten achten, auf Kohärenz von Genus und Nomen und auf das Tempus der Verben.
> Die S beginnen mit den Lücken, die sie auf Anhieb lösen können. Im nächsten Schritt konzentrieren sie sich auf die restlichen Lücken.
> S notieren ihre Antworten direkt auf dem Antwortbogen.

Mündliche Prüfung

SPRECHEN
Dauer insgesamt: ca. 15 Minuten bei Paarprüfung und 10 Minuten bei Einzelprüfung   Höchstpunktzahl: 25
Gliederung: zwei Teile
Die mündliche Prüfung besteht aus zwei Teilen und die S haben bei der Paarprüfung eine Vorbereitungszeit von 15 Minuten, bei Einzelprüfungen von zehn Minuten, in der sie sich Notizen machen können, die sie auch mit in die Prüfung nehmen können. In der mündlichen Prüfung weisen die S nach, dass sie sich klar strukturiert, flüssig und situations- und partnerangemessen ausdrücken können. Die Mindestpunktzahl, die die S erreichen müssen, um diesen Teil zu bestehen, sind 15 Punkte.

Aufgabe 1: Produktion: monologisches Sprechen zu einem Thema
Dauer der Aufgabe: 3–4 Minuten je Prüfling   Höchstpunktzahl: 12,5
Im ersten Teil müssen die S einen kleinen Vortrag (ca. 3–4 Minuten) zu einem Thema anhand von fünf angegebenen Inhaltspunkten halten. Die Leitpunkte sind als Strukturierungshilfe gedacht, d. h. die S müssen nicht auf alle Punkte eingehen. Sie sollen sich zusammenhängend zu diesem Thema äußern, Stellung nehmen und ihre persönlichen Erfahrungen schildern. Dieser Teil ist monologisch, d. h., in der Paarprüfung hört der Prüfling, der gerade nicht spricht, zu.
Jeder Prüfling erhält bei einer Paarprüfung ein anderes Thema.

> **TIPP**
> Bei den Inhaltspunkten werden Argumente verlangt, die für/gegen das in der Frage formulierte Problem sprechen und die persönliche Meinung des/der S wird erwartet.
> Im Vordergrund stehen Inhalt und Ausführlichkeit der Präsentation des Themas.
> Wichtig ist auch hier v. a. Verständlichkeit, ein flüssiges, natürliches Sprechtempo und die sprachliche Verknüpfung der einzelnen Aspekte miteinander (siehe Redemittelanhang im KB).
> Oft kann es passieren, dass ein Thema die S überhaupt nicht interessiert. Machen Sie ihnen deutlich, dass sie auf jeden Fall Beispiele nennen müssen – aus eigener Erfahrung oder aus der Fantasie.
> Raten Sie den S, am Anfang die Struktur ihres Vortrages zu erläutern und während des Vortrags immer wieder zu benennen, an welchem Punkt sie gerade sind.
> Machen Sie den S bewusst, dass die Darstellung der eigenen Meinung in diesem Teil sehr wichtig ist.
> Raten Sie den S, abwechslungsreichen Wortschatz zu benutzen, auch für die Überleitungen zum nächsten Punkt.
> Am Ende des Vortrags bietet es sich an, dass die S eine Zusammenfassung des Gesagten geben. Weisen Sie die S auf den Redemittelanhang im KB hin.
> Zur Übung können S diese Vortragsart mit Uhr zu Hause proben, um so ein besseres Zeitgefühl zu bekommen.

Prüfungsformate in *Aspekte* | *junior C1*

Aufgabe 2: Interaktion: Diskussion der Vor- und Nachteile eines Vorschlags und Aushandeln einer Entscheidung
Dauer der Aufgabe: ca. 10 Minuten   Höchstpunktzahl: 12,5
Dieser Teil der Prüfung ist dialogisch: Entweder spricht der/die S mit einem/einer anderen S oder mit dem Prüfer / der Prüferin. Zu dieser Situation gibt es eine Aufgabe mit einer Situationsbeschreibung und verschiedenen Vorschlägen, die die S vergleichen sollen. Dabei sollen sie ihren Standpunkt begründen, auf die Vorschläge des Partners / der Partnerin eingehen und am Ende zu einer gemeinsamen Entscheidung kommen. Während der Vorbereitungszeit haben die S Zeit, sich über die Situation und die Inhaltspunkte Gedanken zu machen.

> **TIPP**
> Bewertet wird hier die Fähigkeit, sich in ein Gespräch einzubringen. Raten Sie den S, nicht nur auf das Gesagte des Gegenübers zu antworten, sondern selbst aktiv zu werden, sich kooperativ einzubringen und eigene Beiträge auf die des Partners / der Partnerin zu beziehen.
> Geben Sie den S den Tipp, noch einmal die passenden Redemittel (z. B. „Vorschlag machen", „widersprechen", „argumentieren" etc.) zu wiederholen (vgl. Redemittelanhang des KB).
> Ebenso ist es wichtig, dass die S abwechslungsreich sprechen, ihre Sätze nicht immer mit denselben Wörtern beginnen und im Satzbau variieren.
> Sagen Sie den S, dass sie am Ende zu einer Entscheidung kommen müssen, auch wenn die Entscheidung eine/n S evtl. nicht überzeugt. Weisen Sie sie darauf hin, dass es besser ist, zu einer halbherzigen Entscheidung zu kommen als zu gar keiner.
> Raten Sie ihnen, sich in der Vorbereitungszeit zu allen Vorschlägen Notizen zu machen, sodass sie für alle Vorschläge Argumente nennen können.

Deutsches Sprachdiplom II (DSD II)

Das DSD II der Kultusministerkonferenz der Länder in der Bundesrepublik Deutschland wird in der Regel von Schülerinnen und Schülern in den oberen Klassen der Sekundarschulen im Ausland als Nachweis der deutschen Sprachkenntnisse abgelegt. Für das DSD II werden 800 bis 1.200 Stunden Deutschunterricht (à 45 Minuten) vorausgesetzt.

Die Prüfung kann, je nach erreichter Punktezahl, in den jeweiligen Teilen auf dem Niveau B2 und C1 abgelegt werden. Bei Erreichen des Niveaus C1 gilt diese Prüfung als Nachweis für ein Hochschulstudium in Deutschland.

Bei der Bewertung sind folgende Punkte maximal zu erreichen. Dabei können, je nach Schwierigkeitsgrad, die Punkte in den Prüfungsteilen leicht variieren:

	max. Punkte	Wertigkeit	Punkte für C1	Punkte für B2
Schriftliche Prüfung				
Leseverstehen	24	25 %	14–24	8–13
Hörverstehen	24	25 %	14–24	8–13
Schriftliche Kommunikation	24	25 %	12–24	8–11
Schriftliche Prüfung gesamt	**72**	**75 %**	**mind. 40**	**mind. 24**
Mündliche Prüfung gesamt	**24**	**25 %**	**12–24**	**8–11**

Wenn eine Schülerin oder ein Schüler die Prüfung nicht bestanden hat, kann sie/er die Prüfung einmal im Ganzen wiederholen.

Das DSD II auf einen Blick

	Nr.	Prüfungsziel	Textsorte	Aufgabentyp	Aspekte | junior C1
Lesen	1	globales Verstehen	fünf Kurztexte à 70–80 Wörter, erweiterter Wortschatz, komplexe Strukturen (Kurzmeldungen, Anzeigen etc.)	Überschriften zuordnen (4 bleiben übrig)	**ÜB** K1 M4 Ü6
	2	selektives/detailliertes Verstehen	ein berichtender, erklärender Text, 400–450 Wörter, komplexe Strukturen (Dokumentation etc.)	Multiple Choice (richtig-falsch-nicht im Text)	**KB** K2 M4 A2a
	3	selektives/detailliertes Verstehen inkl. Erschließen von impliziten Bedeutungen	ein erklärender Text, ca. 500 Wörter, erweiterter Wortschatz, inklusive Fachwortschatz (populärwissenschaftlicher Bericht etc.)	Sätze in 6 Lücken einsetzen (2 bleiben übrig)	**KB** K5 M4 A2a
	4	globales/selektives/detailliertes Verstehen	ein argumentativ problematisierender Text, ca. 750 Wörter, breites Spektrum komplexer Strukturen (Zeitung, Nachrichtenmagazin etc.)	Multiple Choice (a, b, c)	**KB** K6 M2 A2a
Hören	1	globales/selektives/detailliertes Verstehen	ein dialogischer Hörtext, ca. 700 Wörter (Interview mit zwei oder drei Partnern des gesellschaftlichen und beruflichen Lebens)	Multiple Choice (a, b, c)	**ÜB** K3 M1 Ü1
	2	globales Verstehen	vier Hörszenen à ca. 100 Wörter, (quasi-authentische Kurztexte, Aussagen von Personen)	A: Zuordnung (Welche Aussage A, B, C passt?)	**KB** K1 M2 A2a
				B: Zuordnung (Welcher Satz A–F passt? Zwei bleiben übrig)	**KB** K1 M2 A2b
	3	globales/selektives/detailliertes Verstehen	ein monologischer, argumentierender Text, ca. 700 Wörter, umfangreicher Wortschatz und idiomatische Wendungen (Referat, Vortrag, Radioreportage etc.)	Multiple Choice (a, b, c)	**KB** K8 M2 A2a
Schreiben		zusammenhängende Textproduktion	ein Sachtext (ca. 200 Wörter) plus Grafik	Schreiben nach Vorlage und Leitfragen	**KB** K9 M4 A5
Sprechen	1	zusammenhängender, monologischer Vortrag inkl. Stellungnahme	Schlüsselwörter als Impuls (3 von 7 müssen behandelt werden)	Vortrag	**KB** K10 M4 A5
		Standpunkt verteidigen	themenbezogene Fragen	freies und spontanes Sprechen	
	2	zusammenhängender, monologischer Vortrag inkl. Stellungnahme	gewähltes Thema	Vortrag	**KB** K8 M4 A4–5
		auf Nachfragen, Einwände, Provokationen etc. reagieren	auf das Präsentationsthema bezogene Fragen	freies und spontanes Sprechen	

Prüfungsformate in *Aspekte | junior C1*

Prüfungsaufbau

Schriftliche Prüfung

Dauer insgesamt: 240 Minuten
Die Reihenfolge der Prüfungsteile Leseverstehen, Hörverstehen und Schriftliche Kommunikation werden von den Schulen festgelegt. Nach den Teilen Leseverstehen und Hörverstehen haben die Teilnehmenden je 10 Minuten Zeit, ihre Antworten auf einem Antwortbogen einzutragen. Zwischen den Prüfungsteilen wird jeweils eine kurze Pause gemacht.

> **TIPP**
> Weisen Sie die S darauf hin, dass sie immer genug Zeit einplanen, um die Lösungen auf den Antwortbogen zu übertragen.
> Die S sollen in jedem Fall, auch wenn sie sich unsicher sind, eine Antwort markieren, da keine Punkte für falsche Antworten abgezogen werden.
> Da es nicht in allen Prüfungsteilen ein Beispiel für die Bearbeitung der Aufgaben gibt, ist es hilfreich, die Aufgaben mit den S Schritt für Schritt zu besprechen und so mögliche Bearbeitungsfehler zu vermeiden.

Leseverstehen

Für die vier Prüfungsteile zu verschiedenen Textsorten und Lesestrategien haben die S insgesamt 75 Minuten Zeit. Die S können sich die Zeit selbst einteilen und entscheiden, mit welcher Aufgabe sie beginnen wollen. Ein Wörterbuch ist als Hilfsmittel nicht erlaubt.

> **TIPP**
> Üben Sie mit den S alle Teile und geben Sie ihnen 75 Minuten Zeit, damit sie ein Zeitgefühl bekommen.
> Besprechen und wiederholen Sie gemeinsam die jeweiligen Lesestile und Leseziele (global, selektiv, detailliert). Sind die jeweiligen Leseziele klar, können die S ihr Zeitmanagement und ihre Lesestrategien entsprechend darauf einstellen.
> Da die S kein Wörterbuch benutzen dürfen, kann die Angst bestehen, dass sie wichtige Wörter nicht verstehen. Trainieren Sie deshalb noch einmal Strategien zur Worterschließung, wie z. B. Hypothesen zur Bedeutung aus dem Kontext bilden, Bedeutung mehrteiliger Wörter aus den jeweiligen Wortteilen erschließen etc. Machen Sie den S klar, dass sie bereits eine große Menge an Wissen haben, das ihnen beim Leseverstehen mehr hilft als die kleine Menge unbekannter Wörter, die ggf. für die Bearbeitung der Aufgabe selbst gar keine Rolle spielt.

Teil 1: Globalverstehen

S bekommen in diesem Teil neun Überschriften und fünf kurze Texte, bei denen sie entscheiden müssen, welcher Text am besten zu welcher Überschrift passt. Vier Überschriften bleiben übrig.

> **TIPP**
> S können Zeit sparen, wenn sie zuerst alle Überschriften lesen und die Schlüsselwörter markieren. Zum Teil ähneln sich Begriffe in den Überschriften. Daher sollten die S die Überschriften genau lesen und erfassen. Dann markieren die S die Schlüsselwörter in den einzelnen Texten und gleichen diese mit den Schlüsselwörtern der Überschriften ab.
> Weisen Sie die S darauf hin, dass sie die Texte global lesen sollen, d. h. die Texte werden schnell gelesen und es wird nur auf wichtige (Schlüssel-)Informationen geachtet.
> Raten Sie den S, einmal zugeordnete Überschriften zu streichen, um diese nicht immer wieder zu lesen.

Teil 2: Selektives und Detailverstehen

S erhalten in diesem Prüfungsteil einen Lesetext und sieben Aussagen. Zu den Aussagen sollen die S entscheiden, ob diese richtig oder falsch sind oder der Text nichts zu dieser Aussage sagt. Die jeweils passende Bewertung soll angekreuzt werden.

> **TIPP**
> Raten Sie den S, den Text einmal ganz durchzulesen. Die sieben Aufgaben sind in chronologischer Reihenfolge angeordnet: Nach dem ersten, orientierenden Lesen bearbeiten die S die erste Aufgabe und gehen dazu in den Text, bis sie diese beantwortet haben. Dann nehmen sie sich die zweite Antwort vor etc. Auf diese Weise können die S Zeit sparen und müssen den gesamten Text nicht mehrmals lesen.
> In den Aufgaben finden die S oft Umschreibungen oder Synonyme/Antonyme, die als Signale für die Bewertung dienen können. Raten Sie den S, auf Negationen, Zeitangaben, Adjektive etc. zu achten.
> Erinnern Sie die S noch einmal daran, dass die Aufgabe nicht nach eigenem Wissen beantwortet werden soll. Es geht immer darum, was ganz konkret im Text steht.

Teil 3: Selektives und Detailverstehen
S bekommen einen Lesetext mit fünf Lücken. Dazu erhalten sie eine Liste mit sieben Sätzen. Die S sollen entscheiden, welche der sieben Sätze in die fünf Lücken passen. Zwei Sätze bleiben übrig.

> **TIPP** In der Regel können die S aufgrund von vor- oder zurückverweisenden Informationen im Text und in den Sätzen entscheiden, welcher Satz wo passt. Zunächst sollten sich die S alle Sätze aus der Liste genau durchlesen. Oft erklären oder begründen die Sätze einen Sachverhalt oder zeigen eine bestimmte Konsequenz oder Folge. Somit erhalten die S bereits wertvolle Hinweise auf passende Textstellen aufgrund des Wortschatzes (Wortgruppen und -familien, Synonyme, etc.), aber auch aufgrund der Textgrammatik („diese" verweist z. B. auf etwas bereits Genanntes). Die S sollten also bei jeder Lücke darauf achten, was davor oder danach im Text gesagt wird.

Teil 4: Globales, selektives und Detailverstehen
In diesem Prüfungsteil sollen die S zunächst einen längeren argumentativen-problematisierenden Text, z. B. aus einer Zeitung oder einem Magazin, lesen und danach sieben passende Aussagen finden. Dazu erhalten sie in sieben Aufgaben je drei Aussagen zur Auswahl (A, B, C) und müssen die jeweils passende ankreuzen. Es ist nur eine Lösung richtig.

> **TIPP** Auch in diesem Prüfungsteil spielen die Schlüsselwörter im Text und in den Aufgaben eine entscheidende Rolle bei der erfolgreichen Bearbeitung. Die S sollten den Text also zunächst einmal überfliegen und dann die Aufgaben genau lesen und hier Schlüsselwörter markieren.
> Im nächsten Schritt suchen die S die passende Textstelle zur Aufgabe. Dabei folgen die Aufgaben dem Textverlauf chronologisch.
> Ist die Textstelle gefunden, vergleichen die S detailliert die Inhalte und Schlüsselwörter der Aufgaben mit dem Text (Steht es konkret so im Text? Steht die Information vollständig im Text? etc.) Nur bei vollständiger inhaltlicher (nicht wörtlicher!) Übereinstimmung passt die Aussage.
> Die letzte Aufgabe bezieht sich immer auf den gesamten Text. Die S sollen zeigen, dass sie die globale Aussage des Textes verstanden haben. Hier gibt es also keine konkrete Textstelle, auf die sich die Aufgabe bezieht.

Hörverstehen
Höchstpunktzahl: 24 Punkte
Die Dauer des Hörverstehens beträgt ca. 40 Minuten und umfasst drei Teile. Alle Arbeitsanweisungen und Pausen sind im Hörverstehen enthalten und die S können ihre Antworten zuerst auf den Aufgabenblättern notieren. Wörterbücher sind in dieser Teilprüfung nicht erlaubt. Nach allen drei Prüfungsteilen des Hörverstehens übertragen die S ihre Antworten auf den Antwortbogen. Dazu haben sie erneut 10 Minuten Zeit..

Teil 1: Globales, selektives und Detailverstehen
Die S hören ein längeres Interview. Zu dem Interview sollen sie in acht Aufgaben entscheiden, wie die richtige Aussage lautet. Vor dem Hören haben die S zwei Minuten Zeit, die Aufgaben zu lesen. Während des Hörens kreuzen die S die passende Aussage an. Dazu werden den S drei Varianten an Aussagen (A, B, C) zur Auswahl angeboten. Nur eine Aussage ist pro Aufgabe richtig. Die S hören das Interview einmal.

> **TIPP** Beim Lesen der Aufgaben sollten die S bereits Schlüsselwörter unterstreichen, um wesentliche Informationen für die spätere Auswahl schon einmal hervorzuheben.
> Die S sollten beim Lesen der Aufgaben bereits Hypothesen entwickeln, worum es wohl beim Interview geht. Damit entlasten sie das kommende Hören.
> Sollten die S bei einem Item unsicher sein, sollten sie nicht lange darüber nachdenken, sondern sich auf den weiteren Text konzentrieren, da sie das Interview nur einmal hören
> Weisen Sie unbedingt darauf hin, dass sich die Formulierungen im Interview und in der Aufgabe unterscheiden. Im Interview werden die Aufgaben mit anderen Wörtern ausgedrückt oder umschrieben.

Prüfungsformate in *Aspekte | junior C1*

Teil 2 (A und B): Globalverstehen
Im zweiten Teil hören die S kurze Aussagen von vier Personen zu einem Thema.
Im Teil A sollen die S beim Hören entscheiden, welche von drei Aussagen zu den Personen passt. Eine Aussage passt bei zwei Personen. Für das Lesen der drei Aussagen bekommen die S vor dem Hören 30 Sekunden Zeit.

TIPP
Raten Sie den S, in der Vorbereitungsphase die Schlüsselwörter in den drei Aussagen zu markieren, damit sie auf diese Informationen beim Hören achten können.
Machen Sie deutlich, dass es nur um die tatsächlichen Aussagen der vier Personen geht und nicht darum, was die S in diese Aussagen interpretieren.

Im Teil B sollen die S aus einer Liste von sechs Aussagen, vier Aussagen den vier Personen zuordnen. Zwei Aussagen bleiben übrig und können niemandem zugeordnet werden. Zum Lesen der Aussagen haben die S eine Minute Zeit. Danach hören die S die Statements der vier Personen ein zweites Mal und kreuzen die passenden Aussagen beim Hören an.

TIPP
Im ersten Schritt ist auch hier wieder beim Lesen der Aussagen das Markieren von Schlüsselwörtern wichtig und für die Weiterarbeit hilfreich.
Während des Hörens können die S die Liste mit den sechs Aussagen bei jeder Person mitlesen. Wie bei einer Checkliste können die S zu jeder Person notieren oder markieren, ob etwas zu der Aussage und den Schlüsselwörtern gesagt wird oder nicht. Erst danach kreuzen die S mithilfe ihrer Notizen in der Liste an.

Teil 3: Globales, selektives und Detailverstehen
Hier geht es um das Verstehen eines längeren monologischen argumentierenden Textes, wie einen Vortrag, ein Referat o. Ä. Der Text wird insgesamt zweimal gehört. Die S lösen dazu acht Multiple-Choice-Aufgaben, bei denen sie die jeweils richtige Lösung ankreuzen müssen. Nur eine Lösung ist korrekt. Für das Lesen der Aufgaben haben die S zwei Minuten Zeit.

TIPP
Die S sollten die Vorbereitungszeit dazu nutzen, die Aufgaben genau zu lesen und hier Schlüsselwörter zu markieren.
Beim ersten Hören können die S bereits die Aufgaben lösen, die ihnen leicht und eindeutig erscheinen, andere Aufgaben entscheiden sie erst beim zweiten Hören, da längeres Nachdenken das intensive Zuhören unterbrechen würde.
Nach dem zweiten Hören sollten die S die Lösungen noch einmal zur Kontrolle durchlesen.
Die letzte Aufgabe bezieht sich immer auf den gesamten Text. Die S sollen zeigen, dass sie die globale Aussage des Textes verstanden haben. Welche Aussage passt also generell zum gesamten Text?

Schriftlicher Ausdruck
S erhalten mehrere Impulse, um einen zusammenhängenden Text zu einem vorgegebenen Thema selbstständig zu verfassen: einen Sachtext, z. B. aus einer Zeitung, der etwa 200 Wörter umfasst, sowie eine Grafik zum Thema.
In ihrem Text sollen die S drei Aspekte berücksichtigen:
- Wichtige Aussagen aus dem Text herausarbeiten
- Die Grafik anhand von wichtigen Daten auswerten
- In Form einer ausgearbeiteten Stellungnahme ausführlich Stellung zum Thema nehmen

Für die Erarbeitung des zusammenhängenden Textes, inklusive Lesen des Textes, der Grafik etc. haben die S 120 Minuten Zeit zur Verfügung. Sie dürfen ein einsprachiges und/oder mehrsprachiges Wörterbuch benutzen. Eine Anzahl der Wörter wird für den verfassten Text nicht vorgegeben. Eine Gliederung des Textes wird folgendermaßen erwartet:
Einleitung – Überleitung zur Textwiedergabe – Überleitung zur Grafikauswertung – Überleitung zur Erörterung/Stellungnahme mit Argumentation und eigener, begründeter Meinung sowie die Überleitung zu einem Schluss.

Es gibt zwei Arten, wie die S die geforderte Erörterung schreiben können:
1. Lineare Abfolge: Die S haben sich für ihre Meinung zum Thema entschieden und nutzen Argumente, die ihre Meinung unterstützen, um diese ausführlich mit Beispielen zu begründen. Die Argumente werden nach Wichtigkeit geordnet, das wichtigste Argument kommt zuletzt. Auf Gegenargumente kann Bezug genommen werden, um sie zu widerlegen oder relativieren. Die S können ihre Meinung bei dieser Form schon zu Beginn der Erörterung ausdrücken und sie am Ende noch einmal kurz zusammenfassen ohne weitere Argumente zu nennen, denn sie ist die logische Schlussfolgerung der gesamten Argumentation.
2. Dialektische Vorgehensweise: Die S notieren Pro- und Kontraargumente zum genannten Thema und stellen Argumente für beide Positionen gegenüber. Ihre eigene Meinung stellen sie am Ende dar aufgrund der begründeten Bewertung der genannten Argumente. Dabei können sie die Pro- und Kontraargumente abwechselnd beschreiben oder sie notieren alle Pro-Argumente zusammen in einem Block und alle Kontraargumente danach. Die Argumente, die der/die S als letztes nennt, sollten die seiner/ihrer Meinung sein.

Der Text sollte im Präsens geschrieben sein und nur bei einem Verweis auf die Vorzeitigkeit benutzen die S eine Vergangenheitsform.

Hier kann es hilfreich sein, wenn Sie Erörterungen aus dem Internet suchen und diese mit den S analysieren – ist das eine lineare oder dialektische Vorgehensweise? Woran seht ihr das?

In der Bewertung können maximal 24 Punkte erreicht werden. Dabei werden die Bereiche Gesamteindruck (max. 6 Punkte), Inhalt (max. 9 Punkte), sowie sprachliche Mittel (max. 6 Punkte) und grammatische Korrektheit (max. 3 Punkte) bewertet.

TIPP

Raten Sie den S, die Vorlagen genau zu lesen und dort, wo wichtige Informationen/Wörter unklar sind, das Wörterbuch zu benutzen. Wichtige Informationen können markiert oder notiert werden. Nicht jedes Wort nachschlagen, denn das kostet zu viel Zeit!

Bevor die S mit dem Schreiben beginnen, sollten sie sich eine erste Ideensammlung anlegen. Dafür eignet sich ein Raster mit einer Gliederung in Einleitung, Textwiedergaben, Grafikauswertung etc., in das die S ihre Notizen und ersten Ideen eintragen. So ist der Text bereits vorstrukturiert und kein Element wird vergessen.

Raten Sie den S unbedingt davon ab, den gesamten Text zuerst auf Konzeptpapier zu schreiben. Zum endgültigen Abschreiben reicht die Zeit in der Prüfung nicht.

S sollten sich die Zeit so einteilen, dass sie am Ende noch die Möglichkeit haben, ihren Text komplett zu lesen und evtl. Fehler zu korrigieren. Immerhin sind 9 von 24 Punkten an sprachliche Aspekte gebunden.

Erinnern Sie die S daran, dass sie den Text in eigenen Worten wiedergeben sollen. Wenn Sie auf Aussagen verweisen, müssen diese entsprechend zuzuordnen sein (Prof. … legt dar, dass …). Raten Sie den S Wiederholungen zu vermeiden und den Text auch dann sachlich wiederzugeben, wenn sie die Wiedergabe bereits mit ihrer Stellungnahme verschränken.

Für eine gute Grafik-Beschreibung ist es wichtig, dass S zwei oder mehr Werte miteinander vergleichen, z. B. den höchsten und den tiefsten. Wichtig ist hier die Herausarbeitung der Zentralaussagen der Grafik.

Weisen Sie die S darauf hin, dass sie Text und Grafik in Beziehung zueinander setzen müssen.

Die Grafikbeschreibung endet mit einem abschließenden Satz, der eine Zusammenfassung oder kurze Interpretation ist, keine Wiederholung der zuvor Gesagten.

In der begründeten Stellungnahme sollen die S die Vor- und Nachteile zum Thema darlegen und dabei ihre eigene Meinung äußern und argumentativ belegen. Die Argumentation muss logisch aufgebaut sein. Weisen Sie die S darauf hin, dass sie bei diesem Teil an die Konnektoren denken, um die Sätze logisch und variantenreich zu verknüpfen.

Prüfungsformate in *Aspekte | junior C1*

Mündliche Prüfung

Höchstpunktzahl: 24 Punkte
Dauer insgesamt: 20 Minuten (plus 20 Minuten Vorbereitungszeit für den Kurzvortrag).
Die Prüfung wird als Einzelprüfung durchgeführt. Der/Die Prüfer/in sind in den dialogischen Teilen die Gesprächspartner. Zudem gibt es eine/n Beisitzer/in in der Prüfung, der/die die Prüfung schriftlich dokumentiert. Eine weitere Person hat den Prüfungsvorsitz und informiert über die Verschwiegenheitsregeln und überwacht den Ablauf der Prüfung.
Die Prüfung ist in zwei Teile unterteilt: Kurzvortrag und Präsentation. Die Themen beider Prüfungsteile entsprechen nicht mehr der direkten Erfahrungswelt der S und haben eine komplexe und argumentative Struktur.

Bei der Bewertung zum Inhalt werden die Aspekte *Strukturierung, Multiperspektivität* und *argumentative Entwicklung* herangezogen. Die S betrachten ein Thema also nicht allein vom eigenen Standpunkt aus, sondern sind auch in der Lage, andere Positionen und Interessen zu thematisieren. Im Teil Präsentation wird darüber hinaus auch das Merkmal *übergeordneter Zusammenhang* bewertet, wobei die S zeigen, dass sie Aspekte begründen, Zusammenhänge herstellen, sowie nationale, internationale oder globale Einbettungen des vorgetragenen Themas herausarbeiten und aus unterschiedlichen Blickwinkeln betrachten können. Hier müssen die S auch einen Bezug zum deutschsprachigen Kulturraum herstellen.

Für den **Kurzvortrag** erhalten die S ein Aufgabenblatt mit einem übergeordneten Thema zu dem weitere Stichworte gegeben werden. Als Hilfsmittel darf ein einsprachiges und/oder mehrsprachiges Wörterbuch in der Vorbereitung genutzt werden. Außerdem stehen den S Papier, Stifte und Folien zur Verfügung, aus denen sie Materialien zur Unterstützung ihres Vortrages gestalten können.

Die **Präsentation** bezieht sich auf ein Projekt, das vor der Prüfung im Unterricht bearbeitet wurde. Die S präsentieren ein vorher vorbereitetes Spezialthema aus dem Projekt und bringen in Absprache mit dem/der Prüfer/in Präsentationsmaterialien (Plakat, Präsentationsfolien o. Ä.) und Stichwortkarten zur Unterstützung der eigenen Präsentation mit.

Die Punkte für die Bewertung setzen sich folgendermaßen zusammen:

Teilprüfung	Welche Aspekte werden bewertet?	Punkte
Kurzvortrag	Inhalt	3
	Sprachliche Mittel	3
Präsentation	Inhalt	3
	Sprachliche Mittel	3
	Präsentieren	3
Kurzvortrag + Präsentation	Grammatische Korrektheit	3
	Aussprache und Intonation	3
	Interaktion	3
Maximale Punktzahl		24

TIPP
In beiden Teilprüfungen gibt es einen monologischen Teil (Vortrag/Präsentation) und einen dialogischen Teil (Diskussion/Gespräch mit Prüfer/in). Lassen Sie die S passende Redemittel zu beiden Teilen sammeln. Da das monologische Sprechen weniger alltäglich und damit ungewohnter ist, wiederholen und üben Sie im ersten Schritt gemeinsam an einfachen Themen das freie strukturierte Sprechen zunächst zu einem und schrittweise zu mehreren Themenaspekten. Die S üben in Kleingruppen, wobei die S sich gegenseitig gezielt zu unterschiedlichen Kriterien (Korrekte Sprache, Inhalt, Aussprache/Intonation, Auftreten/Interaktion etc.) beobachten und Vorschläge für Verbesserungen machen.
Sollten die S im Prüfungsgespräch, das an den Kurzvortrag anschließt, etwas nicht verstehen, raten Sie ihnen nachzufragen und nicht einfach irgendetwas zu antworten.

Teil 1: Kurzvortrag
Zeit: Monologischer Teil: 3–5 Minuten Vortrag
Dialogischer Teil: 4–5 Minuten Gespräch (vertiefende Fragen und Diskussion)

S haben die Aufgabe, in wenigen Minuten frei und selbstständig über das vorgegebene Thema zu sprechen. Um das Thema zu vertiefen sollen drei Stichworte aus dem Aufgabenblatt in den Vortrag integriert werden. Die S dürfen weitere, eigene Stichworte, in den Vortrag aufnehmen und nutzen. Während des Vortrags können die S vorbereitete Materialien wie z. B. Folien oder Notizen zur Unterstützung nutzen.

An den Vortrag schließt sich ein Gespräch mit einem Prüfer / einer Prüferin an, der/die weitere Fragen zum Thema oder zu den genannten Stichworten stellt. Die S können hier ihren Vortrag weiter ausführen und die Fragen beantworten. Ziel ist es, eine Diskussion zu führen, in der die S ggf. bestimmte Punkte genauer erläutern oder verteidigen sollen.

TIPP
- Raten Sie den S im eigenen Vortrag nur über solche Stichworte zu sprechen, die sie leicht verstehen konnten und zu denen ihnen spontan etwas einfällt. Die gewählten Stichworte werden ggf. auch in der Diskussion eine Rolle spielen.
- Raten Sie den S, sich eine logische Reihenfolge für ihre Stichworte zu überlegen.
- Ermuntern Sie die S dazu, die Möglichkeit zu nutzen, Materialien in der Vorbereitungszeit zu erstellen. Mit grafischer Unterstützung, z. B. einem Cluster oder einer Mindmap, kann man sich schnell und einfach eine visuelle Hilfe erstellen, an der man sich während des Vortrags orientieren kann. Mit dem Verweisen auf die Materialien wissen die Zuhörer auch genau, über welchen Teilaspekt man gerade spricht.
- Die Schlüsselwörter auf der Folie müssen fehlerfrei geschrieben sein. Raten Sie den S bei Zweifeln im Wörterbuch nachzusehen.

Teil 2: Präsentation
Zeit: Monologischer Teil: ca. 5 Minuten Präsentation des Projekts
Dialogischer Teil: 5–6 Minuten Präsentation des vorbereiteten Spezialthemas und anschließendes Gespräch über das Spezialthema und das Projekt allgemein.

In dieser Teilprüfung bringen die S bereits vorbereitetes Material für ihre Präsentationsteile zum Gesamtprojekt und zum Spezialthema mit.

An die Präsentationsteile schließt sich ein Gespräch an, in dem der/die Prüfer/in Fragen zu den Themen stellt und zu denen die S Informationen oder Erkenntnisse zum Thema weiter ausführen können. Während des Gesprächs sollen die S auch in der Lage sein, auf gegenteilige Meinungen oder Einwände zu reagieren.

TIPP
- Die S sollten sich als „Experten" in ihrem Spezialthema fühlen. Dazu ist es wichtig, dass sie wichtige Begriffe definieren und mit Beispielen erklären können. Zur Vorbereitung können die S zu wichtigen Begriffen Umschreibungen, Synonyme und ähnliche Begriffe heraussuchen die sie als Varianten in ihren Vortrag einbauen können.
- Die S sollten die Präsentationsteile Einleitung, Hauptteil und Schluss berücksichtigen.
- Raten Sie den S, die Präsentationsstruktur in der Einleitung deutlich zu machen und sich einen Abschlusssatz zu überlegen.
- Üben Sie mit den S die Visualisierung: keine überladenen Plakate, fehlerfrei, ansprechend gestaltet (Symbole, Bilder, Fotos).
- Eine Präsentation braucht mehr als Fakten. Sie soll Interesse bei den Zuhörern wecken, über Neues informieren, Ansichten diskutieren und zusammenfassen. Den S stehen zahlreiche Redemittel zur Verfügung (s. Anhang Kursbuch), mit denen sie Inhalte gezielt transportieren und Aufmerksamkeit schaffen können.

Lösungen zum Übungsbuch

Kapitel 1 — Moment mal

Wortschatz
Ü1 (1) den Wecker … stellen, (2) Behördengang erledigen, (3) einen Platten habe, (4) eine Nummer ziehen, (5) sein Portemonnaie vergessen, (6) abgestürzt, (7) beigetreten, (8) drei Zehen gebrochen, (9) kündigen

Ü2a 1. die/routiniert, 2. die/verantwortlich, 3. der/rhythmisch, 4. die/monoton, 5. der/stressig, 6. die/eintönig, 7. das/verständnisvoll, 8. die/langweilig, 9. die/sicher, 10. die/sorglos, 11. das/mitfühlend, 12. der/spaßig, 13. die/gewöhnlich/gewohnheits-mäßig/gewohnt, 14. die/abwechslungsreich

Ü3 1. meistern, 2. entfliehen, abschalten, 3. abgewinnen

Modul 1 Zeitgefühl
Ü1 1. stehe … unter Zeitdruck, 2. sich … Zeit nimmt, 3. die Zeit totzuschlagen, 4. mit der Zeit gehen, 5. ist … eine Frage der Zeit, 6. haben nicht ewig Zeit, 7. Zeit … verbracht

Ü2a 1. +, 2. -, 3. +, 4. -, 5. 0, 6. +, 7. +, 8. -, 9. +, 10. 0

Ü2b Musterlösung:
2. Je alltäglicher eine Situation ist, desto kürzer scheint sie zu dauern. , 4. Da in der Jugend viele Dinge neu sind und man diese Zeit intensiv erlebt, scheint die Zeit langsamer zu vergehen. 8. Studien zeigen, dass uns die Zukunft näher erscheint als die Vergangenheit.

Ü3 1. c, 2. d, 3. e, 4. a, 5. b

Ü4 1. Meine Eltern arbeiten 60 Stunden pro Woche, folglich haben sie kaum Zeit für ein Hobby. 2. Im Urlaub kann ich mit meiner ganzen Familie etwas zusammen erleben, folglich können wir viele gemeinsame Erinnerungen teilen. 3. Mein Bruder hat wochenlang für sein Examen gelernt, somit hat er gute Chancen zu bestehen. 4. Der Arzt hat bei Max eine schwere Grippe festgestellt, demnach kommt er zwei Wochen nicht zur Schule. 5. Patrick ist neu in der Stadt, folglich kennt er keine Leute. 6. Heute ist der Unterricht ausgefallen, somit haben wir keine Hausaufgaben.

Ü5 1. es sei denn, 2. es sei denn, 3. außer wenn, 4. es sei denn, 5. außer wenn

Ü6 Musterlösung:
A Mein Vater schafft seine Arbeit nicht, es sei denn, ein Kollege hilft ihm. B Jan muss früher aufstehen, sonst/andernfalls verpasst er den Bus. C Du musst mal wieder zum Friseur gehen, sonst siehst du bald schrecklich aus. D Wir können uns heute Nachmittag nicht treffen, außer wenn ich frei bekomme.

Modul 2 Vereine heute
Ü1 1. c, 2. c, 3. a, 4. c, 5. d, 6. b, 7. c, 8. d, 9. b, 10. d

Modul 3 Zuletzt online …
Ü1a 1. f, 2. r, 3. f, 4. f, 5. f, 6. r, 7. f

Ü1b (1) Zeit sparen, (2) schneller, (3) Kauf neuer Rechner, (4) Inkompatibilität, (5) beheben, (6) Geräte, (7) überprüfen, (8) der Mensch, (9) für falsch

Ü2 (1) hat … angefangen, (2) haben … besucht, (3) hat … aufgezeigt, (4) hat … gegenübergestellt, (5) hat … überrascht, (6) hat … gefallen, (7) hat … überzeugt, (8) hat … beantwortet

Ü3 1. Ich versuche immer wieder, meine Eltern von den Vorteilen eines neuen Smartphones zu überzeugen. 2. Bisher ist es mir noch nicht gelungen, ihre kritische Haltung zu durchbrechen und ihre Argumentation zu widerlegen. 3. Ich habe auch schon oft vergessen, die Handyrechnung zu überweisen. 4. Meine Eltern haben mich aber überzeugt: Es ist wichtig, die Kosten genau durchzurechnen. 5. Der Mobilfunkanbieter hat vor, das gesamte Netz umzubauen. 6. Ich hatte keine Zeit, deine Nachricht gründlich durchzulesen. 7. Es ist übertrieben, vielen Smartphonenutzern gleich Spielsucht zu unterstellen.

Ü4 1. Mein Freund übersetzte die Spielanleitung in seine Muttersprache. 2. Wegen einer Baustelle umfuhr ich die Kreuzung. 3. Ein Auto fuhr mich fast um. 4. Wegen eines Gewitters stellte ich mich in einer Scheune unter. 5. Mit dieser Taktik umging ich das Problem. 6. Im zweiten Spiel fuhr ich die Strecke vom Hafen bis zur Insel ohne Probleme durch. 7. Das Schiff setzte vom Festland auf die Insel über. 8. Ein Schreck durchfuhr mich beim Blick auf die Uhr. 9. Meine Freundin unterstellte mir Spielsucht. 10. Mit ihrer Kritik ging ich locker um.

Modul 4 Unser Zuhause
Ü1 1. abnabeln, 2. pendeln, 3. übernehmen, 4. auskommen, 5. anschaffen, 6. halten, 7. tragen

Ü2 1. b, 2. a, 3. e, 4. f, 5. d, 6. c

Ü3a Themen: zu laut Musik hören, nicht einkaufen

Ü3b Musterlösung:
(1) … du andauernd so laut Musik hörst. (2) … muss die Musik dann immer so laut sein? (3) … du die Musik leiser machst, wenn ich da bin, oder mit Kopfhörern hörst und wir versuchen auch etwas leiser zu sein? (4) … in letzter Zeit nur ich eingekauft habe. (5) … einen Plan machen, wer wann einkaufen geht.

Ü5 1 allem, 2 einer, 3 Miete, 4 ✓, 5 finden, 6 ✓, 7 Deswegen, 8 ✓, 9 zu, 10 :, 11 Alter, 12 auf, 13 alle,

178

14 geeignet, 15 ✓, 16 wohlzufühlen, 17 Entscheidend, 18 überlegen

Ü6　1F, 2H, 3I, 4D, 5B

Aussprache　Schnelles Sprechen – Verschmelzungen und Verschleifungen

Ü1　A 2–1, B 1–2, C 2–1, D 2–1
Ü2a　1. a, 2. a, 3. b, 4. b, 5. b, 6. b
Ü3　(1) Umgangssprache, (2) am Ende, (3) gesprochen, (4) Vokalen, (5) gebildet

Kapitel 2　　Hast du Worte?

Wortschatz

Ü1　2. Worte, 3. zu Wort gemeldet, 4. komme … zu Wort, 5. beim Wort nehmen, 6. kein Wort … verloren, 7. wortgewandt, 8. wortkarg, 9. wortlos, 10. wortwörtlich

Ü2　1. sich vertragen, 2. kooperieren, 3. beweisen, 4. erfahren, 5. flüstern

Ü3　1 Diskussion, 2 Vortrag, 3 Erklärung, 4 Verhandlung, 5 Dialog, 6 Unterhaltung, Lösungswort: Streit

Ü4a　formell: ausführen, beraten, definieren, erläutern, erörtern, begründen, einwerfen, wiedergeben
informell: plaudern, spotten, tratschen, labern, lästern

Ü4b　1. geplaudert/getratscht/gequatscht, 2. ausführen/erläutern/begründen/erörtern, 3. erläutern/erörtern/besprechen/beraten, 4. getratscht/gequatscht/gelästert/gespottet

Ü5　1. -, 2. +, 3. -, 4. +, 5. +, 6. -

Modul 1　Immer erreichbar

Ü1　Tim F.: Ja – Angst, etwas zu verpassen oder jemand muss ihn dringend erreichen / normal heutzutage
Ella K.: Ja – in Schule und bei Training nicht erreichbar / Eltern wollen, dass sie erreichbar ist
Leo W.: Nein – macht Handy oft aus / will nicht immer auf das Handy glotzen / Nachrichten oft unwichtig / Freunde halten sich an Verabredungen

Ü2　1. behauptete, 2. beschrieben, 3. betonte, 4. hob hervor, 5. meldete, 6. versicherte, 7. teilte mit, 8. entgegnete, 9. erläuterte, 10. erzählte

Ü3　2. Nach einer Studie verursacht die ständige Erreichbarkeit bei vielen Menschen Stress. 3. Laut einer Tageszeitung / Laut dem Bericht einer Tageszeitung besitzt in Deutschland fast jeder ein Smartphone. 4. Einer Umfrage zufolge verzichten immer mehr Menschen auf einen Festnetzanschluss. 5. Nach der Meinung von Experten sollen Handys während der Hausaufgaben ausgeschaltet werden.

Ü4　2. Wie die Nachrichtenagentur dpa meldet, hat die Bundesregierung einen flächendeckenden WLAN-Ausbau beschlossen. 3. Wie die Zeitschrift „Wirtschaften" berichtet, sollen auch entlegene Gebiete einen schnellen Zugang ins Internet erhalten. 4. Wie von den EU-Ländern vereinbart, sollen Bürger in Zukunft auf öffentlichen Plätzen und in öffentlichen Gebäuden kostenlos online gehen können. 5. Wie Experten feststellten, gehen immer öfter Menschen bewusst offline.

Ü5a　1. bedeute, 2. sei, 3. würden … schaffen, 4. könne, 5. könnten, 6. führe, 7. müsse, 8. gelte

Ü5b　Musterlösung:
2. Sie erzählt, dass sie es manchmal stressig finde, dass man sie immer anrufen könne. 3. Sie berichtet, ihre Eltern wollten, dass sie für Notfälle ihr Handy immer dabeihabe. 4. Sie ist der Meinung, wer nichts verpassen wolle, müsse immer erreichbar sein. 5. Er weist darauf hin, dass es früher doch auch ohne Handy gegangen sei. 6. Er sagt, dass die Leute nicht mal im Kino ihre Handys ausschalten würden. 7. Er behauptet, manche Leute würden in Panik geraten, wenn sie mal ihre Nachrichten nicht lesen könnten. 8. Er betont, er wolle sich auch mal in Ruhe unterhalten, ohne dass ständig das Handy klingle.

Modul 2　Gib contra!

Ü1　1. B, 2. A, 3. C
Ü2a　1 D, 2 A, 3 C, 4 B

Modul 3　Sprachen lernen

Ü1a　1. der Erwerb, 2. die Kenntnis, 3. die Vermittlung, 4. die Erinnerung, 5. die Teilnahme, 6. kommunizieren, 7. sich auseinandersetzen, 8. motivieren, 9. sprechen, 10. darstellen

Ü1b　vollständig – die Vollständigkeit, klar – die Klarheit, intelligent – die Intelligenz, stark – die Stärke, gemein – die Gemeinheit, schnell – die Schnelligkeit, alt – das Alter, selten – die Seltenheit

Ü2　2. auf … antworten, 3. über … diskutiert, 4. forschen … zu, 5. wissen … über

Ü3a　2. die Grammatik gut kennen, 3. die sozialen Kontakte aufrechterhalten, 4. die ersten Fehler korrigieren, 5. die Sätze klar aufbauen, 6. eine erfolgreiche Kommunikation führen

Ü3b　2. Die Forschung ist aktuell. 3. Die Aussprache ist korrekt. 4. Die Grammatik ist schwierig. 5. Der Spracherwerb ist unterschiedlich.

Ü4a　die Beschäftigung mit – berichten über/von – die Reaktion auf – sich beschweren über/bei – der Hinweis auf

Ü5　2. sein Unterricht (an einer Hochschule),

Lösungen zum Übungsbuch

3. eure (interessante) Präsentation, 4. unser Gespräch (über das Schulprojekt), 5. Ihr/ihr (schnelles) Lernen, 6. Ihre (gute) Beratung, 7. Mein Telefonat (mit meinen Eltern), 8. Ihre Übersetzung (des Textes ins Spanische)

Ü6 2. die Vermittlung von Fremdsprachen in der Schule, 3. der mühelose Erwerb der Muttersprache, 4. das leichte Erlernen von Sprachen im Kindesalter, 5. die Reduktion / das Reduzieren der Fehler durch viel Übung, 6. die Verbesserung der Sprachkenntnisse von Schülern durch mehr Sprachkontakte, 7. die genaue Beobachtung des Spracherwerbs / beim Spracherwerb durch die Forscher, 8. die Entdeckung der Unterschiede beim frühen und späten Lernen

Modul 4 Sag mal was!

Ü2 1. vermeiden, 2. sich auflösen, 3. beibringen, 4. die Renaissance, 5. die Gelegenheit, 6. scheinen, 7. die Nachkommen, 8. auffallen, 9. offenbar, 10. genügen, 11. klingen, 12. sich sehnen

Ü3a 1. Überzeugung, 2. Erachtens, 3. nachvollziehen, 4. berücksichtigen, 5. einleuchtend, 6. recht, 7. widersprechen, 8. verdeutlichen

Ü3b (1) verbinde, (2) Wert, (3) achten, (4) ausdrücken, (5) Ausnahme, (6) verpönt, (7) angesehen, (8) aussterben, (9) beobachten, (10) vermeide

Aussprache Komplexe Lautfolgen

Ü1a 1. Be<u>völ</u>kerungszunahme, 2. <u>Eich</u>hörnchen, 3. kul<u>tur</u>übergreifend, 4. <u>mi</u>krowellengeeignet, 5. Elektrizi<u>täts</u>werk, 6. funk<u>tions</u>tüchtig, 7. <u>Meis</u>terschaftsspiel, 8. <u>Papp</u>schächtelchen

Ü1b 1. Be|<u>völ</u>|ke|rungs|zu|nah|me, 2. <u>Eich</u>|hörn|chen, 3. kul|<u>tur</u>|ü|ber|grei|fend, 4. <u>mi</u>|kro|wel|len|ge|eig|net, 5. E|lek|tri|zi|<u>täts</u>|werk, 6. funk|<u>tions</u>|tüch|tig, 7. <u>Meis</u>|ter|schafts|spiel, 8. <u>Papp</u>|schäch|tel|chen

Ü2a 1. er|<u>zieh</u>|ungs|be|rech|tigt, 2. fälsch|li|cher|<u>wei</u>|se, 3. <u>Fisch</u>|stäb|chen, 4. <u>Gän</u>|se|füß|chen, 5. Jus|tiz|voll|<u>zugs</u>|an|stalt, 6. <u>Kirsch</u>|saft|schor|le, 7. <u>Kopf</u>|stein|pflas|ter, 8. <u>Nacht</u>|tisch|läm|pchen, 9. Re|la|ti|vi|<u>täts</u>|theo|rie, 10. <u>Schön</u>|heits|chi|rurg

Kapitel 3 Schule und dann?

Wortschatz

Ü1 1. sammeln/einsetzen, 2. durchführen, 3. gestalten, 4. zubereiten/herstellen, 5. herstellen/gestalten, 6. einsetzen, 7. sprechen, 8. ergreifen

Ü2a 2. kreativ – einfallsreich, 3. zuverlässig – pflichtbewusst, 4. begabt – talentiert, 5. schnell – zügig, 6. genau – exakt, 7. ehrenamtlich – freiwillig, 8. empathisch – mitfühlend, 9. geduldig – ausdauernd, 10. kommunikativ – gesprächig, 11. aktiv – geschäftig, 12. hilfsbereit – zuvorkommend

Ü2b 2. einfallslos/phantasielos, 3. unzuverlässig, 4. untalentiert/unbegabt, 5. langsam, 6. oberflächlich/ungenau, 7. unfreiwillig, 8. gefühllos, 9. ungeduldig, 10. wortkarg, 11. passiv, 12. egoistisch

Ü3a 1. die Vorlesung – die Vorlesungen, 2. das Seminar – die Seminare, 3. der Dozent – die Dozenten, 4. der Studiengang – die Studiengänge, 5. die Tutorin – die Tutorinnen, 6. das Semester – die Semester, 7. das Studienjahr – die Studienjahre, 8. der Studienabschluss – die Studienabschlüsse, 9. der Hörsaal – die Hörsäle, 10. die Einschreibung – die Einschreibungen, 11. das Stipendium – die Stipendien, 12. das Studienfach – die Studienfächer, 13. die Bewerbung – die Bewerbungen, 14. die Semestergebühr – die Semestergebühren, 15. die Studienberatung – die Studienberatungen, 16. die Pflichtveranstaltung – die Pflichtveranstaltungen

Ü3b 1. eines Studiengangs, 2. Studienabschluss, Semester, Semester, 3. ein Stipendium, Bewerbung, 4. der Studienberatung, 5. Hörsäle, Dozenten

Ü4 1. der Doktor, 2. die Entlassung, 3. die Zentrale, 4. der Kollege, 5. die Patente, 6. die Qualifikation

Modul 1 Schule aus – und nun?

Ü1 1. c, 2. a, 3. a, 4. b, 5. c, 6. b, 7. a, 8. b

Ü2 2. …, frühzeitig nach einer passenden WG oder einer Wohnung zu suchen. 3. …, dass sie sich pünktlich beim Studierendensekretariat einschreiben. 4. …, regelmäßig die Pflichtveranstaltungen zu besuchen. 5. …, dass sie an der Einführungswoche teilnehmen. 6. …, sich schnell in die Lehrveranstaltungen einzuschreiben.

Ü3 2. …, dass sie in ihrem Ausbildungsbetrieb gut auf den beruflichen Alltag vorbereitet werden. …, in ihrem Ausbildungsbetrieb gut auf den beruflichen Alltag vorbereitet zu werden. 3. …, dass sie später von der Firma übernommen werden. …, später von der Firma übernommen zu werden. 4. …, dass sie von der Studienberatung gut beraten werden. …, von der Studienberatung gut beraten zu werden. 5. …, dass sie bei der Studienwahl gut unterstützt werden. …, bei der Studienwahl gut unterstützt zu werden. 6. …, dass sie durch den Studienabschluss für verschiedene Jobs qualifiziert werden. …, durch den Studienabschluss für verschiedene Jobs qualifiziert zu werden.

Ü4　2. Viele Studienanfänger finden die Informationen in der Studienberatung hilfreich. 3. Eine Berufsberatung erleichtert die Wahl des richtigen Berufs. 4. Viele Firmen erwarten von den Auszubildenden die Abgabe einer einwandfreien Bewerbungsmappe. 5. Offenheit und Ehrlichkeit sind beim Vorstellungsgespräch wichtig. 6. Oft ist eine möglichst frühe Suche nach einer Wohnmöglichkeit am Ausbildungsplatz notwendig.

Modul 2　Probieren geht über Studieren?

Ü1a　1. Start/Einstieg, 2. Lösung, 3. präsentiert/verhält, 4. Stelle, 5. Vorbereitung, 6. ausgetauscht/geändert, 7. Soft Skills, 8. Interesse, 9. Bewerber/Job-Einsteiger, 10. Vorteil

Ü1b　1. die Erfahrung, 2. das Angebot, 3. die Lösung, 4. die Bewerbung, 5. die Vorbereitung, 6. der Austausch, 7. die Einstellung, 8. das Erlebnis, 9. die Definition, 10. die Unterschrift

Modul 3　Multitasking

Ü1　1. f, 2. d, 3. a, 4. c, 5. b, 6. e

Ü2　(1) Tätigkeiten, (2) Probleme, (3) Gehirn, (4) konzentrieren, (5) Qualität, (6) Stress, (7) sozialen Aktivitäten / sozialer Interaktion, (8) vorleben/beibringen

Ü3a　1. f, 2. d, 3. e, 4. c, 5. a, 6. b

Ü3b　2. Sie macht immer mehrere Dinge gleichzeitig, weshalb sie Dinge oft ungenau macht. 3. Während der Hausaufgaben schreibt sie Nachrichten auf ihrem Handy, weswegen sie viele Fehler macht. 4. In der Schule hat sie viele schlechte Noten, worüber sich ihre Eltern ärgern. 5. Jetzt will sie ihren Schulalltag verbessern, worauf ich wirklich gespannt bin.

Ü4　(1) weshalb/weswegen, (2) was, (3) was, (4) was, (5) weshalb/weswegen, (6) worüber, (7) worauf, (8) worüber/wovon

Ü5　2. …, was nicht wahr ist. 3. …, worüber viele Studien informieren. 4. …, was den meisten nicht bewusst ist. 5. …, worauf sich viele Schüler freuen.

Modul 4　Erstmal ein Praktikum

Ü1　1. Rolle, 2. befasse, 3. überzeugt, 4. Erfahrungen, 5. Thema, 6. wichtig, 7. Beispiel, 8. Dagegen, 9. Auffassung, 10. Vorteil
ein Thema einleiten: 5
Beispiele / eigene Erfahrungen nennen: 4, 7
Argumente nennen: 8, 10
Bedeutung des Themas im eigenen Land erklären: 1, 6
die eigene Meinung äußern: 3, 9

Ü2a　Musterlösung:
§ 2 Wie viel verdient man/er / der Praktikant? § 3 Wie viele Tage Urlaub hat man/er / der Praktikant? § 4 Was muss man/er / der Praktikant tun, wenn man/er / der Praktikant krank ist? § 7 Wie ist die Kündigungsfrist?

Ü2b　2. § 4, 3. § 6, 4. § 3, 5. § 5, 6. § 1, 7. § 2, 8. § 7, 9. § 1

Ü2c　1. a, 2. b, 3. a, 4. a

Aussprache　Kleine Wörter, große Wirkung – Varianten von *ah*, *so*, *ja* und *oh*

Ü1　1. Überraschung, 2. Freude, 3. Resignation, 4. Verstehen

Ü2a　1. A: Schmerz, B: Wohlbefinden, 2. A: Zustimmung, B: Langeweile, 3. A: Ärger, B: Überraschung

Kapitel 4　Wirtschaftsgipfel

Wortschatz

Ü2　1. d, 2. a, 3. e, 4. b, 5. c

Ü3　(1) Währung, (2) Wechselkurs, (3) Umsatz, (4) Geschäftsmodell, (5) Kredit

Ü4　1. f, 2. d, 3. g, 4. a, 5. e, 6. b, 7. c

Modul 1　Vom Kohlenpott …

Ü1　die Autoindustrie, die Unternehmensführung, die Industrieanlage, die Konsumgüterindustrie, die Unternehmensberatung, die Industrieabgase, der Industriezweig, die Stahlindustrie, die Industriestadt, die Unternehmensleitung, die Unternehmensgründung, das Wirtschaftsunternehmen, der Industriearbeiter, die Industriekauffrau, die Metallindustrie, die Unternehmensziele

Ü2　(1) wussten, (2) hütete, (3) wurde, (4) fing, (5) brannte, (6) erschrak, (7) hatte … bemerkt, (8) geworden waren, (9) hatte … gesehen, (10) lief, (11) erzählte, (12) glaubten, (13) verboten, (14) konnte … vergessen

Ü3　1. die Entwicklung, 2. die Entstehung, 3. der Aufbau, 4. die Errichtung, 5. die Entfaltung, 6. wiederaufbauen, 7. beginnen, 8. enden, 9. bilden, 10. fortsetzen

Ü4　(1) als, (2) nachdem, (3) während, (4) seitdem/während, (5) nachdem, (6) bevor, (7) bis/bevor, (8) seitdem

Ü5　2. Bevor neue Maschinen die Arbeit erleichterten, mussten die Arbeiter vieles mühevoll mit der Hand machen. / Vor der Erleichterung der Arbeit durch neue Maschinen mussten die Arbeiter vieles mühevoll mit der Hand machen. 3. Als immer neuere Maschinen konstruiert wurden, entwickelten sich auch neue Wirtschaftszweige. / Bei der Konstruktion immer neuerer Maschinen entwickelten sich auch neue Wirtschaftszweige. 4. Nachdem die Produktion immer stärker angestiegen war und die Konkurrenz zugenommen hatte, wurden die Produkte immer billiger. / Nach einem immer stärkeren Anstieg der Produktion und einer Zunahme der Konkurrenz wurden die Produkte immer billiger. 5. Nachdem große Firmen abgewandert waren, stiegen die Arbeitslosenzahlen schnell. / Nach der Abwanderung großer Firmen stiegen die Arbeitslosenzahlen schnell. 6. Seit der Dienstleistungssektor zunahm, sanken die Arbeitslosenzahlen wieder. / Seit der Zunahme des Dienstleistungssektors sanken die Arbeitslosenzahlen wieder.

Ü6a 2. bevor wir essen, 3. beim Versuch, 4. bis der Zug ankommt, 5. vor dem Regen, 6. während sie arbeitet, 7. vor dem Beginn seines Praktikums, 8. als er in die Firma eintrat, 9. Nach Abschluss ihres Studiums, 10. bis sie das Rentenalter erreicht, 11. seit seiner Entlassung aus dem Krankenhaus

Modul 2 Mit gutem Gewissen?
Ü1 1. e, 2. b, 3. c, 4. d, 5. a

Modul 3 Die Welt ist ein Dorf
Ü1 2. ausbauen/verlegen/abbauen, 3. vergrößern, 4. ausbauen/vergrößern, 5. verlegen, 6. profitieren, 7. aussuchen, 8. beeinflussen

Ü2 pro: 1, 4, 5, 6
contra: 2, 3

Ü3 2. … indem Skype, E-Mails und Videokonferenzen genutzt werden. 3. … kann dadurch steigen, dass große Firmen ihre Produktion ins Ausland verlagern. 4. …, indem sie soziale Standards missachten. 5. Dadurch, dass die Transportkosten sinken, …

Ü4 2. Durch den Firmenkauf von Investoren aus dem Ausland werden häufig Arbeitsplätze abgebaut. 3. Durch die Schließung von Firmen im Inland steigt die Arbeitslosigkeit in den nächsten Jahren weiter. 4. Durch die Zunahme der Arbeitslosigkeit in den nächsten Jahren erhöhen sich die Sozialausgaben des Staates enorm. 5. Durch die enorme Erhöhung der Sozialausgaben des Staates steigen die Steuern. 6. Durch den Anstieg der Steuern werden die Leute unzufriedener.

Ü5 2. wegen der weltweiten Kontaktaufnahme mit Freunden 3. weil man unbegrenzt einkaufen kann. 4. wegen der Umweltverschmutzung, 5. weil viele Firmen in Billiglohnländer abwandern. 6. wegen der Missachtung von grundlegenden Arbeitsrechten.

Ü6 2. Kleinere Firmen gehen oft pleite, weil die Preise ständig fallen. 3. Weil die Produktionskosten steigen, geraten manche Firmen in Schwierigkeiten. 4. Weil die Konkurrenz immer größer wird, versuchen die Firmen immer billiger zu produzieren. 5. Weil die Gesellschaft schnell altert, fehlen Arbeitskräfte.

Modul 4 Wer soll das bezahlen?
Ü1 (1) Geld auftreiben, (2) schwimmt im Geld, (3) das Geld zum Fenster rausgeschmissen, (4) in Unkosten gestürzt, (5) auf Geld aus

Ü2 1. neue, 2. ersetzt, 3. einnehmen, 4. erheben, 5. praktisch, 6. endlose

Ü3 1. c, 2. b, 3. d, 4. a

Ü4a 1. Thema: Vorstellung der Band (Musikstil, Instrumente)
2. Thema: Vorstellung der Musiker und ihres musikalischen Werdegangs
3. Thema: Auftritte (Bühne vs. Straßenmusik)

Ü4b 1. Bandgründung vor 11 Jahren,
2. Schlagzeugspieler trommelte schon als Kind auf Töpfen, begann als Jugendlicher mit Schlagzeugspielen, 3. Cellospieler fing mit 5 Jahren an, Cello zu spielen, hat früh Orchester und Ensemble-Erfahrung gesammelt, seit seiner Jugend sind seine Idole im Rock-/Pop-Bereich, 4. Geigenspieler fing mit 5 Jahren an zu spielen, Berufswunsch schwankte zwischen Geiger und Arzt, Entscheidung für Geige ist auf seine Mutter zurückzuführen, 5. Band machte nach ersten Bühnenauftritten verstärkt Musik auf der Straße, um größeres Publikum zu erreichen; in der Fußgängerzone erwartet die Band ehrliche Reaktion von unterschiedlichsten Leuten auf ihre Musik, 6. Leute in der Fußgängerzone bleiben nur stehen, wenn sie von Musik gefesselt sind – sind guter Indikator dafür, wie die Musik ankommt

Ü5 (1) schreibe, (2) Album, (3) inspiriert, motiviert, (4) Beschreibung, (5) Film, (6) erfolgreich, (7) Geld/Kapital, (8) aufnehmen/veröffentlichen, (9) wäre, (10) Grüßen

Ü6 (1) ein Café, (2) Beraterin, (3) Geschäftsidee, (4) Idee, (5) Konkurrenz, (6) Marktsituation, (7) Caféidee

Aussprache Links- und Rechtsherausstellung
Ü1a Der Sprecher / Die Sprecherin möchte die Information besonders betonen und hervorheben oder sehr genau und deutlich sein. Dabei kann die Information gleich zu Beginn besonders betont werden oder sie kann am Ende platziert werden, um eindeutig und präzise weitergegeben zu werden. Wird die Information rechts herausgestellt,

wurde zuvor ggf. etwas gesagt, was mehrere Interpretationen ermöglicht.
Ü1b rechts: 1, 3; links: 2, 4

Kapitel 5　　　　　　　　　　　　　　Ziele

Wortschatz

Ü1a Wissen erweitern: sich reinknien, sich etw. einprägen, Kenntnisse erwerben in, etw. aufnehmen, sich etw. erarbeiten, sich etw. aneignen, sich etw. beibringen
etwas planen: sich etw. vornehmen, einen Vorsatz fassen, die Weichen stellen für, etw. im Voraus festlegen, sich entschließen zu, einen Entschluss fassen
etwas realisieren: etw. verwirklichen, sich einen Wunsch erfüllen, etw. in die Tat umsetzen, etw. zustande bringen, etw. wahr machen, Ernst machen mit, etw. durchziehen

Ü1b 1. verwirklichen / in die Tat umsetzen / wahrmachen/durchziehen, 2. Wunsch erfüllen, 3. erwerben … Kenntnisse, 4. die Weichen … gestellt, 5. vorgenommen, 6. reinknien, 7. einprägen/aneignen, 8. entschlossen

Ü2 2. der Vorsatz, 3. der Ehrgeiz, 4. der Plan, 5. der Entschluss, 6. die Motivation, 7. die Zielsetzung, 8. die Intention, 9. das Vorhaben, 10. der Wille

Ü3 Yaliya 93: nächstes – Studium – Danach – Job – flexibel – Sprachen – die – Englisch – Ausland – Erfahrungen – Beruf
WellingHH: Zielen – eigene – wohne – Eltern – manchmal – meine – als – erfolgreich – suche – Stelle – beworben – Woche – Bewerbungsgespräch – klappt – Traumjob – Wohnung – leisten
TomyNeu: klingt – verrückt – ersehnter – möchte – Freunden – Abitur – Weltreise – gerade – Vorbereitungen – Sommer

Modul 1　Fairness im Netz

Ü1 1. Respekt, 2. Forum, 3. Motto, 4. Chatroom, 5. Netiquette, 6. Netz, 7. Mobbing, 8. Netzwerk, 9. Falschmeldung, 10. Nachricht, 11. provozieren, 12. posten, 13. anonym

Ü2 (1) seit, (2) letzter, (3) verletzend, (4) das, (5) dieses, (6) haben, (7) veröffentlicht, (8) wiederholt, (9) würde, (10) dazu

Ü3 1. gäbe, 2. könnte … kommunizieren, 3. müsste … warten, würde … dauern, 4. hätten zur Folge, wäre, 5. würde … bestehen, 6. würden … abhängen

Ü4 1. so …, dass, 2. zu …, als dass, 3. so …, dass, 4. zu …, als dass, 5. so …, dass

Ü5 2. a Programmieren ist so interessant, dass ich es auch gern beruflich machen möchte. b Programmieren ist zu kompliziert, als dass ich es beruflich machen möchte. 3. a Soziale Netzwerke sind so beliebt, dass immer mehr Menschen Mitglied werden. b Soziale Netzwerke kosten zu viel Zeit, als dass ich mich anmelden würde. 4. a Viele User haben so wenig Bedenken wegen der Datensicherheit, dass sie alle persönlichen Daten preisgeben. b Es gibt zu große Sicherheitslücken, als dass ich persönliche Daten von mir angeben würde.

Ü6 1. d, 2. a, 3. e, 4. f, 5. b, 6. c
2. Die Schule hat zu wenige Lehrer, um Informatikkurse anbieten zu können. 3. Manche Leute erhalten täglich zu viele Nachrichten, um sie alle beantworten zu können. 4. Viele Jugendliche erhalten zu wenig Taschengeld, um sich davon das teuerste Smartphone kaufen zu können. 5. Die Datensicherheit ist zu wichtig, um leichtfertig mit ihr umzugehen. 6. Computerviren sind zu gefährlich, um auf ausreichenden Schutz verzichten zu können.

Ü7 Musterlösung:
2. Es ist zu hoch, als dass er wirklich springen würde. 3. Der Preis ist zu hoch, als dass sie die Bluse kaufen würde. 4. Das Wetter ist zu schlecht, als dass sie ihre Gartenparty machen könnte. 5. Das Fahrrad ist zu groß, als dass er damit fahren könnte. 6. Sie ist zu müde, als dass sie den Film zu Ende sehen wollte.

Modul 2　Null Bock auf Politik?

Ü1a 1. engagieren, 2. halten, 3. vertreten, 4. organisieren, 5. beitreten, 6. verschaffen, 7. entwerfen, 8. Gebrauch machen

Ü3a Musterlösung:
Themen: die Pflege, die Gesundheit, die Wirtschaft, die Integration
Ausrichtung/Parteien: konservativ, liberal, rechts, links, demokratisch
Wahlen: der Stimmzettel, der Wahlsieger, der Wähler, der Landkreis
Regierung: der Präsident, der Minister, der Abgeordnete, der Bundeskanzler, das Gesetz
Staat: demokratisch, die Gemeinde, der Landkreis, die Volksabstimmung, das Bundesland, das Gesetz, der Beamte

Modul 3　Ab morgen!

Ü2 (1) Trotz, (2) Obwohl, (3) zwar … aber, (4) Trotzdem, (5) Obwohl, (6) Trotz, (7) zwar … aber, (8) trotzdem

Ü3 1. Obwohl viele Menschen hochmotiviert sind, halten sie ihre guten Vorsätze nicht durch. 2. Herr

Lösungen zum Übungsbuch

Schmidt hat Rückenprobleme, dennoch macht er keinen Sport. 3. Trotz der Realisierung ihrer Vorsätze sind manche Leute nicht zufrieden. 4. Viele Leute möchten zwar gesund leben, aber sie essen Fastfood und bewegen sich kaum. 5. Trotz ihrer Bemühungen kann Lena ihre Pläne nicht immer umsetzen.

Ü4 1. Zur Verbesserung ihrer Kondition / Für die Verbesserung ihrer Kondition fährt Gesa jetzt viel Fahrrad. 2. Um Vorsätze leichter zu realisieren, sollte man sich realistische Ziele stecken. / Um Vorsätze leichter realisieren zu können, sollte man sich realistische Ziele stecken. / Damit man Vorsätze leichter realisieren kann, sollte man sich realistische Ziele stecken. 3. Zur gründlichen Vorbereitung auf eine Prüfung / Für die gründliche Vorbereitung auf eine Prüfung sollte man rechtzeitig beginnen. 4. Zur besseren Zeiteinteilung / Für eine bessere Zeiteinteilung hat Martin einen Lernplan geschrieben. 5. Um sich auf eine Prüfung besser vorzubereiten, will Martin eine Lerngruppe gründen. / Damit er sich besser auf eine Prüfung vorbereiten kann, will Martin eine Lerngruppe gründen.

Ü5 2. Um ihre Lebensqualität zu verbessern, / Zur Verbesserung ihrer Lebensqualität verändern viele Leute ihre Gewohnheiten. 3. Obwohl Ben häufig erkältet ist, tut er nichts für sein Immunsystem. / Trotz häufiger Erkältungen tut Ben nichts für sein Immunsystem. 4. Damit die Motivation steigt, / Zur Steigerung der Motivation sollte man sich ab und zu belohnen. 5. Frau Müller hat zwar Gesundheitsprobleme, aber sie arbeitet weiterhin rund um die Uhr. / Trotz ihrer Gesundheitsprobleme arbeitet Frau Müller weiterhin rund um die Uhr. 6. Obwohl Max sehr gut organisiert ist, schafft er sein Lernpensum meistens nicht. / Trotz einer sehr guten Organisation schafft Max sein Lernpensum meistens nicht.

Ü7 1. Person 4, 2. Person 3, 3. Person 1, 4. Person 2, 5. Person 2, 6. Person 3, 7. Person 4, 8. Person 1

Modul 4 Ehrenamtlich

Ü1 1. Grund für Engagement
Text C: Eltern waren auch in der Situation, hätten Hilfe gebraucht
Text D: schon als Kind starke Verbundenheit mit Natur
2. Einstellung gegenüber Engagement vorher
Text C: kostet nur Zeit, bringt persönlich nichts
3. übernommene Arbeiten
Text B: im Bürgerzentrum bei Veranstaltungen helfen, Aufbau von Bühne, Flyer drucken
Text C: türkische Mitbürger unterstützen, dolmetschen bei Arztbesuchen, Behördengänge, Telefongespräche in ihrem Auftrag führen
Text D: Baum besetzt, Presse informiert
4. gemachte Erfahrungen
Text A: toll zu sehen, wie Junge sich entwickelt. man kann viel bewirken
Text B: macht Spaß, nette Leute kennengelernt
Text D: man kann etwas erreichen, andere motivieren
5. Reaktion des persönlichen Umfelds
Text B: alle finden Engagement interessant, bleiben aber passiv

Aussprache Der Knacklaut vor Vokalen, Umlauten und Diphthongen

Ü2a 1. A, 2. B, 3. B, 4. A, 5. B
Ü2b 1. be|arbeiten, 2. Ver|antwortung, 3. er|innern, 4. Spiegel|ei, 5. Eh|renamt

Kapitel 6 Gesund und munter

Wortschatz

Ü1 1. die Körperfunktion: der Blutdruck – der Kreislauf – die Atmung
2. das Heilmittel: die Kapsel – die Spritze – die Salbe
3. die Krankheit: der Krebs – die Masern – der Schlaganfall
4. das Wohlbefinden: die Ruhe – die Lebensfreude – die Fitness

Ü2 1. behandeln, 2. einnehmen, 3. vereinbaren, 4. kleben, 5. auftragen, 6. achten, 7. auflösen, 8. freimachen

Ü3 1. c, 2. d, 3. e, 4. b, 5. a

Ü4 Musterlösung:
1. Es ist wichtig, Kinder regelmäßig impfen zu lassen. Damit kann man gefährlichen Krankheiten vorbeugen. 2. Manche Menschen mögen riskante Sportarten. Dabei ist die Wahrscheinlichkeit hoch, dass es zu Verletzungen kommt. 3. Eine regelmäßige Vorsorge ist auch für die Zähne wichtig. Darum sollte man mindestens einmal im Jahr zum Zahnarzt zur Behandlung gehen. So kann man Entzündungen und Schmerzen vermeiden. 4. Im Sommer sollte man sich regelmäßig eincremen, um die Haut zu schützen und Sonnenbrand zu vermeiden. 5. Wer sich viel bewegt, tut etwas für die Fitness und verbessert die Konzentration. Nur ein paar Minuten am Tag tun gut und können Stress abbauen.

Modul 1 Zu Risiken und Nebenwirkungen

Ü1 1. die Heilung, 2. experimentieren, 3. kontrollieren, 4. messen, 5. der Nachweis, 6. sich einsetzen, 7. die Spritze, 8. die Wirkung, 9. definieren, 10. der Schmerz, 11. sich eignen, 12. sich verstehen

Ü2 1. verhalten, 2. bewegen, 3. ausbauen, 4. einhalten, 5. verhandeln, 6. waschen

Ü3a 2. Einige Medikamente haben den Nachteil, dass sie nicht von allen Patienten gut vertragen werden. 3. Ärzte haben im Alltag oft das Problem, dass sie nicht genug Zeit für ihre Patienten haben. 4. Rückblickend können die meisten Patienten bestätigen, dass sie gut therapiert worden sind. 5. In der heutigen Zeit haben viele die Gewohnheit, dass sie zu schnell zu Medikamenten greifen. 6. Placebos haben bei vielen Menschen den Ruf, dass sie völlig wirkungslos sind.

Ü3b 2. Viele Patienten stehen vor dem Problem, die Therapierisiken nicht einschätzen zu können. 3. Die Forschung behauptet, die konkrete Wirkung von Placebos nachgewiesen zu haben. 4. Für Kinder ist es manchmal ideal, mit Hausmitteln behandelt zu werden. 5. Ob den Patienten bewusst ist, mit Placebos therapiert worden zu sein? 6. Auch Ärzte sind oft der Ansicht, dank Placebos gute Therapiemöglichkeiten zur Verfügung zu haben. 7. Manche Patienten haben geglaubt, mit Placebos völlig nutzlose Mittel eingenommen zu haben.

Ü3c 1. mit Placebos behandelt worden zu sein. 2. nicht genug über eine gesunde Lebensweise informiert worden zu sein. 3. ohne herkömmliche Medikamente geheilt zu werden. 4. betäubt worden zu sein. 5. ins Krankenhaus eingewiesen zu werden.

Ü4a Musterlösung:
2. Manche Menschen haben die Befürchtung, nicht respektiert zu werden. 3. Nach der Schule ist es für mich denkbar, neue Wege zu gehen. 4. Wir sollten uns mal wieder angewöhnen, freundlicher zu sein. 5. Meine Nachbarin hat das Gefühl, beobachtet zu werden. 6. Nach meinem Abitur habe ich vor, irgendetwas Verrücktes zu tun. 7. Habt ihr nicht auch manchmal Lust, etwas Neues auszuprobieren?

Modul 2 Fritten oder Früchte?

Ü1 1. d, 2. c, 3. e, 4. a, 5. b, 6. f

Ü2 (1) Laufe, (2) Früher, (3) ohne, (4) Tisch, (5) Probleme/Schwierigkeiten, (6) Essen/Sattwerden, (7) Alter, (8) wissen, (9) ernähren, (10) Kinder

Ü3a Musterlösung für Grafikbeschreibung:
Die Grafik zeigt, wie oft die Menschen in Deutschland Fertiggerichte essen. Die Häufigkeit hängt mit dem Alter der Befragten zusammen. Menschen zwischen 18 und 39 Jahren essen am häufigsten Fertiggerichte. 8 % dieser Altersgruppe geben an, 3- bis 5-mal pro Woche ein Fertiggericht zu essen, 25 % essen 1-bis 2-mal pro Woche ein Fertiggericht. Je älter die Befragten sind, umso seltener greifen sie zu Fertigprodukten. Bei den 40-59-Jährigen sind es nur noch 3 %, die 3- bis 5-mal pro Woche ein Fertiggericht essen, bei den Menschen über 60 nur noch ein Prozent. Dass sie 1- bis 2-mal pro Woche ein Fertiggericht essen, sagen von den Befragten zwischen 40 und 59 Jahren nur noch 22 Prozent und nur noch 15 % der über 60-Jährigen. In dieser Altersgruppe fällt auf, dass die meisten Personen angeben, nie ein Fertiggericht zu essen, nämlich 40 %.

Ü3b Grafikbeschreibung A: Weniger gut; Gründe: Thema wird nicht konkret genannt. Die Angaben und Informationen sind sehr grob in der Beschreibung, wichtige Informationen werden nachgeschoben. Schwierig für Hörer, der Sprecherin zu folgen. Sprecherin beginnt die Informationen zu interpretieren.
Grafikbeschreibung B: Gut; Gründe: Es gibt eine kurze Einleitung mit dem konkreten Thema und den Kerninformationen der Umfrage. Diese gibt gute Orientierung für den Hörer; Die wichtigsten Aussagen (hier: die höchsten und die niedrigsten Werte) der Grafik werden korrekt und konkret wiedergegeben. Die Sätze sind gut miteinander verbunden. Erst nach der Beschreibung geht der Sprecher zu seinen Erfahrungen über. Einziger Minuspunkt: Der Sprecher sagt nichts zu den auffälligen 40 % der Über-60-Jährigen, die nie Fertiggerichte essen.

Ü4 1. c, 2. a, 3. d, 4. b

Modul 3 Schmeckt's noch?

Ü1 Eigenschaften: gesund, umweltfreundlich, teuer, regional, lecker, …
Produkte: Lebensmittel, Getränke, Putzmittel, Möbel, Computer, Telefone und Handys, Lederwaren …
Orte: Bioladen, Internet, Restaurant, Supermarkt, Versandhandel, …

Ü2 1. Lena, 2. beide, 3. beide, 4. Ramon, 5. Ramon, 6. beide

Ü4 1. Wenn, 2. wenn, 3. Bei, 4. bei, 5. Ohne, 6. ohne

Ü5 1. Ohne Produktion in großen Mengen, sind die Preise hoch. 2. Wenn man Bioprodukte kauft, sollte man auch auf die Herkunft achten. 3. Bei langen Transportwegen verliert die Ware auf dem Weg wichtige Vitamine. 4. Wenn nicht streng kontrolliert wird, kann gute Qualität nicht garantiert werden. 5. Beim Verkauf der Produkte auf Wochenmärkten sind diese meist frischer als im Supermarkt.

Lösungen zum Übungsbuch

Ü6 Musterlösung:
2. Bei Regen essen wir drinnen. 3. Ohne Geld kann ich nichts einkaufen. 4. Beim Einkauf im Supermarkt wird es nicht so teuer. 5. Ohne Kühlung der Getränke kann das Fest nicht gut werden. 7. Ohne großen Topf können wir das Chili nicht kochen. 7. Bei rechtzeitiger Zubereitung der Nachspeise habe ich damit keinen Stress. 8. Ohne Hilfe beim Tischdecken schaffe ich das nicht.

Modul 4 Alles nur Show?

Ü1 (1) durchstarten, (2) Chancen, (3) rausgefiltert, (4) Schönheitsbild, (5) Aufmerksamkeit, (6) witzig, (7) preisgeben, (8) Realität, (9) Gefahr

Ü2 2. frei Sprechen, 3. keine langen und verschachtelten Nebensätze machen, 4. kurz fassen, nicht zu weit ausholen / sich auf das Wesentliche beschränken, 5. auf das Publikum achten, 6. keine Statistiken (wenn nicht unbedingt nötig), 7. nicht im Voraus das Ende ankündigen / nicht ständig auf das Ende des Vortrags hinweisen, 8. lieber zu kurz als zu lange sprechen

Ü3 Referat: Castigshows
Thema: Castingshows und ihre Auswirkungen auf die Gesundheit
– Schönheitsideale entsprechen nicht der Realität
Aspekt 1: Shows sind Thema → - erzeugen sozialen Druck
Aspekt 2: soziales Element → + bringen Menschen zusammen
Aspekt 3: erfolgreiche Teilnehmer sind Idole → beeinflussen uns, wir richten unser Aussehen nach ihnen
Auswirkung: viele Jugendliche unzufrieden mit ihrem Aussehen / Körper → Auslöser für Magersucht (Mädchen) oder Fitnesswahn (Jungen)
Fazit: auf typische Probleme achten und die Personen ansprechen

Aussprache Vorträge lebendiger gestalten

Ü1a 1, 2, 4, 6, 7, 9

Ü1b 1. Wer denkt sich da nicht: <u>So</u> ((betont)) will ich auch aussehen? 2. Was denken <u>Sie</u> ((betont))? ((Pause)) Haben <u>Sie</u> ((betont)) eine Idee, <u>warum</u> ((betont)) das so sein könnte? 3. Ich verrate es Ihnen, die Antwort ist ganz einfach ((leiser)): Wir wollen gefallen ((schnell gesprochen, lauter)). ((Pause)) Allen und jedem ((langsam gesprochen)). 4. „Stimmt doch gar nicht? Ist mir doch egal, was die anderen denken!" ((laut, mit verstellter Stimme)) 5. Gäbe es dann <u>Mode</u> ((betont))? Könnte <u>Werbung</u> ((betont)) erfolgreich sein?

Kapitel 7   Recht so!

Wortschatz

Ü1a <u>Polizei</u>: die Ermittlung, der Notruf, das Verhör, die Fahndung, das Revier, das Geständnis, der/die Verdächtige, die Beobachtung, der/die Zeuge/Zeugin, die Festnahme, die Verhaftung
<u>Gericht</u>: der/die Angeklagte, die Haftstrafe, der/die Staatsanwalt/Staatsanwältin, das Gesetz, die Verhandlung, das Verfahren, die Geldbuße, die Justiz, das Urteil, der/die Richter/Richterin, das Geständnis, der/die Rechtsanwalt/Rechtsanwältin, die Klage, die Verteidigung, das Verhör, der/die Zeuge/Zeugin
<u>Straftat</u>: der Diebstahl, die Fälschung, der Mord, der Einbruch, der Betrug, der Raubüberfall, die Sachbeschädigung, die Erpressung, die Körperverletzung, die Fahrerflucht

Ü1b 1. verdächtigen, 2. ermitteln, 3. fliehen/flüchten, 4. verletzen, 5. beobachten, 6. gestehen, 7. stehlen/bestehlen, 8. schaden, 9. bezeugen, 10. fahnden, 11. festnehmen, 12. beschädigen

Ü1c (1) Beschädigung, (2) floh, (3) verletzte, (4) festgenommen, (5) Zeugen, (6) Schaden, (7) fahnden, (8) gestanden, (9) gestohlen, (10) beobachtet, (11) Verdächtigen, (12) ermittelt

Ü2 1. nach einem Täter fahnden/suchen; 2. ein Urteil fällen/verkünden; 3. einen Rechtsanwalt beauftragen/einschalten/suchen; 4. ein Verbrechen aufklären/beobachten/untersuchen; 5. eine Haftstrafe absitzen/verkünden/verbüßen; 6. Hinweisen folgen/nachgehen

Modul 1 Dumm gelaufen

Ü1 <u>klug</u>: etw. in der Birne haben, helle sein, Grips haben, nicht auf den Kopf gefallen sein, nicht von gestern sein
<u>dumm</u>: Stroh im Kopf haben, nicht bis drei zählen können, keine große Leuchte sein, hohl sein, bescheuert sein, begriffsstutzig sein, ein Schwachkopf sein

Ü2a 2. Es ist schon häufig über den Anstieg der Kriminalität in den Großstädten geredet worden. 3. Es wurde oft darüber in den Medien berichtet. 4. Es wird intensiv über Präventionsmöglichkeiten nachgedacht. 5. Es wird über den Umgang mit jugendlichen Straftätern gestritten.

Ü2b 2. Über den Anstieg der Kriminalität in Großstädten ist schon häufig geredet worden. 3. In den Medien wurde oft darüber berichtet. 4. Über Präventionsmöglichkeiten wird intensiv nachgedacht. 5. Über den Umgang mit jugendlichen Straftätern wird gestritten.

Ü2c Musterlösung:
2. Ich habe gehört, dass intensiv nach den Tätern gefahndet wird. 3. Die Polizei sagt, dass von einer organisierten Bande ausgegangen wird. 4. Unsere Nachbarin hat mir erzählt, dass im Radio nach Zeugen gesucht wurde. 5. In der Zeitung steht auch, dass vor den Verdächtigen gewarnt wurde.

Ü3a 2. In den vergangenen Jahren mussten viele Fälle ohne Fahndungserfolg abgeschlossen werden. 3. Auch der letzte Überfall hat von der Polizei noch nicht vollständig aufgeklärt werden können. 4. Viele Zeugen haben befragt werden müssen. 5. Zwei Verdächtige haben endlich von der Polizei festgenommen werden können. 6. Die Hintermänner haben von der Polizei aber noch nicht ermittelt werden können. 7. Weitere Beweise müssen jetzt (von ihr) gesammelt werden. 8. Dann können die Täter festgenommen und vor Gericht gebracht werden.

Ü3b 1. Es ist klar, dass nicht alle Täter gefasst werden können. 2. Eine traurige Tatsache ist, dass in den vergangenen Jahren viele Fälle ohne Fahndungserfolg abgeschlossen werden mussten. 3. Leider ist es so, dass auch der letzte Überfall von der Polizei noch nicht vollständig hat aufgeklärt werden können.

Ü3c 2. Aber sie hätten befragt werden müssen. 3. Aber sie hätten untersucht werden müssen. 4. Aber sie hätten überprüft werden müssen.

Ü3d 2. In der Zeitung stand, dass eine höhere Strafe hätte gefordert werden sollen. 3. Viele Leute denken, dass früher etwas gegen die steigende Kriminalität hätte getan werden müssen. 4. Andere meinen, dass manche Straftaten mit mehr Prävention hätten verhindert werden können.

Ü4a 1. eines anonymen Briefes, 2. sein Abiturzeugnis, ergattert/bekommen, 3. Bewerbung, 4. Dreieinhalb Jahre Haft, 5. Urkundenfälschung, Betrug und Titelmissbrauch, 6. Vergehen/Taten, 7. Gefahren und Risiken für andere

Ü4b 1. c, 2. e, 3. d, 4. f, 5. a, 6. b

Modul 2 Jugendsünden?!

Ü1a richtig: 3, 4

Ü1b 1. Die Kurve zeigt die Entwicklung der jungen Straffälligen von 14–20 Jahren in Zahlen. 2. Seit dem Jahr 2008 ist die Zahl der verurteilten Jugendlichen stark gesunken. 5. Raub und Erpressung stehen laut der Grafik im Jahr 2015 an Platz sechs. 6. Die meisten verurteilten Jugendlichen erhalten ein Zuchtmittel wie z. B. Arrest oder eine Geldstrafe.

Ü2 (1) wende, (2) Nähe / näheren Umgebung, (3) ähnliche, (4) Polizist/Polizeibeamter/Ermittler, (5) Verdächtiger, (6) Zufall, (7) Missverständnis, (8) weiteres/zweites, (9) helfen, (10) über

Modul 3 Da lacht Justitia ...

Ü1a 1. ein neues Gesetz, 2. Bundestag, Meinung zum Entwurf, 3. Erste Lesung, 4. (Entwurf im) Fachausschuss, diskutieren Entwurf, Änderungen, 5. Bundestag, 6. angenommen, abgelehnt, 7. (gemeinsamen) Kompromiss, 8. unterschreibt, 9. Minister, Ministerin, 10. veröffentlicht

Ü2 1. eine Entscheidung, 2. eine erste Vorlage, 3. einen gemeinsamen Kompromiss, 4. Empfehlungen

Ü3a 2. Die Folgen, die schwer abgeschätzt werden können; 3. Die Gesetze, die neu verabschiedet werden sollen; 4. Die Konsequenzen, die erwartet werden können/müssen; 5. Die Empfehlungen, die berücksichtigt werden müssen; 6. Das Verfahren, das eingehalten werden soll/muss

Ü3b 2. das zu beschließende Gesetz, 3. die aufzuhaltende Entwicklung, 4. die zu vermeidenden Taten, 5. die zu zahlende Geldstrafe, 6. die nicht zu missachtenden Sicherheitshinweise, 7. die zu erfüllenden Wünsche

Ü4a 1. b, 2. a, 3. d, 4. e, 5. c, 6. d

Ü4b 1. Die Dokumente, die aufbewahrt werden müssen, können in digitaler Form archiviert werden. 2. Die Dosis, die eingenommen werden soll, richtet sich nach Alter und Gewicht des Patienten / der Patientin. 3. Die gemeinsam zu erledigenden Arbeiten sind ohne weitere Aufforderung auszuführen. 4. Die Beiträge, die gezahlt werden müssen, werden bis zum 30. jeden Monats fällig. 5. Die Beweise und Aussagen, die ausgewertet werden müssen/mussten, waren sehr umfangreich. 6. Im Falle von Feuer muss das Personal die Gäste auf die einzuhaltenden Sicherheitsanweisungen hinweisen.

Modul 4 Kriminell

Ü1 1. Tatort, 2. Tatwaffe, 3. Alibi, 4. Motiv, 5. Geständnis, 6. Festnahme, 7. Beweis

Ü2b Regel 1: Man hat nur eine Chance. Regel 2: Man darf nur alleine spielen, der richtige Name darf im Spiel nicht erwähnt werden, ebenso wenig der Spielcharakter außerhalb des Spiels. Regel 3: Der Inhalt des Spiels muss geheim bleiben. Regel 4: Die DVD muss sicher aufbewahrt werden, Kopien dürfen nicht angefertigt werden.

Lösungen zum Übungsbuch

Ü2d (1) Schauplatz, (2) Fiktion, (3) Hauptfigur, (4) Mord, (5) Jugendromane, (6) Unterhaltungsroman, (7) Preisen, (8) Sprachen

Ü3 (1) c, (2) e, (3) a, (4) b, (5) d, (6) f

Aussprache Lange Komposita

Ü1a 1. Zeuge – Aussage 2. Jugend – Kriminalität 3. Gesetz – Vorlage 4. Reise – Kosten

Ü1b 1. Zeugenaussage, 2. Jugendkriminalität, 3. Gesetzesvorlage, 4. Reisekosten

Ü1c 1. Zeugenaussageprotokoll, 2. Jugendkriminalitätsrate, 3. Gesetzesvorlagentext, 4. Reisekostenabrechnung

Ü1d die Vorlage – die Entscheidungsvorlage – die Änderungsentscheidungsvorlage – die Gesetzesänderungsentscheidungsvorlage; ersten / zweiten

Ü1e 1. das Wortschatzkarteikärtchen, 2. die Treppenhausreinigungsordnung, 3. der Kaffeeautomatenreparaturservice, 4. der Fachausschusssitzungsraum

Kapitel 8 Du bist, was du bist

Wortschatz

Ü1a 1. die Seele – seelisch, 2. der Körper – körperlich, 3. der Geist – geistig, 4. das Herz – herzlich, 5. der Verstand – verständlich, 6. die Psyche – psychisch, 7. der Sinn – sinnvoll/sinnlos, 8. die Vernunft – vernünftig, 9. der Traum – träumerisch/verträumt, 10. das Talent – talentiert, 11. die Psychologie – psychologisch, 12. der Charakter – charakterlich, 13. das Glück – glücklich, 14. die Abenteuerlust – abenteuerlustig, 15. die Neugier – neugierig, 16. die Überzeugung – überzeugend, 17. das Gefühl – gefühlvoll/gefühllos, 18. die Empfindung – empfindlich/empfindsam, 19. die Ängstlichkeit – ängstlich, 20. der Aberglaube – abergläubisch

Ü1b 1. verständlich, 2. herzlich, 3. psychische/seelische, 4. körperlich, 5. überzeugend

Ü2 positiv: sorgenfrei, froh, lebenslustig, dynamisch, vergnügt, zufrieden
negativ: deprimiert, niedergeschlagen, mutlos, verzweifelt, entmutigt, geknickt

Ü3 1. sich auskennen, 2. die Prüfung, 3. reagieren, 4. vernünftig, 5. herankommen, 6. ehrlich, 7. überblicken, 8. das Beispiel, 9. einsam

Ü4 2. Das kleine Kind schreit sehr laut und lang. 3. Der Baulärm vor unserem Haus geht mir auf die Nerven. 4. Sie hat über ihre Probleme gesprochen. 5. Sie liebt ihn sehr. 6. Er ist ein sozialer und gutmütiger Mensch. 7. Heute Morgen ist mein Handy kaputt gegangen. 8. Sie verstehen sich bestens.

Modul 1 Wusstet ihr schon …?

Ü1 1. d, 2. g, 3. f, 4. i, 5. h, 6. a, 7. j, 8. e, 9. b, 10. c

Ü2 1. für Experimentelle Psychologie, 2. das Sehen, Hören, 3. weißer/runder, 4. den Appetit, 5. die Anordnung, 6. Balance, Harmonie, 7. Asien, 8. eine ungerade (An)Zahl, 9. Geschmackssinn, 10. süßer und fruchtiger

Ü3 2. Er will viele Medikamente entwickelt haben. 3. Er will oft von den Medien interviewt werden. 4. Er will schon oft von ausländischen Universitäten als Gastdozent eingeladen worden sein. 5. Er soll ein sehr guter Forscher sein. 6. Er soll für seine Forschungen ausgezeichnet worden sein. 7. Er soll aber auch sehr gern von sich reden. 8. Er soll nie ausreichend Zeit für seine Patienten haben.

Ü4a 2. objektiv (Er hatte die Absicht …), 3. subjektiv (Er berichtete oft …), 4. objektiv (Er hatte vor …), 5. subjektiv (Er behauptete …)

Ü4b 2. Er hat ein eigenes Labor eröffnen wollen. 3. Er will in der Schule nicht immer der beste Schüler gewesen sein. 4. Er hat gleich nach dem Studium mit seiner Promotion beginnen wollen. 5. Er will von seiner Familie keine Unterstützung bekommen haben.

Ü5 1. Er soll in der letzten Woche drei Tests geschrieben haben. 2. Sie soll vorige Woche ihre Hochzeit gefeiert haben. 3. Sie soll seit Januar ins Sportstudio gehen. 4. Es soll am Wochenende Feueralarm in der Schule gegeben haben.

Ü6 2. Ein neuer Operationssaal soll gebaut werden. 3. Ein neues Medikament gegen Malaria soll entwickelt worden sein. 4. Der Forscher will mehrere Beweise für seine Entdeckung haben. 5. Ein neues Virus soll gefunden worden sein.

Modul 2 Vom Glück

Ü1a 1. d Glückspilz, 2. a Glückssträhne, 3. b Pechvogel, 4. f Trauerkloß, 5. c Glückssache, 6. g Glücksspiele, 7. e Anfängerglück

Ü2 1 seinem, 2 alle, 3 ✓, 4 Menschen, 5 Lebensziel, 6 auf, dass, 7 vor, 8 verantwortlich, 9 Zur, 10 was, 11 ✓, 12 dabei, 13 ✓, 14 bereits, 15 beiträgt, 16 werden, 17 wenn/sobald, 18 ✓, 19 jedem, 20 Alltag, 21 stark, mutig, 22 ✓, 23 diese, 24 ✓

Ü3a Über Erfahrungen berichten: Ich habe die Erfahrung gemacht, dass …
Wenn ich mein Umfeld ansehe, dann …
In meiner Familie ist es so, dass …
In meiner Kindheit war es so, dass …
Ich habe noch nie / oft erlebt, dass …

Zustimmung ausdrücken: Ich kann die Ansicht gut verstehen, denn …
Die Sichtweise würde ich unterstützen, denn …
… stimme ich zu.
Ich vertrete auch die Position, dass …
Ablehnung ausdrücken: Zu dem Thema bin ich ganz anderer Meinung, nämlich …
Mir ist völlig unklar, ob …
Dieser Aussage würde ich entgegenhalten, dass …
… halte ich für problematisch.
Ich fände es logischer, … als Konsequenz daraus zu ziehen.
Es ist doch eher so, dass …

Modul 3 Wo ist das Problem?

Ü1a niedrig: vielleicht, möglicherweise
mittel: wahrscheinlich, vermutlich
hoch: bestimmt, zweifellos

Ü1b 2. Der Schüler hat sich wahrscheinlich nicht auf den Test vorbereitet. 3. Die Kollegin hat bestimmt einen Termin beim Chef. 4. Der Chef hat vermutlich schlechte Laune.

Ü2 1. e, 2. f, 3. d, 4. a, 5. c, 6. b

Ü3 Musterlösung:
2. Ich vermute, dass Phillip die Matheklausur nicht geschafft hat. / Wahrscheinlich hat Phillip die Matheklausur nicht geschafft. 3. Phillips Mitschüler finden Mobbing bestimmt nicht gut. / Ich bin sicher, dass Phillips Mitschüler Mobbing nicht gut finden. 4. Vermutlich wird das Problem nicht so bald gelöst. / Es sieht so aus, als ob das Problem nicht so bald gelöst wird. 5. Gewiss ist der Mobbingvorfall der Schulleitung längst gemeldet worden. / Ich bin überzeugt, dass der Mobbingvorfall der Schulleitung längst gemeldet worden ist. 6. Ich nehme an, dass das Gespräch mit den Eltern längst stattgefunden hat. / Aller Wahrscheinlichkeit nach hat das Gespräch mit den Eltern längst stattgefunden. 7. Es ist möglich, dass der Termin für das Anti-Mobbing-Projekt verlegt worden ist. / Vielleicht ist der Termin für das Anti-Mobbing-Projekt verlegt worden. 8. Gewiss ist den Lehrern das Problem längst bekannt. / Ich bin sicher, dass den Lehrern das Problem längst bekannt ist.

Ü4 2. Er könnte gemobbt werden. 3. Er muss auch bestohlen worden sein. 4. Ihm dürfte es nach einem Schulwechsel besser gehen. 5. Phillip kann nicht psychisch krank sein. 6. Phillips Noten dürften sich wieder verbessern. 7. Er dürfte die Schule erfolgreich absolvieren. 8. Er könnte die Schule nach dem Mobbingvorfall wechseln. 9. Er dürfte neue Freunde finden. 10. Er muss wieder ein guter Schüler werden.

Modul 4 Grenzen überwinden

Ü1a 1 c, 2 a, 3 a, 4 c, 5 a, 6 d, 7 a, 8 a, 9 b, 10 a
Ü1b 1 f, 2 c, 3 a, 4 e, 5 b, 6 d
Ü2a (1) hält sich in Grenzen (2) Grenzen überwunden habe (3) seine Grenzen kennen (4) stoße … an … Grenzen
Ü2b 1. eklig 2. ängstlich 3. überrascht 4. schockiert 5. feige 6. peinlich

Aussprache Imperativ und Intonation

Ü1a 1. bettelnd, 2. wütend, 3. höflich
Ü1b a, b, d, f, g

Kapitel 9 Die schöne Welt der Künste

Wortschatz

Ü1 1. Werk, 2. Epoche, 3. Atelier, 4. Motiv, 5. Drama, 6. Museum, 7. Regisseur, 8. Skulptur, 9. Bühne (Buehne), 10. Gemälde (Gemaelde), 11. Leinwand, 12. Skizze, 13. Porträt (Portraet), 14. Schriftsteller

Ü2 1. vorspielen, 2. entwerfen, 3. beeinflussen, 4. Bewunderung

Ü3 (1) Talent, (2) Kritiker, (3) Preise, (4) Autoren, (5) Künstlerin, (6) Techniken, (7) Kunstakademie, (8) Werke, (9) Sammlungen, (10) Band, (11) Fangemeinde, (12) Vertrag

Modul 1 Kreativ

Ü1 schöpferisch, erfinderisch, ideenreich, fantasievoll, einfallsreich, produktiv

Ü3a 1. um, 2. auf/über/an, 3. auf, 4. vor, 5. zu, 6. an, 7. an, 8. auf, 9. zu, 10. auf

Ü3b 1. darum, 2. darauf/darüber, 3. darauf, 4. davor, 5. dazu, 6. daran, 7. daran, 8. darauf, 9. dazu, 10. darauf

Ü3c 2. Die Klassensprecher freuen sich auf die Präsentation ihrer Ideen. 3. Einige haben allerdings keine Lust auf eine Beteiligung an der Organisation. 4. Manche haben auch Angst vor einer Blamage. 5. Wenn immer nur dieselben Leute kreative Ideen haben, kann das zur Entstehung von Konflikten führen. 6. In der AG „Kreatives Schreiben" arbeiten wir an der Steigerung unserer Kreativität. 7. Manche Menschen glauben an die Förderung von kreativem Denken. 8. Es gibt auch Webseiten, die sich auf ein Training der Kreativität spezialisiert haben. 9. Profis raten in unkreativen Phasen zur Beschäftigung mit banalen Dingen. 10. Manchmal hilft es auch, ganz entspannt auf die Entwicklung kreativer Ideen zu warten.

Ü4 2. von, 3. von, 4. von, 5. über

Lösungen zum Übungsbuch

2. a) Manche Schulabgänger träumen davon, schnell in der Firma aufzusteigen. b) Manche Schulabgänger träumen von einem schnellen Aufstieg in der Firma.
3. a) Sie sind begeistert davon, neue Ideen gemeinsam zu entwickeln. b) Sie sind begeistert von der gemeinsamen Entwicklung neuer Ideen.
4. a) Sie warten darauf, ihre kreativen Ideen umzusetzen. b) Sie warten auf die Umsetzung ihrer kreativen Ideen.
5. a) Viele denken darüber nach, irgendwann eine eigene Firma zu gründen. b) Viele denken irgendwann über die Gründung einer eigenen Firma nach.

Ü6a (1) … vor (dem) Beginn der Diskussion …, (2) Durch die Festlegung eines Besprechungsziels …, (3) Weil sie unsicher sind, … (4) Während die Ideen präsentiert werden, … (5) Wenn es keinen Druck gibt, … (6) Zur Steigerung der Kreativität … (7) Zur besseren Konzentration … (8) …., obwohl lange diskutiert wird, …

Ü6b 1. b, 2. d, 3. a, 4. c

Ü7 1. Kreativ-AG, 2. seit drei Jahren, 3. Manchmal sind sie sehr lang, manchmal gehen sie schnell vorbei. 4. ins Café gehen, einen Spaziergang machen, 5. Wenn die Krisen sehr lange dauern und man glaubt, dass sie nie zu Ende gehen. 6. Man sollte sich daran erinnern, dass man am Ende immer eine kreative Lösung hatte.

Ü8 1. stagnieren, 2. halten, 3. verbringen, 4. steigern, 5. wiederholen

Modul 2 Film ab!

Ü1 1. Inhalt des Films: C Night on Earth, fünf Taxifahrten in einer Nacht; D langweilige und blöde Komödie
2. Beschreibung des Kinos: A großer Saal, viele Sitzreihen, großer schwerer Vorhang; C Open-Air-Kino im Park an Seebühne
3. Begleitperson(en): A Eltern und älterer Bruder; B Bruder der besten Freundin, C Austauschpartnerin
4. Eigene Erwartungshaltung an den Kinobesuch: D viel über Film gehört, deshalb zu hohe Ansprüche
5. Folgen des Kinobesuchs: A liebt Kino, will möglichst lang im Kino bleiben, liest Abspann; B heute verheiratet und Familie; C lange mit Freunden über Film diskutiert, geht nicht mehr alleine in Film, den Freunde schon gesehen haben

Modul 3 Ein Leben für die Kunst

Ü1 1. E, 2. D, 3. A, 4. C, 5. B
Ü2 (1) Demgegenüber, (2) Daraufhin, (3) Mittlerweile, (4) Dagegen, (5) Währenddessen, (6) Allerdings
Ü3 (1) Allerdings, (2) Vielmehr, (3) Währenddessen, (4) stattdessen, (5) Daraufhin, (6) Vielmehr, (7) Stattdessen, (8) Inzwischen
Ü4 1. R, 2. R, 3. V, 4. V, 5. V, 6. V, 7. R, 8. R, 9. R, 10. V

Modul 4 Leseratten

Ü1a 10. Dezember 1958 geboren, nach Abitur Umzug nach Hamburg, drei Jahre Erzieherin, Ausbildung zur Buchillustratorin, 1997 Erscheinen von „Drachenreiter", 2002 internationaler Durchbruch mit „Herr der Diebe", in den folgenden Jahren Erscheinen der „Tintenwelt-Trilogie", 2004 1. Platz auf Bestellerliste in New York für „Drachenreiter", 2005 Umzug nach Los Angeles und Verfilmung von „Herr der Diebe", zahlreiche Preise und Auszeichnungen

Ü1b (2) (deutschsprachigen) Kinder- und Jugendbuchautorinnen (3) Durchbruch, (4) Romanen/Geschichten/Werken, (5) greifen, (6) Werk, (7) Preise

Aussprache Aussagen durch Betonung verbinden

Ü1b laut, langsam, ohne Pause
Ü1c Und, Sie ahnen es schon, fand das viel spannender. Ziemlich spontan bin ich also 1974 nach Frankreich und später nach England gegangen. Damals haben mich meine Eltern noch unterstützt. Allerdings nicht mehr lange. Sehr schnell hatten sie verstanden, dass ich gar nicht daran dachte, wieder nach Deutschland zurückzukommen. Das war ein harter Schlag für sie.

Kapitel 10   Erinnerungen

Wortschatz

Ü1a sich erinnern: dämmern, gedenken, auffrischen, einfallen, zurückdenken an, in den Sinn kommen, sich etw. ins Gedächtnis zurückrufen
vergessen: verschwinden, ein schlechtes Gedächtnis haben, entfallen, verlegen, nicht behalten, aus dem Gedächtnis verlieren, ein Gedächtnis wie ein Sieb haben

Ü1b 1. verlegt, 2. an … zurückdenke, 3. aufgefrischt, 4. gedacht, 5. entfallen, 6. kommt … in den Sinn / fällt … ein, 7. nicht behalten, 8. hast … wie ein Sieb

Ü2a 2. das Gedächtnis, 3. die Biografie, -n, 4. das Tagebuch, -̈er, 5. die Erinnerung, -en, 6. das Denkmal, -̈er, 7. das Souvenir, -s, 8. die Aufzeichnung, -en, 9. die Merkfähigkeit, 10. die Gedächtnislücke, -n, 11. der Geistesblitz, -e, 12. das Andenken, -, 13. das Erinnerungsvermögen, 14. der Einfall, -̈e, 15. die Chronik, -en, 16. die Lebensgeschichte, -n

Ü2b **Texte**: Biografie, Tagebuch, Erinnerung, Aufzeichnung, Chronik, Lebensgeschichte
Gehirn: Gedächtnis, Erinnerung, Merkfähigkeit, Gedächtnislücke, Geistesblitz, Einfall
Urlaub: Erinnerung, Denkmal, Souvenir, Andenken

Ü3 1. Schlüssel, 2. Geheimzahl, 3. Ausweis, 4. Passwort, 5. Geburtstag, 6. Datum, 7. Formel, 8. Regenschirm, 9. Fahrkarte, 10. Geldbörse, 11. Vokabeln, 12. Verabredung

Modul 1 Erinnern und Vergessen

Ü1 Text 1: 2, 6. Text 2: 4, 5, 8. Text 3: 1, 3, 7.

Ü2a 2. Moment, Zeitpunkt; 3. entziffern, lösen; 4. sehr groß, mächtig; 5. bombardieren, schießen; 6. behalten, aufbewahren; 7. Bereich, Gebiet; 8. abweichend, unterschiedlich

Ü2b 1. gelangen, 2. begreifen, 3. behalten, 4. unterteilen, 5. zuständig sein, 6. nennen

Ü2c 1. erraten, 2. absichtlich, 3. empfinden, 4. aufdecken, 5. zweifelhaft, 6. blass werden, 7. Anschein, 8. reell, 9. geplant, 10. Ursache

Ü3a Aufbau des Gehirns, Speichern von Wissen im Gedächtnis, Merkhilfen

Ü3b 1. Thema: „Erinnern und Vergessen", Gast: Neurologe vom Universitätsklinikum Hamburg, Herr Dr. Baumann
2. a Münchner Rechtsanwalt, der sich 2.000 Zahlen in einer Stunde einprägen und dann fehlerfrei wiedergeben kann,
b Die 14-jährige Rebecca Fischer kann das komplette Fernstreckennetz der Deutschen Bahn und alle zugehörigen Bahnhöfe auswendig.
3. die Gesamtheit der Informationsverarbeitung, also die Fähigkeit, Informationen zu ordnen, abzuspeichern und wieder abzurufen,
4. a sich eine möglichst absurde Geschichte ausdenken,
b Routenmethode: Rundgang durch die eigene Wohnung, bestimmte Punkte merken und mit diesen Begriffe oder Zahlen assoziieren

Ü4a 1. d, 2. b, 3. a, 4. c
2. Lässt man andere an seinem Erfolg teilhaben, macht das glücklicher.
3. Strengt man sich an, kommt man zum gewünschten Erfolg.
4. Hat man Mut zum Risiko, wird man mit Erfolg belohnt.

Ü4b 2. Wenn man vergesslich ist, helfen manchmal ein paar ganz einfache Tipps / Ist man vergesslich, …
3. Wenn man vorher seinen Plan nicht gut durchdenkt, ist eine Prüfungsvorbereitung nicht so effektiv. / Denkt man vorher seinen Plan nicht gut, … 4. Wenn man auswendig lernt, ist es hilfreich, Mnemotechniken zu nutzen. / Lernt man auswendig, …

Ü5a 1. grob geschätzt; 2. angenommen, dass; 3. kurz gesagt; 4. anders formuliert; 5. abgesehen davon, dass

Ü6 2. Wenn man das menschliche Gehirn mit dem eines Elefanten vergleicht, ist das menschliche Gehirn um Vieles leichter. 3. Wenn man es genau betrachtet, hat der Mensch im Verhältnis zum Körpergewicht das größte Gehirn. 4. Wenn man es allgemein formuliert, können Nervenzellen rasend schnell Informationen austauschen. 5. Wenn man es kurz zusammenfasst, lernt man am besten, indem man Dinge selbst ausprobiert. 6. Wenn man von 2,2 Prozent der Bevölkerung absieht, die einen IQ von über 130 haben, besitzt die Masse der Bevölkerung (68 Prozent) einen IQ zwischen 85 und 115.

Ü7 1. Ehrlich gesagt, 2. grob überschlagen, 3. Abgesehen von, 4. Verglichen mit, 5. bei Licht betrachtet

Modul 2 Falsche Erinnerungen

Ü1 1. das, 2. der, 3. das, 4. das, 5. das, 6. die, 7. das, 8. der, 9. die, 10. der, 11. der, 12. der

Ü2 1. c, 2. g, 3. b, 4. f, 5. a, 6. d, 7. e

Ü3 die Emotion – das Gefühl, der Zusammenhang – der Kontext, die Einzelheit – das Detail, der Eindruck – die Impression, das Experiment – der Versuch, das Geschehen – das Ereignis, die Definition – die Erklärung, die Wirklichkeit – die Realität

Ü4 2. Erinnerungen manipulieren, 3. Informationen speichern, 4. Aussagen richtig einschätzen, 5. Informationen in einen Kontext einordnen, 6. Ereignisse verdrängen

Modul 3 Kennen wir uns …?

Ü1 1. c, 2. a, 3. d, 4. b

Ü2 1. --, --, zu; 2. --, zu, zu; 3. zu, --, zu; 4. --, zu

Ü3 (2) Man hat doch wenigstens „Hallo!" zu sagen, …
(3) …, sie hat mich plötzlich nicht mehr zu grüßen.
(4) Das Missverständnis ist bestimmt schnell aufzuklären. (5) Du weißt/verstehst wirklich jedes Problem diplomatisch zu sehen. (6) Du drohst sonst noch, …

Modul 4 Vergangene Tage

Ü1b Person 1 (60er): nicht mehr brav, Studentenbewegung: Demonstrationen gegen Krieg in Vietnam, für Gleichberechtigung, gegen kapitalistische Ausbeutung, für Freiheit, wollten Veränderungen; Musik: Revolution, wild

Lösungen/Bildnachweis

Person 2 (70er): „Deutscher Herbst": Krise in der BRD, Terror, im Herbst 77 Entführungen RAF, Flugzeug „Landshut"
Person 3 (80er): Musik auf Deutsch, konnten mitsingen, kann Texte heute noch
Person 4 (90er): Autotelefon, Handys erst sehr groß, teuer, Angeber
Person 5 (2000er): Rinderwahn (BSE) in D, wegen Tiermehl in Futter
Person 6 (2010er): Hipster: Bart, früher urig, heute modern, muss gepflegt werden

Ü1c 1. 60er Jahre, 2. Mauer, 3. Flowerpower, 4. Studentenbewegung, 5. Gleichberechtigung, 6. 80er-Jahre, 7. Demonstration, 8. die Grünen, 9. fiel, 10. 2000er-Jahre, 11. Euro, 12. BSE, 13. verboten, 14. Kanzlerin, 15. 3D-Filme, 16. soziale Netzwerke

Ü2 1. c, 2. d, 3. e, 4. f, 5. g, 6. b, 7. a

Aussprache Einen literarischen Text laut lesen

Ü1a Rotkäppchen

Ü1c Sprecherin spricht mit verschiedenen Stimmen die Rollen (Rotkäppchen, Mutter, Wolf), mit unterschiedlichem Tempo und Lautstärke (z. B. letzter Satz) und setzt Emotionen ein (ängstliches Rotkäppchen) etc.

Bildnachweis

S. 39   Landkarte: Klett-Langenscheidt Archiv
S. 140 Tee: taa22 – shutterstock.com; Strand: haveseen – shutterstock.com; Frau mit Hund: George Dogikh – shutterstock.com; Lesen: racorn – shutterstock.com
S. 160 pressmaster – stock.adobe.com
S. 161 1. Ensuper- shutterstock.com; 2. AlenKadr – shutterstock.com; 3. revers – shutterstock.com; 4. stockphoto-graf – shutterstock.com; 5. AlenKadr – shutterstock.com; 6. Elnur – shutterstock.com; 7. donatas1205 – shutterstock.com; 8. LanKS – shutterstock.com; 9. Marco Prati – shutterstock.com; 10. Hurst Photo – shutterstock.com